高等职业教育"互联网+"新形态教材·财会类专业

企业财务会计实务

严　瑾　张　颖　主　编

钟小娜　叶诗晴　孙俊科　副主编

孔德兰　主　审

电子工业出版社·

Publishing House of Electronics Industry

北京·BEIJING

内容简介

本书是在贯彻落实国家"职教20条"、积极推进"三教"改革的背景下编写的特色教材,是在"十二五"职业教育国家规划教材《财务会计实务》和浙江省高等职业教育会计专业富媒体智能型精品教材《初级会计实务》的基础上修订而成的。

本书的编写坚持"德技并修、工学结合"导向。编写团队**基于"思政课程"引导下的"课证岗融合,教学做一体"理念,**以学生的职业能力培养为主线,以岗位的典型工作任务为载体,以素质为基础,以国家最新颁布的财税法规和企业会计准则为准绳,旨在综合培养学生的职业岗位能力,并帮助其顺利取得初级会计专业技术资格、1+X 职业技能等级证书,**实现毕业证书与职业资格证书的"双证融通"。**本书的内容主要包括货币资金业务核算、应收及预付款项业务核算、存货业务核算、固定资产业务核算、流动负债业务核算、所有者权益业务核算、利润业务核算、财务报表编制、管理会计基础、政府会计基础及大数据与财务 RPA 机器人等。

本书内容与时俱进,体例新颖,每个项目的开头均通过职业能力与素养目标、引导案例导入,并以二维码方式引入视频、动画、案例等丰富的资源,可供学生使用智能移动终端设备进行扫描学习。

本书可作为高等职业院校大数据与会计专业及相关专业的用书,也可作为财会人员的岗位培训用书及财会工作者和经营管理人员的参考用书。

图书在版编目(CIP)数据

企业财务会计实务 / 严瑾,张颖主编 . —北京:电子工业出版社,2022.3
ISBN 978-7-121-42951-4

Ⅰ.①企… Ⅱ.①严…②张… Ⅲ.①企业管理—财务会计 Ⅳ.① F275.2

中国版本图书馆 CIP 数据核字(2022)第 026645 号

责任编辑:贾瑞敏
印　　刷:涿州市京南印刷厂
装　　订:涿州市京南印刷厂
出版发行:电子工业出版社
　　　　　北京市海淀区万寿路 173 信箱　邮编　100036
开　　本:787×1 092　1/16　印张:16.5　字数:454.6 千字
版　　次:2022 年 3 月第 1 版
印　　次:2022 年 3 月第 1 次印刷
定　　价:57.80 元

前　言

随着我国经济发展水平的不断提高，会计已经成为一个规模庞大、需求旺盛的"体面职业"，会计高等教育也因此欣欣向荣。在取得巨大成就的同时，我国会计教育也面临巨大的挑战——环境不断变化，如信息技术化、知识经济化、经济全球化、风险复杂化及会计国际化等。大数据时代，互联网、云计算等新一代信息技术快速发展，社会经济活动日趋复杂，财务领域的转型与升级势在必行。而我们的人才培养机制与市场需求相脱节，会计教学面临着重大的考验，需要在各方面进行改革。加之近年来，会计经济法规、税法等均有较大变化，因而教材的改革也迫在眉睫。

本书针对当前财务领域的转型与升级，对接企业财务岗位，以岗位的典型工作任务为载体，通过"课程思政＋职业判断＋综合能力目标＋混合学习方式"培养学生分析问题及解决问题的能力，增加学生的职业体验。

为了满足课程教学、考证及培养学生良好的职业素质和较强的实际操作能力的需求，本书注重课程内容与职业标准对接，并以2020年初级会计专业技术资格考试科目"初级会计实务"大纲、最新会计准则及最新财税法规为依据。本书既能满足学校财务会计课程的教学需要，又为学生考证打下了坚实基础。本书具有以下特点：

1. 财务业务一体化。打破传统财务会计下自成一体的"业财信息孤岛"，通过"任务描述"进行"信息驱动"，通过"任务实施"让学生了解该笔业务是如何产生的，具体业务流程又是如何实施的，从而增强学生的职业体验和职业判断。

2. 内容取舍证书化。初级会计专业技术资格考试难度相对较大，考点较多，本教材在满足教学需求的同时，兼顾学生考证的需要，并重视学生会计实务操作技能的培养，通过"做中学"培养学生分析问题及解决问题的能力。

3. 课程思政常态化。强调严谨、诚实、守信的会计职业精神，通过每个项目提供的一个能反映当前经济和社会热点问题的"引导案例"，提升学生的职业素养和职业判断能力。

4. 教材服务数字化。考虑不同学生对知识点的需求不同，书中添加了二维码，方便学生在学习之余通过手机微信端扫描相应的二维码查看更详细的知识点，从而巩固学习效果。

本书由温州科技职业学院严瑾（教授）、浙江经济职业技术学院张颖（教授）担任主编，温州科技职业学院钟小娜、叶诗晴，温州职业技术学院孙俊科担任副主编，浙江金融职业学院孔德兰（教授）担任主审。具体编写分工如下：严瑾负责组织编写工作，拟定编写提纲，统稿，并负责编写项目一、项目五、项目六、项目九；张颖负责编写项目三；钟小娜负责编写项目二、项目八；叶诗晴负责编写项目七；孙俊科负责编写项目四。

在编写本书过程中得到了春华教育集团财务总监周相聪、宁波美诺华药业股份有限公司审计总监余文龙、浙江会管家财务管理有限公司董事长戴文哲等诸多企业（包括银行）专业人士的指导和帮助，以及电子工业出版社的大力支持，并借鉴了财务会计方面的书刊及初级会计实务考证资料，编者在此一并表示感谢。

由于编者水平有限，书中疏漏之处在所难免，敬请读者提出宝贵意见，以便日后完善。

编者

2021 年 12 月

目 录

项目一

财务会计认知

↘ 职业能力与素养目标

◆ 身心健康并具有劳模精神、工匠精神和诚实守信、爱岗敬业的职业素养；

◆ 了解财务会计是怎样一种商业语言；

◆ 了解财务会计对商业决策的影响；

◆ 掌握财务会计这一商业语言的基本元素和语言规则；

◆ 掌握会计信息使用者及会计信息质量要求；

◆ 能够根据会计信息质量要求判断会计信息的有用性。

↘ 引导案例

央视怒怼财务造假！直接点名康美药业、康得新！会计工作一定要注意！

2019 年 8 月 9 日焦点访谈播出《财务造假须严惩》专题报道，近期一批涉嫌财务造假的上市药企因涉案金额巨大、手段极其恶劣、违法情节特别严重被点名。*ST康得 2018 年报显示，去年公司实现营业收入 91.50 亿元，同比降低 22.38%；利润总额 3.43 亿元，同比降低 88.24%；归属于母公司净利润 2.81 亿元，同比降低 88.66%。年报中同时称公司账面货币资金 153.16 亿元，其中 122.1 亿元存放于北京银行西单支行。然而，北京银行西单支行却回函称"账户余额为 0"。

7 月 5 日，证监会对 *ST康得进行了处罚及禁入告知，内容触目惊心：4 年内虚增利润 119 亿元。可见这财务造假有多恶劣！

（资料来源：2019 年 08 月 15 日 18：54，搜狐网）

【请思考】 诚信是会计工作之魂，高质量的会计信息是保证会计决策有用的基石，康得新是否遵循了财务报告编制的要求？请结合案例，谈谈感想。著名的教育家苏霍姆林斯基曾经说过："在每一个学生的心里根深蒂固地存在着一种渴望，那就是让自己变得更优秀。"在财务大数据时代，希望你努力成为德、智、体、美、劳全面发展的具有"劳模精神和工匠精神"的高素质会计人才。欢迎学习项目一。

给财务人员的建议与提醒

任务一　会计是一种商业语言

任务导言

在商品经济社会，会计与商业活动及其管理是密不可分的。会计围绕企业管理者和投资者的商业管理和商业决策提供信息服务。商业活动，即供求双方以买卖方式使商品流通的经济活动。例如，纺织企业将棉花加工成线，用线生产出布匹销售给服装厂，服装厂将布匹加工成服装销售给消费者，这个过程就是商业活动。商业决策，是指企业依据当前市场信息和对未来市场发展的预测，为了达到一定的经营目标，运用科学理论和方法，系统地分析主、客观条件，从两种以上可供选择的方案中选出最佳方案的决策过程。在商品经济社会中，任何商业决策都离不开资金筹集与运用的问题，只要涉及资金问题就离不开会计工作，离不开用会计语言反映的商业活动。

一、会计语言概述

会计作为企业管理信息系统的子系统，主要负责提供企业的财务状况、经营业务及现金流量等方面的重要信息，从而协助信息使用者进行商业决策。会计信息被广泛运用于各种商业行为，从而使会计成为商业语言。会计通过对商业活动的记录、计量、分析，形成报告，将企业经营成果传递给决策者进行商业决策。对会计语言理解得越深，你的个人理财和企业管理水平就越高。

作为一名企业管理者，你需要懂会计，因为所有经营活动的结果最后都会反映到"账"上。可以说，不懂会计，管理是做不好的。会计作为一种通用的"商业语言"，运用特定的规则对企业的经营活动进行描述；会计报表充分表达各类经济信息，以利于企业管理者发现问题，采取行动，发挥重点管理的效应。企业管理者常常通过财务报表了解企业经营活动的真实状况和成果。具有阅读和分析财务报表的技术和能力，是企业管理者的一项基本功。

🖱 什么是会计？

作为一名个体投资者，你必须了解会计，只有了解会计，才能读懂会计报表，才能对公司经营状况和业绩做出更加理性的判断。

企业与企业、银行、政府等单位打交道时，需要通过会计报表，对自己的资金实力、经营能力等进行展示与说明。

会计语言，是企业通用的语言，在企业内部各部门之间是通用的，在一个国家里也是通用的，甚至在国际上也是通用的。

（一）会计要素

会计主要由反映企业某一时点财务状况的词汇和反映企业在一定期间经营成果的词汇组成。其中，反映企业某一时点财务状况的词汇又由资产、负债和所有者权益构成，反映企业在一定期间经营成果的词汇则由收入、费用、利润构成。会计基础中大家已经学习过会计的六大要素、会计凭证、会计账簿和财务报告的基本内容，本教材中不再赘述。

掌控财务第一步，你听得懂会计"语言"吗？

（二）会计规则

为了向人们描述真实的、完整的、可靠的会计信息，会计必须遵循自己的语言规则。在我国，会计的规则主要有以下四个层次。

第一个层次是《中华人民共和国会计法》（以下简称《会计法》）：《会计法》是会计工作的根本大法，是由全国人大常委会批准的，法律效力最高；第二个层次是《企业财务会计报告条例》：《企业财务会计报告条例》是国务院颁布的关于会计工作的基本规则；第三个层次是《企业会计准则》：《企业会计准则》是由国家财政部颁布的，侧重于对经济活动如何确认、如何计量的规定；第四个层次是《企业会计制度》：《企业会计制度》是由国家财政部颁布的，是对经济活动的记录、报告的具体规定。

无论是做会计工作，还是做企业管理工作，都应该学好会计，懂得会计。会计这种"商业语言"是很重要的企业管理决策工具。

二、会计如何帮助商业决策

对于任何需要做出具有影响力的经济决策的人而言，会计信息都是十分重要的。这些人包括企业管理者、企业股东、投资者，甚至政治家。

例如：比亚迪新能源车欲向国内市场各大城市投入电动大巴 K9 作为城市公共交通汽车时，就需要会计师对该汽车的预期销售收入、销售成本、销售费用、政府补贴等进行计算和分析，最终对该产品的预期收益能力做出报告，便于管理者根据该报告做出是否生产并销售电动大巴 K9 这一产品的决策。

又如：一家经营多年的公司，欲给员工增加薪酬的时候，需要会计提供加薪后员工工资需要多少资金，加薪后员工的工作效率是否能够得到提高、可以提高多少等信息，并根据这些信息来做出是否给员工加薪的决策。

会计工作主要通过以下方式帮助决策：

① 记录并说明在何时何地以何种形式支付了资金或承诺了何种义务；

② 用会计的指标评价业绩；

③ 给出不同方案的财务结果；

④ 预测决策所带来的影响；

⑤ 分析目前存在的问题和原因；

⑥ 提出改进措施等。

会计帮助商业决策流程如图 1-1 所示。

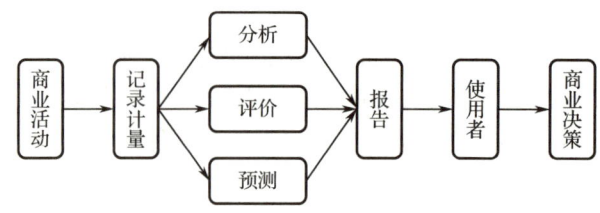

图 1-1　会计帮助商业决策流程

做中学 1-1　2×21 年 1 月 1 日，某快递公司为了满足"双十一"期间的快递业务及目前不断扩大业务的需要，购入了厢式货车 50 辆，价值 475 万元，增值税税额为 61.75 万元，货款已通过银行转账支付，当日投入使用。用会计的语言描述则为：

借：固定资产——生产用固定资产（厢式货车）　　　　　　　　4 750 000
　　应交税费——应交增值税（进项税额）　　　　　　　　　　617 500
　　贷：银行存款　　　　　　　　　　　　　　　　　　　　　　5 367 500

　　会计语言清楚地表达了这一业务的具体内容：该快递公司花费了银行存款 536.75 万元（银行存款减少了），换来了固定资产 475 万元（固定资产增加了），同时在缴纳增值税时可以抵扣 61.75 万元的进项税额（应交税金减少了）。

做中学 1-2　续前例，在购买 50 辆厢式货车前，某快递公司高层让会计对投资方案的现金流量进行了一个估计，以从现金流量的角度判断该项投资的可行性。该公司会计从会计报表和账簿中找来同类货车的年行驶费用、维修费用、折旧费、该类货车年营运收入等数据，计算结果表明该项投资从投入使用的第二年起，现金流量均远远大于 0。最终该快递公司高层决定在"双十一"前投资购买 50 辆厢式货车。会计们在投资项目方面提供的全面、精确的数据，使得该快递公司的这项投资不仅为它们在快递业争得一席之地，而且其快递业务得以稳健发展。

【请注意】会计不仅是一种商业语言，还是一种有生命力的语言，一种有操纵空间的语言。这是因为企业的商业活动随着时间而变化，所以会计语言必须是强有力的、灵活的，即基于会计准则的要求，紧随企业商业活动的变化进行灵活的会计处理和信息报告。此外，针对不同商业主体会计会有不同的合法理解和描述，这是一个"会计战略"问题，它使会计成为一种具有可操纵空间的语言。为了公平、有效地对外公布企业创造的价值和企业创造价值的潜力，**会计操纵的空间被严格监管**。因此，在财务会计学习中既要掌握好会计要素的内容，也要掌握好会计语言的规则。

任务二　财务会计规范

任务导言

　　财务会计规范是会计人员正确处理工作所要遵循的行为标准。为了保证会计信息的真实性、完整性和可比性，我国通过各种法律、法规和制度等予以规范。

一、会计法规体系概述

我国的会计法规体系由会计法律、会计法规、会计规章和会计规范性文件构成，如图1-2所示。

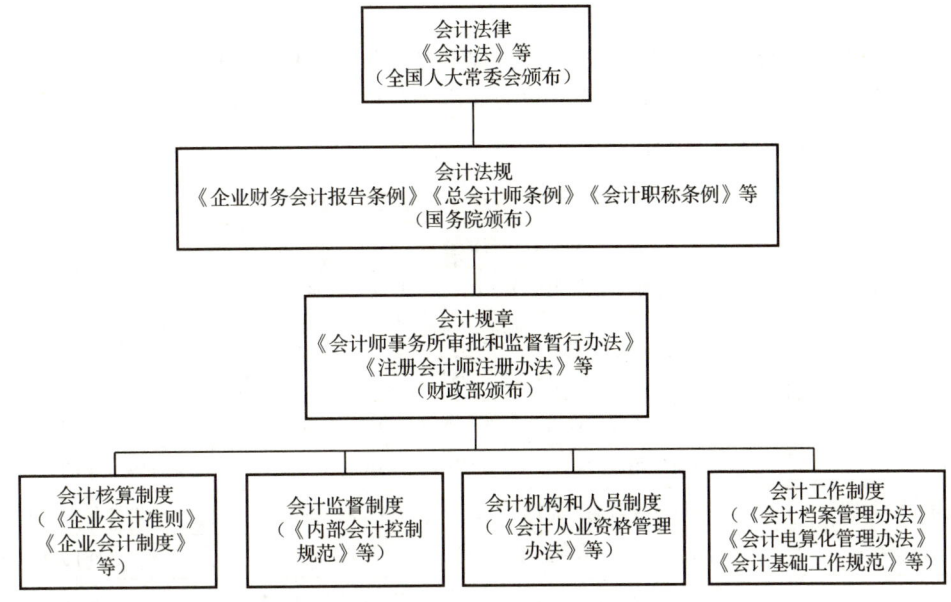

图 1-2　我国会计法规体系图

1.会计法律

会计法律是指由全国人民代表大会及其常委会经过一定立法程序制定的调整社会经济生活关系中会计关系的法律总规范，如《中华人民共和国会计法》，以下简称《会计法》。它是我国会计法规体系的最高层次，是制定其他会计法律的依据，也是指导会计工作的最高准则，是会计机构、会计工作、会计人员的根本大法。

2.会计法规

会计法规是指调整社会经济生活关系中某些方面会计关系的法律规范。会计法规可分为会计行政法规、地方性会计法规和自治会计法规。其法律效力仅次于《会计法》，如《企业财务会计报告条例》《总会计师条例》《会计职称条例》等。

3.会计规章

会计规章是指财政部根据法律和国务院的行政法规、决定、命令，在本部门的权限范围内制定的、调整会计工作中某些方面内容的规范性文件。会计规章包括两种，即会计部门规章和会计地方政府规章，包括《会计师事务所审批和监督暂行办法》《注册会计师注册办法》《财政部门监督办法》等。

4.会计规范性文件

会计规范性文件是指由主管全国会计工作的行政部门——财政部就会计工作中某些方面所制定的规范性文件，如《企业会计准则——基本准则》《会计档案管理办法》《小企业会计制度》等。

二、会计信息质量要求

会计是一种商业语言，其工作核心就是向商业决策者提供会计信息。只有有用的信息才能够帮助决策者进行商业决策。

（一）会计信息使用者及其需求

企业作为构成社会的单元，必然与社会各种组织、人员有着不同的关系，这些组织和人员对企业的信息也有着不同的需求，这也导致会计信息有着不同的使用者和需求。企业会计信息使用者与需求情况如表 1-1 所示。

表 1-1　会计信息使用者及其需求

会计信息使用者	对会计信息的需求	会计信息
股东（所有者）	管理人员经营绩效的评价、投资风险与回报	财务报表
管理人员	计划、决策的信息依据	交易文件、财务报表
投资者	投资风险与回报	近 3～5 年的财务报表
银行	企业信用能力评价、贷款方案决策的信息依据	近 3～5 年的财务报表
供应商	企业信用能力评价、赊销方案决策的信息依据	近 1～3 年的财务报表
经销商、顾客	企业持续经营能力、产品持续供应和售后服务能力	近 1～3 年的财务报表
竞争者	企业市场份额和利润率、竞争方案决策信息依据	近 1～3 年的财务报表
雇员	企业持续经营能力，提供工薪、福利和就业机会的能力	近 1～3 年的财务报表
政府	企业商业活动情况、纳税情况，政策制定信息依据	财务报表、纳税申报表
社区	与社区资源进行交换的能力	财务报表
公益组织	能够支持社会公益的能力	财务报表

由表 1-1 可知，会计信息的使用者包括企业内部使用者和企业外部使用者，因此，我们将会计也分为对内的管理会计和对外的财务会计两大分支。财务会计为企业之外的信息使用者提供商业决策的信息；管理会计为企业内部的管理者提供预算、预测、规划等制定企业战略决策的信息。本教材着重介绍的是对外的财务会计。

【小提示】财务会计反映了一个企业的商业活动，它的目的是帮助使用者全面、综合地了解企业，它既为企业管理者也为相关利益者提供信息。但是会计信息的第一使用者是企业管理者。

我国管理会计的现状及未来发展趋势

（二）财务报告提供的信息

财务报告，是指企业对外提供的反映企业某一特定日期的财务状况和某一会计期间的经营成果、现金流量等会计信息的文件。财务报告包括财务报表和其他应当在财务报告中披露的相关信息和资料。财务报告是向投资者、债权人等外部信息使用者提供有用信息的重要媒介和渠道。

财务报表是对企业财务状况、经营成果和现金流量的结构性表述。一套完整的财务报表至

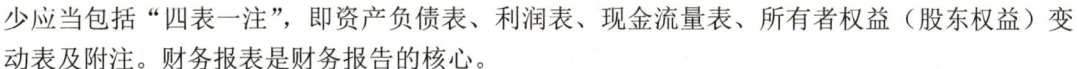

少应当包括"四表一注"，即资产负债表、利润表、现金流量表、所有者权益（股东权益）变动表及附注。财务报表是财务报告的核心。

1. 资产负债表反映企业的财务状况

资产负债表是反映企业在某一特定日期的财务状况的会计报表。企业编制资产负债表的目的是通过如实反映企业的资产、负债和所有者权益金额及其结构情况，帮助使用者评价企业资产的质量及短期偿债能力、长期偿债能力、利润分配能力等。

2. 利润表反映企业的财务业绩

利润表是反映企业在一定会计期间的经营成果和综合收益的会计报表。企业编制利润表的目的是通过如实反映企业实现的收入、发生的费用，以及应当计入当期利润的利得和损失、其他综合收益、综合收益等金额及其结构情况，帮助使用者分析评价企业的盈利能力及其构成与质量。

【小提示】 无论投资者还是债权人，都非常关心企业的盈利能力。他们除了利用利润表中的数据来了解企业的营业利润、利润总额和净利润等盈利能力信息外，还通过计算企业的销售毛利率、销售净利率、销售成本率、销售费用率，结合资产负债表信息计算资产净利率、净资产收益率来分析企业盈利能力和趋势，从而进行商业决策。

3. 现金流量表反映企业的现金收付情况

现金流量表是反映企业在一定会计期间的现金和现金等价物流入和流出的会计报表。企业编制现金流量表的目的是通过如实反映企业各项活动的现金流入和现金流出，帮助使用者评价企业生产经营过程，特别是经营活动中所形成的现金流量和资金周转情况。

4. 所有者权益变动表反映企业与所有者之间的交易

所有者权益变动表是反映构成企业所有者权益的各组成部分当期的增减变动情况的会计报表。所有者权益变动表应当全面反映一定时期所有者权益变动的情况，不仅包括所有者权益总量的增减变动，还包括所有者权益增减变动的重要结构性信息，特别是要反映直接计入所有者权益的利得和损失，让使用者准确理解所有者权益增减变动的根源。

5. 附注对财务报告做进一步说明

附注是对会计报表中列示项目所做的进一步说明，以及对未能在这些会计报表中列示项目的说明等。附注由若干附表和对有关项目的文字性说明组成。企业编制附注的目的是通过对会计报表本身做补充说明，以更加全面、系统地反映企业财务状况、经营成果和现金流量的全貌，从而有助于向使用者提供更为有用的决策信息，帮助其做出更加科学、合理的决策。

（三）会计信息要求

只有有质量保证的信息才是有用的信息。我国《企业会计准则——基本准则》（2006）第二章对会计信息的有用性进行了明确规定。会计信息质量要求，也称为会计信息质量特征，是对企业财务报告中所提供会计信息质量的基本要求，是使财务报告中所提供的会计信息对投资者等使用者决策有用应具备的基本特征。它主要包括可靠性、相关性、可理解性、可比性、实质重于形式、重要性、谨慎性和及时性等。

1. 可靠性

可靠性要求企业应当以实际发生的交易或事项为依据进行确认、计量和报告，如实反映符合确认和计量要求的各项会计要素及其他相关信息，保证会计信息真实可靠、内容完整。会计信息要有用，首先必须可靠。满足以下具体要求的会计信息，可以认为是可靠的会计信息：

（1）以实际发生的交易或事项为依据进行确认和计量，将符合会计要素定义及其确认条件的资产、负债、所有者权益、收入、费用和利润如实地反映在财务报表中；

（2）在符合重要性和成本效益平衡原则的前提下，保证会计信息的完整性，包括应当编报的会计报表及其附注内容等应当保持完整，不能随意遗漏或减少应予以披露的信息；

（3）包括在财务报告中的会计信息应当是中立的、无偏的。若企业财务报表中为了达到事先预定的结果或效果，通过选择或列示有关会计信息以影响决策和判断的，这样的财务报告信息就不是中立的。

【小提示】可靠性是会计信息质量最基本的要求。

2. 相关性

相关性要求企业提供的会计信息应当与使用者（尤其是投资者）的经济决策需要相关，有助于使用者对企业过去、现在或未来的情况做出评价或预测。

会计信息是否有用、是否具有价值，取决于财务报表的内容与使用者决策需要的相关程度。相关的会计信息有助于使用者评价企业过去的决策，证实或修正过去的有关预测，具有反馈价值；相关的会计信息具有预测价值，能够帮助使用者预测企业未来的财务状况、经营成果和现金流量。

3. 可理解性

如前所述，会计是一种商业语言。作为一种语言，必须做到让人容易知晓内容所述各种商业活动的情况。可理解性要求企业提供的会计信息不能模糊不清、不能晦涩难懂，应当清晰明了，便于使用者理解和使用。

4. 可比性

可比性要求企业提供的会计信息应当具有可比性。使用者通常通过比较一家企业前后不同时期的财务报表，或比较企业与其他企业的财务报表，来发现财务状况或业绩的变化趋势，因此，财务报表编制和列报的基础随时间推移保持可比性相当重要。

可比性具有以下两个层次的含义：

（1）纵向比较：同一企业不同会计期间的会计信息要具有可比性。

（2）横向比较：同一会计期间，不同企业的会计信息要具有可比性。

5. 实质重于形式

实质重于形式要求企业应当按照交易或事项的经济实质进行会计确认、计量和报告，不仅仅以交易或事项的法律形式为依据。

大多数情况下，企业业务交易的法律形式反映了经济实质，即经济实质与法律形式是一致的；但是，在有些情况下，法律形式没有反映经济实质，即经济实质与法律形式是不一致的。这就要求会计人员做出职业判断，按照业务的经济实质进行账务处理。

6. 重要性

重要性要求企业提供的会计信息应当完整反映与企业财务状况、经营成果和现金流量有关的所有重要交易和事项，即要将所有重要的交易或事项进行完整、全面的计量、报告。

【小提示】重要性的特点：

（1）对资产、发展、所有者权益等有较大影响的交易或事项，必须按规定的会计方法和程序进行处理，并在财务报告中单独列示。

（2）对次要的会计事项，在不影响会计信息的真实性和不至于误导使用者做出正确判断的前提下，可以适当合并信息，简化处理。

7.谨慎性

谨慎性要求企业对（不确定的）交易或事项进行会计确认、计量和报告时应当保持应有的谨慎，不应高估资产或收益、低估负债或费用和损失。

在激烈竞争的市场环境下，企业的经营活动面临着许多风险和不确定性。赊销可能带来坏账损失，购入的存货也许有朝一日不能获利或保本，产品的"三包"承诺也许会导致企业巨额亏损，等等。因此，会计面对诸多不确定因素、风险，要做出准确的职业判断，对会计信息的处理要保持谨慎的态度。各种资产跌价、减值准备的计提，包括固定资产减值准备、无形资产减值准备、存货跌价准备、坏账准备等，产品"三包"的预计负债，等等，都是会计信息处理谨慎性的体现。

8.及时性

及时性要求企业对于已经发生的交易或事项，应当及时进行确认、计量和报告，不得提前或延后。及时性要求体现在会计信息搜集、加工、披露、报告等各个环节。

 会计信息质量要求

任务三　会计职业资格体系构成

任务导言

会计职业具有入门起点低、社会需求多、职业规划清晰、考试不断进阶等典型特点。如何在这个慢热成长型的行业中取得职业成就，是千万会计从业人员所面临的现实问题。我国自1986年以来先后建立了会计专业技术职务聘任制度、初中级会计专业技术资格考试制度、高级会计师资格考评结合制度，为国家输送了大批会计人才。

在我国，会计职业资格体系由会计专业技术资格和注册会计师执业资格构成。

（一）会计专业技术资格

1.初级会计师

初级会计师即助理会计师。担任助理会计师的基本条件是：掌握一般的财务会计基础理论和专业知识；熟悉并能正确执行有关的财经方针、政策和财务会计法规、制度；能担负一个方面或某个重要岗位的财务会计工作。

初级会计职称全部实行无纸化考试，考试在计算机上进行。考试科目为《初级会计实务》《经济法基础》两个科目。一天考完，并要求两科考试一次通过，才能取得初级会计师资格证书。一般每年的11月报名，次年5月考试。

2. 中级会计师

中级会计师也称会计师。担任会计师的基本条件是：

① 较系统地掌握财务会计基础理论和专业知识；

② 掌握并能正确贯彻执行有关的财经方针、政策和财务会计法规、制度；

③ 具有一定的财务会计工作经验，能担负一个单位或管理一个地区、一个部门、一个系统某个方面的财务会计工作；

④ 取得博士学位并具有履行会计师职责的能力，或者取得硕士学位并担任助理会计师职务两年左右，或者取得第二学士学位或研究生班结业证书并担任助理会计师职务两三年，或者大学本科或专科毕业并担任助理会计师职务 4 年以上。

中级会计职称全部实行无纸化考试，设《财务管理》《经济法》《中级会计实务》三个科目。参加中级会计职称考试的人员，必须在连续的两个考试年度内通过全部科目的考试，方可获得中级资格证书。一般每年的 3 月报名，9 月考试。

3. 高级和教授级高级会计师

高级会计师，是指我国会计专业技术职称中的高级会计专业技术资格。高级会计师考试科目为《高级会计实务》。参加考试并达到国家合格标准的人员，由全国会计考办核发高级会计师资格考试成绩合格证，该证在全国范围内 3 年有效。教授级高级会计师评价条件由各省、自治区、直辖市自行决定。

（二）注册会计师执业资格

注册会计师，是指取得注册会计师证书并在会计师事务所执业的人员，英文全称为 Certified Public Accountant，简称 CPA，指的是从事社会审计（中介审计、独立审计）的专业人士。在国际上说会计师一般是说注册会计师，而不是我国的中级职称概念的会计师。

专业阶段考试科目：《审计》《财务成本管理》《经济法》《会计》《公司战略与风险管理》《税法》。专业阶段考试报名人员可以同时报考 6 个科目，也可以选择报考部分科目。综合阶段考试科目：《职业能力综合测试（试卷一）》《职业能力综合测试（试卷二）》。一般每年的 4 月报名，10 月考试。

任务四　会计职业道德和内部控制基础

任务导言

会计职业是指利用会计专门的知识和技能，为经济社会提供会计服务，获取合理报酬的职业。会计职业风险，是会计职业行为产生差错或不良后果应由会计行为人承担责任的可能性。企业会计的职业风险主要产生于以货币作为主要计量单位和公司治理等多方面。例如，以货币

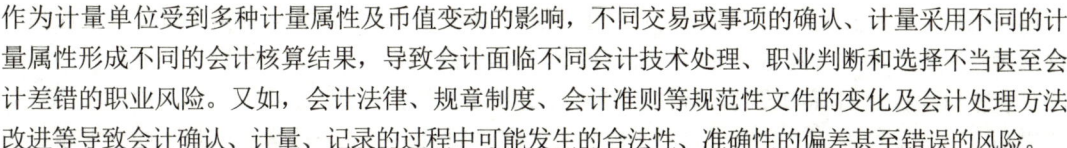

作为计量单位受到多种计量属性及币值变动的影响，不同交易或事项的确认、计量采用不同的计量属性形成不同的会计核算结果，导致会计面临不同会计技术处理、职业判断和选择不当甚至会计差错的职业风险。又如，会计法律、规章制度、会计准则等规范性文件的变化及会计处理方法改进等导致会计确认、计量、记录的过程中可能发生的合法性、准确性的偏差甚至错误的风险。

一、会计职业道德概述

会计职业道德，是指会计人员在会计工作中应当遵循的体现会计职业特征和调整会计职业关系的职业行为准则和规范。

会计职业道德由会计职业理想、会计职业责任、会计职业技能、会计工作态度、会计工作作风和会计职业纪律等构成。会计职业道德的核心是诚信。是否准确核算、如实反映、讲求诚信是决定会计工作成败和质量好坏的根本标准，会计人员应当以诚信为本，保持客观公正。区块链、云计算、大数据、人工智能等新一代信息技术在会计工作中的广泛运用，对会计诚信提出了更高的要求。

二、会计职业道德的内容

会计职业道德的主要内容可概括为爱岗敬业、诚实守信、廉洁自律、客观公正、坚持准则、提高技能、参与管理、强化服务八个方面。

① 爱岗敬业。会计人员在会计工作中应当养成良好的职业品质、严谨的工作作风，正确认识会计职业，树立职业荣誉感；热爱会计工作，敬重会计职业；安心本职岗位，安心工作，任劳任怨；严肃认真，一丝不苟；忠于职守，尽职尽责。

② 诚实守信。会计人员应当保守本单位的商业秘密。老老实实做人，老老实实办事，不搞虚假；执业谨慎，不为利益所诱惑；执业谨慎，信誉至上。

③ 廉洁自律。会计人员要树立正确的人生观和价值观。公私分明，不贪不占；遵纪守法，一身正气；严于律己，自觉抵制不良诱惑。

④ 客观公正。会计人员办理会计事务应当实事求是、客观公正。依法办事；实事求是；不偏不倚。

⑤ 坚持准则。会计人员应当按照会计法律、法规和国家统一会计制度规定的程序和要求进行会计工作，保证所提供的会计信息合法、真实、准确、及时、完整。

⑥ 提高技能。会计人员应当努力钻研业务，要有不断提高自身会计专业技能的意识和愿望；具有勤学苦练的精神及科学的学习方法。

⑦ 参与管理。会计人员应当充分发挥会计在企业经营管理中的职能作用，努力钻研业务，熟悉财经法规和相关制度，提高业务技能，为参与管理打下基础；熟悉服务对象的经营活动和业务流程，使参与管理的决策更具有针对性和有效性。

⑧ 强化服务。会计人员应当熟悉本单位的生产经营和业务管理情况，强化服务意识；提高服务质量。

三、内部控制概述

内部控制是指由企业的董事会、监事会、管理层及企业全体员工共同实施，旨在实现控制目标的过程。内部控制的实施主体由企业董事会、监事会、经理层和全体员工所构成。控制的过程涵盖三个方面：一是企业生产经营管理活动全过程的控制；二是企业风险控制全过程的控制，包括风险控制目标的设定，风险识别、分析及应对等控制环节；三是信息的搜集、整理、传递和运用的全过程。内部控制有利于提高会计信息质量，保证合法合规经营管理，提高企业生产经营效率和效益。内部控制的目标，是建立健全并实施内部控制应实现的目的和要求，主要包括合理保证企业经营管理合法合规、资产安全及完整、财务报告及相关信息真实完整，提高企业经营效率和效果，促进企业实现发展战略。

四、内部控制要素

内部控制要素，是指对内部控制的内容和措施、方法的系统的、合理的、简明的划分。合理确定内部控制要素有利于具体实施内部控制制度。建立有效的内部控制，至少应当考虑内部环境、风险评估、控制活动、信息与沟通和内部监督五项基本要素。

① 内部环境。它是指影响、制约企业内部控制建立与执行的各种内部因素的总称，是实施内部控制的基础，主要包括治理结构、组织机构设置与权责分配、企业文化、人力资源政策、内部审计机制等。

② 风险评估。它是指及时识别、科学分析和评价影响企业内部控制目标实现的各种不确定因素并采取应对策略的过程，是实施内部控制的重要环节，包括风险目标设定，风险识别、分析及应对等。

③ 控制活动。它是指企业根据风险评估结果，采用相应的控制措施，是实施内部控制的具体方式方法和手段，包括职责分工控制、授权审批控制、会计系统控制、预算控制、财产保护控制、内部报告控制、经济活动分析控制、绩效考评控制等。

④ 信息与沟通。它是指及时、准确、完整地搜集与企业经营管理相关的各种信息，是实施内部控制的重要条件。企业应建立信息与沟通制度，明确内部控制相关信息的搜集、处理和传递程序，确保信息及时沟通，促进内部控制有效运行。

⑤ 内部监督。它是指企业对其内部控制的健全性、合理性和有效性进行监督检查，是实施内部控制的重要保证，包括日常监督和专项监督。

内部控制各要素之间是一个有机、多维的相互联系、相互影响、相互作用的整体，共同构成实现内部控制目标的体制机制和方式方法的完整体系。

【项目小结】

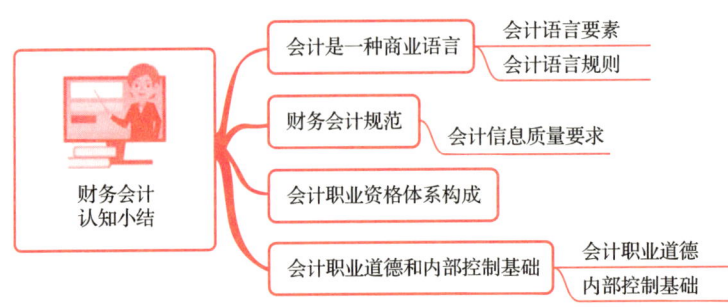

项目二
资产

↘ 职业能力与素养目标

◆ 身心健康并具有劳模精神、工匠精神和诚实守信的职业素养；

◆ 熟悉现金管理基本内容、银行结算方式，以及其他货币资金核算；

◆ 掌握应收票据、应收账款、预付账款、其他应收款、应收款项减值核算；

◆ 掌握交易性金融资产的核算；

◆ 掌握存货成本的确定、发出存货的计价方法，以及原材料、周转材料、委托加工物资、库存商品的核算；

◆ 掌握固定资产的核算；

◆ 熟悉无形资产的内容，掌握无形资产的核算；

◆ 初步具有相应的会计职业判断意识。

↘ 引导案例

乔丹体育公司侵权案终审败诉 争议商标将被撤销

北京4月8日屯 中国裁判文书网公布，最高人民法院近日对迈克尔·杰弗里·乔丹状告中国乔丹体育公司（以下简称乔丹公司）商标侵权案做出终审判决：撤销北京市高级人民法院（2015）高行（知）终字第1575号行政判决；撤销北京市第一中级人民法院（2014）一中行（知）初字第9172号行政判决；由国家知识产权局对第6020578号"乔丹及图"商标重新做出裁定。

判决书中提到，本案中，争议商标由上方的图形与下方的"乔丹"组合而成。乔丹公司明知再审申请人在我国具有长期、广泛的知名度，仍然使用"乔丹"申请注册争议商标，容易导致相关公众误认为标记有争议商标的商品与再审申请人存在代言、许可等特定联系，损害了再审申请人的在先姓名权。因此，争议商标的注册违反了商标法第三十一条的规定，依照商标法第四十一条第二款的规定应予撤销。

（资料来源：2020年04月08日16:15，人民网）

【请思考】"中国乔丹"与"美国乔丹"之间没有任何"亲戚"关系，但"中国乔丹"却打着"乔丹"旗号存在多年，不能不说其"商业碰瓷"行为是在钻法律空子。耍小聪明"傍名牌"会有出路吗？乔丹公司侵权案终审败诉，你怎么看这件事呢？欢迎学习项目二。

案例解答

任务一　货币资金核算

在流动资产中，货币资金的流动性最强，并且是唯一能直接转化为其他任何资产形态的流动性资产，也是唯一能代表企业现实购买力水平的资产。

为了确保生产经营活动的正常进行，企业必须拥有一定数量的货币资金，以便购买材料、缴纳税金、发放工资、支付利息及股利或进行投资等。企业应当根据国家有关法律和货币资金管理的规定，重视货币资金的核算与监督；应当结合本企业实际情况，建立适合本企业业务特点和管理需要的货币资金内部控制制度，认真做好货币资金的核算工作，加强货币资金的管理。

从内容上看，货币资金包括库存现金、银行存款和其他货币资金，具体如图2-1所示。

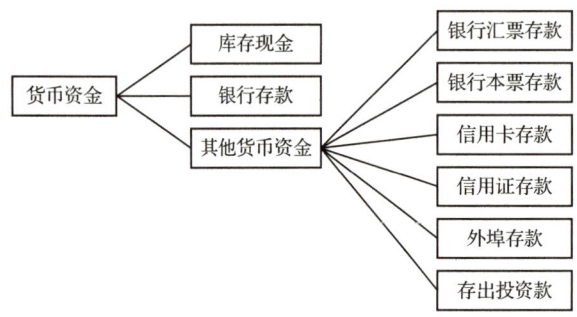

图2-1　货币资金构成　　　　　　　3分钟弄懂中国金融体系——钱是如何流动的？

子任务一　库存现金核算

华盛股份有限公司（增值税一般纳税人）的开户银行是中国工商银行江城市新桥支行，基本账户账号是33011809032591，以下简称华盛公司。2020年3月1日，华盛公司销售部王成出差，预借差旅费1 000元，经审核后出纳李胜以现金支付。请会计张红做出相关账务处理。

一、库存现金概述

库存现金，是指存放在单位财会部门，由出纳人员经管的货币，包括人民币和外币。现金管理就是对现金的收、付、存等各环节进行的管理。

根据《现金管理暂行条例》《现金管理暂行条例实施细则》《内部会计控制规范——货币资金》的规定，现金管理的主要规定如下。

（一）现金的使用范围

各单位可以在下列范围内使用现金：

① 职工工资、津贴。

② 个人劳务报酬，包括稿酬、讲课费、设计费、装潢费、安装费、制图费、化验费、测试费、医疗费、法律服务费、各种演出与表演费、技术服务费、介绍服务费、经纪服务费、代办服务费及其他劳务费用等。

③ 支付给个人的各种奖金，包括根据国家规定颁发给个人的科学技术、文化艺术、体育等各种奖金。

④ 各种劳保、福利费用及国家规定的对个人的其他支出，包括退休金、抚恤金、学生助学金、职工生活困难补助等。

⑤ 向个人收购农副产品和其他物资，如金银、工艺品、废旧物资等的价款。

⑥ 出差人员必须随身携带的差旅费。

⑦ 结算起点（1 000 元）以下的零星支出。

⑧ 中国人民银行规定需要支付现金的其他支出。

除上述第⑤、⑥项外，开户单位支付给个人的款项，超过使用现金限额的部分，应当以支票或银行本票支付；确需全额支付现金的，经开户银行审核后，予以支付现金。

（二）库存现金限额

库存现金限额，是指为了保证单位日常零星支出的需要，允许单位留存现金的最高数额。这一限额由开户银行根据单位的实际需要核定，一般按照单位 3 至 5 天日常零星开支所需确定。边远地区和交通不便地区的开户单位的库存现金限额，可按多于 5 天，但不得超过 15 天的日常零星开支的需要确定。经核定的库存现金限额，开户单位必须严格遵守，超过部分应于当日终了前存入银行。需要增加或减少库存现金限额的，应当向开户银行提出申请，由开户银行核定。

【请注意】日常零星开支不包括：企业每月发放的薪酬、不定期差旅费、向个人收购农副产品等大额现金支出。

（三）现金收支的规定

开户单位现金收支应当依照下列规定办理：

① 开户单位现金收入应当于当日送存开户银行，当日送存确有困难的，由开户银行确定送存时间；企业不得从本单位的现金收入中直接支付（坐支）。

② 开户单位从开户银行提取现金时，应当写明用途，由本单位财会部门负责人签字盖章，经开户银行审核后，予以支付。

③ 不准用不符合财务制度的凭证顶替库存现金，即不得"白条抵库"；不准谎报用途套取现金；不准用银行账户代其他单位和个人存入或支取现金；不准将单位收入的现金以个人名义存入储蓄，不准保留账外公款，即不得"公款私存"，不得设置"小金库"等。

【小提示】白条，是指不符合财务制度和会计凭证手续的字条或单据。一般系报销者在白纸上填制，无红、蓝色印章，故称为白条。白条还指欠条。有的白条上面是有公章的。

二、库存现金核算的账户设置

为了反映和监督企业库存现金的收入、支出和结存情况，企业应当设置"库存现金"账户，分别进行企业库存现金的总分类核算和明细分类核算。该账户属于资产类账户，具体账户结构如图 2-2 所示。

借方	库存现金	贷方
登记企业库存现金的增加		登记企业库存现金的减少
期末企业实际持有的库存现金的金额		

图 2-2 "库存现金"账户结构

【请注意】 企业内部各部门周转使用的备用金，通过"其他应收款"账户核算，或者单独设置"备用金"账户核算，不在"库存现金"账户中核算。

三、库存现金业务的账务处理

现金收入的内容主要有：从银行提取现金，职工出差报销时交回的剩余借款，收取结算起点以下的零星收入款，收到对个人的罚款，无法查明原因的现金溢余等。收取现金时，借记"库存现金"账户，贷记相关账户。

企业应当严格按照国家有关现金管理制度的规定，在允许的范围内，办理现金支出业务。企业按照规定支付现金时，借记相关账户，贷记"库存现金"账户。

做中学 2-1 时达有限责任公司（以下简称时达公司）为增值税一般纳税人，增值税税率为 13%。2×21 年 1 月 1 日，时达公司出纳人员李晓收到销售部门的产品零售收入 678 元。

借：库存现金　　　　　　　　　　678
　　贷：主营业务收入　　　　　　　　600
　　　　应交税费——应交增值税（销项税额）　78

库存现金业务账务处理分录

为了全面、连续地反映和监督库存现金的收支和结存情况，企业应当设置现金总账和现金日记账，分别进行库存现金的总分类核算和明细分类核算。库存现金总账由负责总账的会计人员进行总分类核算，可以根据现金收付款凭证和银行存款付款凭证直接登记。现金日记账由出纳人员根据收付款凭证，按照业务发生顺序逐笔登记。每日终了，应当在现金日记账上计算当日的现金收入合计额、现金支出合计额和结余额，并将现金日记账的余额与实际库存现金额相核对，保证账款相符。月度终了，现金日记账的余额应当与现金总账的余额核对，做到账账相符。

库存现金收支业务流程图

四、库存现金的清查

为了保证现金的安全、完整，企业应当按规定对库存现金进行定期和不定期的清查。库存现金的清查工作应由内部审计或稽核人员进行，一般采用实地盘点法。对于清查的结果应当编制现金盘点报告单。如果有挪用现金、白条顶库的情况，应及时予以纠正；对于超限额留存的现金应及时送存银行。如果账款不符，发现有待查明原因的现金短缺或溢余，应先通过"待处理财产损溢"账户核算：属于现金短缺，应按实际短缺的金额，借记"待处理财产损溢——待处理流动资产损溢"账户，贷记"库存现金"账户；属于现金溢余的金额，借记"库存现金"

账户，贷记"待处理财产损溢——待处理流动资产损溢"账户。待查明原因后做如下处理：

① 如为现金短缺，属于应由责任人赔偿或保险公司赔偿的部分，计入其他应收款；属于无法查明原因的，计入管理费用。其处理如图2-3所示。

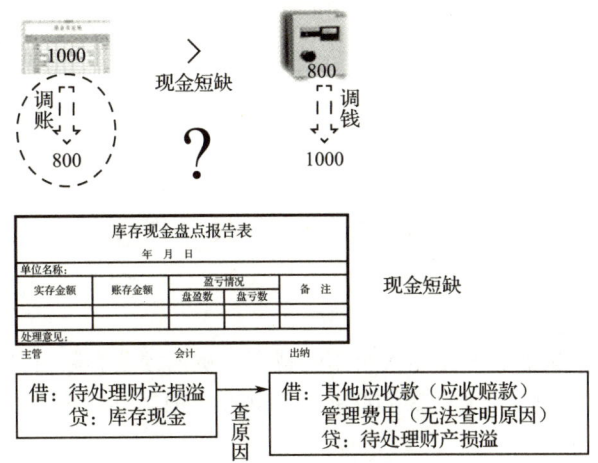

图2-3　现金短缺的处理

② 如为现金溢余，属于应支付给有关人员或单位的，计入其他应付款；属于无法查明原因的，计入营业外收入。其处理如图2-4所示。

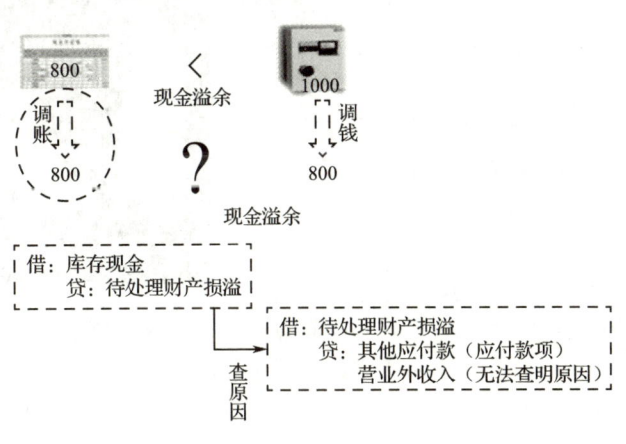

图2-4　现金溢余的处理

做中学 2-2 2×21年1月2日，时达公司在现金清查中，发现库存现金短缺90元。

借：待处理财产损溢——待处理流动资产损溢　　　　　　　　　　90

　　贷：库存现金　　　　　　　　　　　　　　　　　　　　　　　　90

做中学 2-3 承"做中学2-2"，经查，上述现金短缺属于出纳员王小燕的责任，应由其赔偿。

对其发出赔偿通知书：

借：其他应收款——王小燕　　　　　　　　　　　　　　　　　90

　　贷：待处理财产损溢——待处理流动资产损溢　　　　　　　　　90

收到赔偿款：

借：库存现金   90
  贷：其他应收款——王小燕   90

任务实施

会计张红应编制的会计分录如下：

借：其他应收款——王成   1 000
  贷：库存现金   1 000

库存现金清查账务处理分录

子任务二　银行存款核算

任务描述

2020 年 3 月 2 日，华盛公司出纳人员李晓持客户杭州顶新有限责任公司签发的用于支付前欠销售款的转账支票一张，金额 50 000 元，到其开户银行办理进账。请会计张红做出相关账务处理。

一、银行存款概述

银行存款，是指企业存放在银行或其他金融机构的货币资金。银行存款的收付应严格执行银行结算制度的规定。《人民币银行结算账户管理办法》将企业银行结算户分为基本存款账户、一般存款账户、临时存款账户和专用存款账户。基本存款账户是指存款人办理日常结算和现金收付的账户。企业的工资、奖金等现金的支取，只能通过本账户办理。一般存款账户是指企业在基本存款账户以外的银行借款转存、与基本存款账户的企业不在同一地点的附属非独立核算单

位开立的账户。企业可以通过本账户办理转账结算和现金缴存，但不能办理现金支取。临时存款账户是指企业因临时经营活动需要开立的账户。企业可以通过该账户办理转账结算和根据国家现金管理规定办理现金收付。专用存款账户是指企业因特定用途需要开立的账户，企业通过本账户只能办理具有特定用途的款项存取和转账。

一个企业只能选择一家银行的一个营业机构开立一个基本存款账户，不得在多家银行机构开立基本存款账户。企业在银行开立账户后，可到开户银行购买各种银行往来使用的凭证（如送款单、进账单、现金支票、转账支票等），用以办理银行存款的收付款项。

【小提示】具体办理支付结算业务时，必须根据不同性质的款项收支，考虑结算金额的大小、结算距离的远近、利息支出和对方信用等因素，进行综合分析，选择适当的支付结算办法，以缩短结算时间，减少结算资金占用，加快资金周转速度。

银行存款收支业务流程图

二、银行存款核算的账户设置

为了总括反映和监督企业银行存款的收入、支出和结存情况，企业应当设置"银行存款"账户。该账户属于资产类账户，具体账户结构如图 2-5 所示。

借方	银行存款	贷方
登记企业银行存款的增加		登记企业银行存款的减少
期末企业实际持有的银行存款的金额		

图 2-5　"银行存款"账户结构

【请注意】企业在银行的其他存款，如外埠存款、银行本票存款、银行汇票存款等，在"其他货币资金"账户核算，不通过"银行存款"账户核算。

三、银行存款业务的账务处理

企业应当设置银行存款总账和银行存款日记账，分别进行银行存款的总分类核算和明细分类核算。企业可按开户银行和其他金融机构、存款种类等设置银行存款日记账，根据收付款凭证，按照业务的发生顺序逐笔登记。每日终了，应结出余额。企业将款项存入银行或其他金融机构时，借记"银行存款"账户，贷记"库存现金"或有关账户；提取或支付存款时，借记"库存现金"或有关账户，贷记"银行存款"账户。

做中学 2-4　2×21 年 1 月 3 日，时达公司签发面额为 35 000 元的转账支票一张，支付前欠华盛公司购货款。

借：应付账款——华盛公司　　　　　　　　　　　　35 000
　　贷：银行存款　　　　　　　　　　　　　　　　　　　35 000

四、银行存款的核对

"银行存款日记账"应定期与"银行对账单"核对，至少每月核对一次。企业银行存款账面余额与银行对账单余额之间若有差额，如没有记账错误，主要原因是存在未达账项。所谓未达账项，是指由于结算凭证在企业与银行之间或收付款银行之间传递需要时间，造成企业与银行之间入账的时间差，而形成的一方收到凭证已入账，另一方未收到凭证尚未入账的款项。发生未达账项的具体情况有四种：一是企业已收款入账，银行尚未收款入账；二是企业已付款入账，银行尚未付款入账；三是银行已收款入账，企业尚未收款入账；四是银行已付款入账，企业尚未付款入账。对于未达账项应通过编制"银行存款余额调节表"调节，调节后的双方余额应相等。

【小提示】银行存款余额调节表只是为了核对账目，不能作为调整银行存款账面余额的记账依据。对于银行已入账而本单位尚未入账的业务和本单位已经入账而银行尚未入账的业务，均不做账务处理，待以后有关结算凭证到达企业，未达账项变成已达账项，才能进行相应的账务处理。

未达账项的处理

任务实施

华盛公司收到客户杭州顶新有限责任公司签发的转账支票时，出纳李晓填制进账单到开户银行办理款项入账手续，会计张红应做的会计分录如下：

借：银行存款　　　　　　　　　　　　　　　　　　　50 000
　　贷：应收账款——杭州顶新有限责任公司　　　　　　　　　　50 000

子任务三　其他货币资金核算

任务描述

2020年3月3日，华盛公司向银行申请银行本票10 000元。3月17日因产品质量等原因，该次采购没有实现，银行本票也超过了付款期限，退回开户银行，请会计张红做出相关账务处理。

一、其他货币资金概述

其他货币资金，是指企业除库存现金、银行存款以外的各种货币资金，主要包括银行汇票存款、银行本票存款、信用卡存款、信用证保证金存款、存出投资款和外埠存款等。因以下内容将在出纳课程中做详细介绍，故本任务侧重于账务处理介绍。

（一）银行汇票存款

银行汇票，是指由出票银行签发的，由其在见票时按照实际结算金额无条件支付给收款人或持票人的票据。银行汇票的出票银行为银行汇票的付款人。它适用于单位和个人之间的商品交易和劳务供应及其他异地款项的结算。银行汇票可以用于转账，注明"现金"字样的银行汇票也可以用于支取现金。

（二）银行本票存款

银行本票，是指由银行签发，承诺自己在见票时无条件支付确定的金额给收款人或持票人的票据，适用于单位和个人在同城范围内的商品交易和劳务供应及其他异地款项的结算。银行本票可以用于转账，注明"现金"字样的银行本票可以用于支取现金。

（三）信用卡存款

信用卡，是指商业银行向个人和单位发行的，凭以向特约单位购物、消费和向银行存取现金，且具有消费信用的特制载体卡片。信用卡是银行卡的一种，凡在中国境内金融机构开立基本存款账户的单位均可申领单位卡，单位卡账户的资金一律从其基本存款账户转账存入。单位卡一律不得用于10万元以上的商品交易、劳务供应款项结算，不得支取现金。

（四）信用证保证金存款

信用证保证金存款，是指采用信用证结算方式的企业为取得信用证而按规定存入银行信用证保证金专户的款项，是国际结算的一种主要方式。企业向银行申请开立信用证，应按规定向银行提交开证申请书、信用证申请人承诺书和购销合同。它只限于转账结算，不能支取现金。

（五）存出投资款

存出投资款，是指企业为购买股票、债券、基金等根据有关规定存入其在证券公司指定银行开立的投资款专户，但尚未进行短期投资的款项。

（六）外埠存款

外埠存款，是指企业到外地进行临时或零星采购时，汇往采购地银行开立采购专户的款项。该账户的存款不计利息、只付不收、付完清户，除采购人员可从中提取少量现金外，一律采用转账结算。

二、其他货币资金核算的账户设置

为了反映和监督其他货币资金的收支和结存情况，企业应当设置"其他货币资金"账户。该账户属于资产类账户，具体账户结构如图 2-6 所示。

借方	其他货币资金	贷方
登记其他货币资金的增加		登记其他货币资金的减少
反映期末企业实际持有的其他货币资金金额		

图 2-6 "其他货币资金"账户结构

【请注意】企业应当按照其他货币资金的种类设置明细账进行核算。

三、其他货币资金业务的账务处理

银行汇票存款业务的账务处理如下：

① 企业填送"银行汇票申请书"并将款项交存银行，取得银行汇票后，根据银行盖章退回的申请书存根联，借记"其他货币资金——银行汇票"账户，贷记"银行存款"账户。

② 企业使用银行汇票后，根据发票账单等有关凭证，借记"材料采购""库存商品""应交税费——应交增值税（进项税额）"等账户，贷记"其他货币资金——银行汇票"账户。

③ 如有多余或因汇票超过付款期等原因而退回款项，根据开户银行转来的银行汇票第四联（多余款收账单），借记"银行存款"账户，贷记"其他货币资金——银行汇票"账户。

做中学 2-5 2×21 年 1 月 7 日，时达公司购入原材料一批，已验收入库，取得的增值税专用发票上的价款为 200 000 元、增值税税额为 26 000 元，已用银行汇票办理结算，多余款项 24 000 元退回开户银行，公司已收到开户银行转来的银行汇票第四联（多余款收账单）。时达公司应做如下账务处理。

① 用银行汇票结算材料价款和增值税税款：

借：原材料		200 000
应交税费——应交增值税（进项税额）		26 000
贷：其他货币资金——银行汇票		226 000

② 收回退回的银行汇票多余款项：

借：银行存款		24 000

　　贷：其他货币资金——银行汇票　　　　　　　　　24 000

其他货币资金业务
账务处理总结

任务实施

　　① 出纳李晓填写"银行本票申请书"，将款项交存银行申请办理，会计张红应做的会计分录如下：

　　借：其他货币资金——银行本票　　　10 000

　　　　贷：银行存款　　　　　　　　　　　　　　　　　　10 000

　　② 因产品质量原因，该次采购没有实现，银行本票超过了付款期限，由出纳李晓填制进账单到开户银行办理款项入账手续，会计张红应做的会计分录如下：

　　借：银行存款　　　　　　　　　　　　　　　　　10 000

　　　　贷：其他货币资金——银行本票　　　　　　　　　10 000

【任务小结】

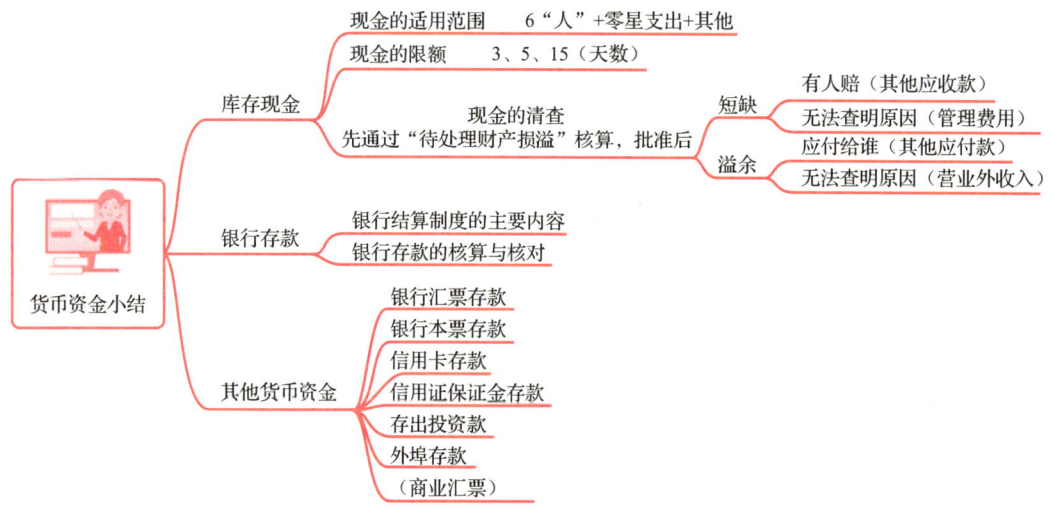

任务二　应收及预付款项核算

任务导言

　　应收款项泛指企业拥有的将来获取现款、商品或劳动的权利。它是企业在日常生产经营过程中发生的各种债权，是企业重要的流动资产。它主要包括：应收账款、应收票据、预付账款、应收股利、应收利息、应收补贴款、其他应收款等。随着市场经济的发展，企业为了扩大市场占有率，越来越多地运用商业信用进行促销，由于"应收款项"具有应收而未收的特点，它既在一定程度上反映了企业的经营业绩，也可能因日后无法收回而造成坏账损失，上市公司被应收款项"推入悬崖"的例子很多。因此，为了防止差错，降低风险，消除营私舞弊，企业必须建立一个良好的应收及预付款项的内部控制制度。

子任务一　应收票据核算

任务描述

2020 年 3 月 2 日，华盛公司销售给中天公司货物一批，货已发出，发票上注明的销售收入为 100 000 元、增值税税额为 13 000 元，收到中天公司交来的不带息商业承兑汇票一张，期限为 6 个月。请会计张红做出相关账务处理。

一、应收票据概述

应收票据，是指企业因销售商品、提供劳务等而收到的还没有到期的尚未兑现的商业汇票。商业汇票是一种由出票人签发的，委托付款人在指定日期无条件支付确定金额给收款人或持票人的票据。

商业汇票的付款期限，最长不得超过 6 个月，电子商业汇票的付款期限最长不得超过 1 年。商业汇票提示的付款期限，自汇票到期日起 10 日。符合条件的商业汇票的持票人，可以持未到期的商业汇票连同贴现凭证向银行申请贴现。

商业汇票可以按不同的标准进行分类。根据票据本身是否附有利息，商业汇票可以分为带息票据和不带息票据。带息票据是指票据上载明规定的利率，在汇票到期日收取票款与利息的票据；不带息票据是指汇票到期日只收取票款而不计收利息的票据。

根据承兑人不同，商业汇票分为商业承兑汇票和银行承兑汇票。商业承兑汇票是指由付款人签发并承兑，或由收款人签发交由付款人承兑的汇票；银行承兑汇票是指由在承兑银行开立存款账户的存款人（这里也是出票人）签发，由承兑银行承兑的票据。

二、应收票据核算的账户设置

为了反映和监督应收票据的取得、票款收回等情况，企业应当设置"应收票据"账户。"应收票据"账户可按照开出、承兑商业汇票的单位进行明细核算。该账户属于资产类账户，具体账户结构如图 2-7 所示。

借方	应收票据	贷方
登记取得的应收票据的面值		登记到期收回票款或到期前向银行贴现的应收票据的票面余额
期末企业持有的商业汇票的票面余额		

图 2-7　"应收票据"账户结构

【请注意】为便于管理和分析票据情况，企业应设置"应收票据备查簿"，逐笔登记商业汇票的种类，号数，出票日，票面金额，交易合同号，付款人、承兑人、背书人的姓名和单位名称，到期日，背书转让日，贴现日，贴现率，贴现金额，收款日，收回金额，退票情况等资料。商业汇票到期结清票款或退票后，在备查簿中应予注销。

三、应收票据业务的账务处理

（一）取得、持有和收回到期票款

应收票据取得的原因不同，其账户处理有所区别。企业取得到商业汇票时，应按票据面值入账。

① 因企业销售商品、提供劳务等而收到开出、承兑的商业汇票，根据收到的商业承兑汇票第二联和增值税专用发票第一联记账联，借记"应收票据"账户，贷记"主营业务收入""应交税费——应交增值税（销项税额）"等账户。因债务人抵偿前欠货款而取得的应收票据，借记"应收票据"账户，贷记"应收账款"账户。

② 对于持有的带息应收票据，应当计提票据利息。企业应于中期期末和年度终了时，按规定计提票据利息，并增加应收票据的账面价值，同时，冲减财务费用，借记"应收票据"账户，贷记"财务费用"账户。

③ 商业汇票到期收回款项时，对于不带息的应收票据，应按实际收到的票面金额，根据银行托收凭证第一联受理回单和第四联收账通知，借记"银行存款"账户，贷记"应收票据"账户。带息的应收票据到期收回时，应按收到的本息，借记"银行存款"账户，贷记"应收票据""财务费用"账户。若到期承兑人违约拒付或无力偿还票款，收款企业应将到期票据的账面价值转入应收账款，尚未计提的利息在实际收到时计入当期损益，借记"应收账款"账户，贷记"应收票据"账户。

做中学 2-6 2×21 年 1 月 2 日，时达公司向中天公司销售一批产品。发票上注明的销售款为 100 000 元、增值税为 13 000 元。收到中天公司交来的商业承兑汇票一张，期限为 6 个月，票面利率为 10%。时达公司应编制如下会计分录：

借：应收票据——中天公司	113 000	
贷：主营业务收入		100 000
应交税费—— 应交增值税（销项税额）		13 000

2×21 年 4 月 30 日，时达公司计提票据利息时应编制如下会计分录：

应计提的票据利息 =113 000×10%÷12×4 ≈ 3 767（元）

借：应收票据	3 767	
贷：财务费用		3 767

时达公司上述应收票据到期，应编制如下会计分录：

收款金额 =113 000×（1+10%÷12×6）=118 650（元）

尚未计提的票据利息 =113 000×10%÷12×2=1 883（元）

借：银行存款	118 650	
贷：应收票据——中天公司		116 767
财务费用		1 883

若到期中天公司无力付款，时达公司应编制如下会计分录：

借：应收账款——中天公司	116 767	
贷：应收票据——中天公司		116 767

（二）应收票据转让

实务中，企业可以将自己持有的商业汇票背书转让。背书，是指在票据背面或粘单上记载有关事项并签章的票据行为。背书转让的，背书人应当承担票据责任。通常情况下，企业将持有的商业汇票背书转让以取得所需物资成本的金额，借记"材料采购"或"原材料"、"库存商品"等账户；按增值税专用发票上注明的可抵扣的增值税税额，借记"应交税费——应交增值税（进项税额）"账户；按商业汇票的票面金额，贷记"应收票据"账户；如有差额，借记或贷记"银行存款"等账户。

取得、到期及转让应收票据图

（三）应收票据贴现

应收票据贴现，是指企业以未到期应收票据向银行融通资金，银行按票据的应收金额扣除一定期间的贴现利息后，将余额付给企业的筹资行为。按照中国人民银行《支付结算办法》的规定，实付贴现金额按票面金额扣除贴现日至汇票到期前一日的利息计算。承兑人在异地的，贴现利息的计算应另加 3 天的划款日期。

【请注意】对于票据贴现，企业通常应按实际收到的金额借记"银行存款"账户，按贴现息部分借记"财务费用"账户，按应收票据的票面金额贷记"应收票据"账户。按月计算：按月表示的期限，按到期月的同一天作为到期日。不管月大月小，月底开出的票据都是至到期月的月底作为到期日。按日计算：要按照实际经过的天数来计算，算头不算尾，算尾不算头。

票据贴现时可按以下有关公式计算：

票据到期值 = 票据面值 ×（1+ 票据的年利率 × 票据到期天数 ÷360）

　　　　　 = 票据面值 ×（1+ 票据的年利率 × 票据到期月数 ÷12）

贴现息 = 票据到期值 × 贴现率 × 贴现天数 ÷360

贴现所得金额 = 票据到期值 - 贴现息

商业承兑汇票贴现后可能使企业被追索而发生或有负债。按照我国的企业会计准则，企业持有未到期的商业汇票向银行贴现，符合金融资产终止确认条件的，应终止确认该金融资产（如银行承兑汇票贴现）：根据贴现凭证第四联收账通知，借记"银行存款"账户，贷记"应收票据"账户，其差额借记或贷记"财务费用"账户。不符合金融资产终止确认条件的（如商业承兑汇票贴现），作为取得短期借款处理：借记"银行存款""财务费用"账户，贷记"短期借款"账户。因贴现而产生的或有负债，通过附注披露予以反映。

做中学 2-7 时达公司有关资料如下：2×21 年 5 月 2 日，将其所收取的华盛公司出票日为 3 月 23 日、期限为 6 个月、面值为 110 000 元的不带息银行承兑汇票一张向银行办理贴现（不附追索权）。银行年贴现率为 12%。

该票据到期日为 9 月 23 日，共 144 天。

借：银行存款	104 720
财务费用	5 280
贷：应收票据——华盛公司	110 000

【小提示】若贴现的是商业承兑汇票，会计分录是什么？

借：银行存款	104 720
财务费用	5 280
贷：短期借款——华盛公司	110 000

根据中天公司交来的商业承兑汇票第二联和增值税专用发票第一联记账联，会计张红应编制如下会计分录：

借：应收票据　　　　　　　　　　　　　　　　　　　　113 000

　　贷：主营业务收入　　　　　　　　　　　　　　　　　100 000

　　　　应交税费——应交增值税（销项税额）　　　　　　13 000

子任务二　应收账款核算

任务描述

2020 年 3 月 11 日，华盛公司销售给中天公司货物一批，取得含税收入 100 万元，货款尚未收到。请会计张红做出相关账务处理。

一、应收账款概述

应收账款产生于商业信用条件下的赊销业务。在市场经济条件下，向客户提供商业信用或优惠的交易条件，是企业增强竞争优势的一个重要因素。但赊销业务的增加会导致企业的应收账款余额增加。由于应收账款建立在购销合同的基础上，一般没有明确的付款时间等书面承诺，因此，应收账款余额往往是影响企业财务状况和未来发展的重要因素。会计上应为适当控制赊销业务提供依据，及时、正确地确认应收账款。

应收账款，是指企业因销售商品、提供劳务等经营活动，应向购货单位或接受劳务单位收取的款项。应收账款应当按照实际发生额入账，主要包括企业销售商品和提供劳务等应向有关债务人收取的价款、增值税及代购货单位垫付的包装费、运杂费等。在确认应收账款的入账价值时，应当考虑有关的折扣因素。

（一）商业折扣

商业折扣，是指企业为促进销售而在商品标价上给予的扣除。例如，企业为鼓励买主购买更多的商品而规定购买 10 件以上者给予 10% 的折扣或降价销售等。商业折扣一般在交易发生时即已确定，它仅仅是确定实际销售价格的一种手段，不需要在买卖双方一方的账上反映，因此，在存在商业折扣的情况下，企业应收账款的入账金额应按扣除商业折扣以后的实际售价确定。

（二）现金折扣

现金折扣，是指债权人为鼓励债务人在规定的期限内付款，而向债务人提供的债务扣除。现金折扣通常发生在以赊销方式销售商品及提供劳务的交易后。企业为了鼓励客户提前偿付货款，通常与债务人达成协议，债务人在不同期限内付款可享受不同比例的折扣。现金折扣一般用符号"折扣 / 付款期限"表示。如"2/10，1/20，N/30"表示：信用期为 30 天；买方在 10 天内付款可给予 2% 的折扣；20 天内付款给予 1% 的折扣；超过 20 天至 30 天内付款，则没有折扣。

在采用现金折扣销售方式下，客户选择何时付款存在不确定性。应收账款入账价值的确定有两种方法：一种是总价法；另一种是净价法。总价法是将未减去现金折扣前的金额作为应收账款的入账价值，现金折扣在实际发生时作为理财费用，计入当期损益（财务费用）；净价法是将扣减最大现金折扣后的金额作为应收账款的入账价值。根据我国企业会计准则的规定，企业应收账款的入账价值，应按总价法确定。

二、应收账款核算的账户设置

为了反映和监督应收账款的增减变动及其结存账情况，企业应设置"应收账款"账户。不单独设置"预收账款"账户的企业，预收的账款在"应收账款"账户核算。该账户属于资产类账户，具体账户结构如图 2-8 所示。

借方	应收账款	贷方
登记因赊销商品等增加的货款的债权	登记收回或核销的债权	
企业尚未收回的赊销款		

图 2-8　"应收账款"账户结构

【请注意】该账户期末余额一般在借方，但如果期末余额在贷方，则反映企业预收的账款。

三、应收账款业务的账务处理

① 企业发生应收账款时，根据银行托收第一联受理回单和增值税专用发票第一联记账联，按应收的金额，借记"应收账款"账户；按实现的营业收入，贷记"主营业务收入"等账户；按专用发票上注明的增值税税额，贷记"应交税费——应交增值税（销项税额）"账户。企业代购货单位垫付的包装费、运杂费，借记"应收账款"账户，贷记"银行存款"等账户。

② 收回应收账款时，根据银行托收第四联收账通知和增值税专用发票第一联记账联，借记"银行存款"等账户，贷记"应收账款"账户；收回代垫费用时，借记"银行存款"等账户，贷记"应收账款"账户。

（一）在没有商业折扣的情况下，应收账款按应收的全部金额入账

做中学 2-8　2×21 年 1 月 6 日，时达公司采用托收承付结算方式向中天公司销售商品一批，价款为 300 000 元，增值税税额为 39 000 元，以银行存款代垫运杂费 6 000 元，已办理托收手续。时达公司应做如下账务处理。

应收账款账务处理图

① 发生赊销：

借：应收账款——中天公司　　　　　　　　　　　　　　345 000
　　贷：主营业务收入　　　　　　　　　　　　　　　　　　300 000
　　　　应交税费——应交增值税（销项税额）　　　　　　　　39 000
　　　　银行存款　　　　　　　　　　　　　　　　　　　　　6 000

【小提示】企业代购货单位垫付的包装费、运杂费也应计入应收账款，通过"应收账款"账户核算。

② 收到货款：

借：银行存款　　　　　　　　　　　　　　　　　　　　345 000
　　贷：应收账款——中天公司　　　　　　　　　　　　　　345 000

【请注意】企业应收账款改用应收票据结算，在收到承兑的商业汇票时，借记"应收票据"

账户，贷记"应收账款"账户。

（二）在有商业折扣的情况下，应收账款和销售收入按扣除商业折扣后的金额入账

做中学 2-9 2×21 年 1 月 7 日，时达公司赊销商品一批，按价目表的价格计算，货款金额总计 100 000 元，给买方的商业折扣为 10%，适用的增值税税率为 13%，代垫运杂费 5 000 元。对该项业务时达公司应做如下财务处理。

① 发生赊销：

借：应收账款	106 700
贷：主营业务收入	90 000
应交税费——应交增值税（销项税额）	11 700
银行存款	5 000

② 收到货款：

| 借：银行存款 | 106 700 |
| 贷：应收账款 | 106 700 |

（三）在有现金折扣的情况下，采用总价法核算

做中学 2-10 时达公司赊销商品一批，货款为 100 000 元，合同规定对货款部分的现金折扣条件为"2/10，1/20，N/30"，适用的增值税税率为 13%。假设计算现金折扣时不考虑增值税，时达公司对应收账款采用总价法核算。

① 销售业务发生：

借：应收账款	113 000
贷：主营业务收入	100 000
应交税费——应交增值税（销项税额）	13 000

② 假如客户 10 天内付款：

借：银行存款	111 000
财务费用	2 000
贷：应收账款	113 000

③ 假如客户超过 20 天付款：

| 借：银行存款 | 113 000 |
| 贷：应收账款 | 113 000 |

任务实施

华盛公司销售商品，根据增值税专用发票第一联记账联，会计张红应编制如下会计分录：

借：应收账款	1000 000
贷：主营业务收入	884 955.75
应交税费——应交增值税（销项税额）	115 044.25

子任务三 预付及其他应收款核算

华盛公司2020年3月12日从中天公司采购材料2 000千克，单价50元，按合同规定，华盛公司需向中天公司预付货款的40%，验收货物后补付其余款项。请会计张红做出相关账务处理。

一、预付及其他应收款概述

（一）预付账款

预付账款，是指企业按购货合同预付给供应单位的款项。预付账款是企业暂时被供货单位占用的资金。企业预付货款后，有权要求对方按照购货合同规定发货。预付账款和应付账款一样，都是企业的短期债权，但是两者的区别在于：应收账款是企业因销售商品或提供劳务而产生的债权；预付账款是企业因购货或接受劳务而产生的债权，是预先付给供货方或劳务提供方的款项。两者应分别核算。

（二）其他应收款

其他应收款，是指企业除应收票据、应收账款、预付账款等以外的其他各种应收及暂付款项。其主要内容包括：

① 应收的各种赔款、罚款，如因企业财产等遭受意外损失而应向有关保险公司收取的赔款等；

② 应收的出租包装物租金；

③ 应向职工收取的各种垫付款项，如为职工垫付的水电费、应由职工负担的医药费、房租费等；

④ 存出保证金，如租入包装物支付的押金；

⑤ 其他各种应收暂付款项。

二、预付及其他应收款核算的账户设置

为了反映和监督预付账款的增减变动及其结存情况，企业应当设置"预付账款"账户，可按供货单位设置明细账户。该账户属于资产类账户，具体账户结构如图2-9所示。

借方	预付账款	贷方
向供货方预付的款项及补付的款项		登记收到所购物资时结转的预付款项及收回多付款项的金额
企业实际预付的款项		

图2-9 "预付账款"账户结构

【请注意】期末如为贷方余额，则反映企业尚未补付的款项。

【小提示】不单独设置"预付账款"账户的企业，预付的账款可以通过"应付账款"账户核算。

为了反映和监督其他应收账款的增减变动及其结存情况，企业应当设置"其他应收款"账

户进行核算。该账户属于资产类账户，具体账户结构如图 2-10 所示。

借方	其他应收款	贷方
登记发生的各种其他应收款	登记企业收到的款项和结转情况	
企业尚未收回的其他应收款项		

图 2-10　"其他应收款"账户结构

【请注意】该账户可按对方单位（或个人）进行明细核算。

三、预付及其他应收款业务的账务处理

（一）预付账款业务

企业根据购货合同的规定向供应单位预付款项时，借记"预付账款"账户，贷记"银行存款"账户；企业收到所购物资时，应计入购入物资成本的金额，借记"材料采购"或"原材料"、"库存商品"账户，按相应的增值税进项税额，借记"应交税费——应交增值税（进项税额）"等账户，贷记"预付账款"账户。当预付账款小于采购货物所需支付的款项时，应将不足部分补付，借记"预付账款"账户，贷记"银行存款"账户；当预付款项大于采购货物所需支付的款项时，对收回的多余款项，应借记"银行存款"账户，贷记"预付账款"账户。

【小提示】对预付账款不多的企业，可记入"应付账款"账户，但编制资产负债表时必须将"预付账款"单独列示。通过"应付账款"账户登记预付货款业务，会使应付账款的某些明细账户出现借方余额，在期末编制资产负债表时，应重新进行分类，将这些借方余额在资产负债表的资产方列示。企业应当定期或至少于每年年度终了时，对预付账款进行检查，预计其可能发生的坏账损失，并计提坏账准备。

做中学 2-11 时达公司 2×21 年 1 月 8 日向中天公司采购材料 5 000 千克，每千克单价 10 元，所需支付的价款总额总计 50 000 元。按照合同规定向中天公司预付价款的 50%，验收货物后补付其余款项。时达公司应做如下账务处理：

① 预付 50% 的价款：

借：预付账款——中天公司　　　　　　　　　　　　　　　　　　　25 000
　　贷：银行存款　　　　　　　　　　　　　　　　　　　　　　　　　25 000

② 收到中天公司发来的 5 000 千克材料，验收无误，增值税专用发票上记载的价款为 50 000 元、增值税税额为 6 500 元，以银行存款补付所欠款项 31 500 元。时达公司应编制如下会计分录：

借：原材料　　　　　　　　　　　　　　　　　　　　　　　　　　50 000
　　应交税费——应交增值税（进项税额）　　　　　　　　　　　　　6 500
　　　贷：预付账款——中天公司　　　　　　　　　　　　　　　　　56 500
借：预付账款——中天公司　　　　　　　　　　　　　　　　　　　31 500
　　贷：银行存款　　　　　　　　　　　　　　　　　　　　　　　　31 500

（二）其他应收款业务

企业发生其他各种应收款项时，借记"其他应收款"账户，贷记有关账户；收回各种款项

时，借记有关账户，贷记"其他应收款"账户。企业应当定期或至少于每年年度终了时，对其他应收款进行检查，预计其可能发生的坏账损失，并计提坏账准备。

做中学 2-12 2×21 年 1 月 15 日，时达公司以银行存款替职工王某垫付应由其个人负担的医疗费 5 000 元，拟从其工资中扣回。时达公司应做如下账务处理。

① 垫付：

借：其他应收款——王某　　　　　　　　　　　　　　　　　　5 000
　　贷：银行存款　　　　　　　　　　　　　　　　　　　　　　　　5 000

② 扣款：

借：应付职工薪酬　　　　　　　　　　　　　　　　　　　　　5 000
　　贷：其他应收款——王某　　　　　　　　　　　　　　　　　　5 000

（三）应收股利和应收利息业务

1. 概念

应收股利是企业应收取的现金股利和应收取其他单位分配的利润。应收利息是企业根据合同或协议规定应向债务人收取的利息。"股神"巴菲特说："选股最重要的一点就是要去学会计，学会分析财务报表，从而发现企业的内在价值。"

2. 账务处理

做中学 2-13 时达公司持有丙公司股票，作为以公允价值计量且其变动计入当期损益的金融资产（交易性金融资产）核算，2×21 年 1 月 10 日丙公司宣告发放上年现金股利，时达公司应分得 200 000 元。1 月 30 日，时达公司收到上述股利。

1 月 10 日，宣告现金股利：

借：应收股利　　　　　　　　　　　　　　　　　　　　　200 000
　　贷：投资收益　　　　　　　　　　　　　　　　　　　　　　200 000

1 月 30 日，收到股利：

借：其他货币资金——存出投资款　　　　　　　　　　　　200 000
　　贷：应收股利　　　　　　　　　　　　　　　　　　　　　200 000

任务实施

华盛公司预付 40% 的价款时，会计张红应编制如下会计分录：

借：预付账款——中天公司　　　　　　　　　　　　　　　40 000
　　贷：银行存款　　　　　　　　　　　　　　　　　　　　　40 000

子任务四　应收款项减值核算

任务描述

华盛公司采用应收款项余额百分比法估计坏账损失。2018 年年末，应收账款的余额为 1 200 000 元，提取坏账准备的比例为 3%（假定以后年度不发生变化）。2019 年 2 月 4 日，发生坏账损失 50 000 元，其中：上海机械公司 20 000 元，湘中公司 30 000 元。2019 年年末，应收账款的余额为 1 400 000 元。2020 年 1 月 14 日，已冲销的 2019 年湘中公司应收账款 30 000 元又收回。2020 年年末，应收账款的余额为 1 600 000 元。请会计张红做出相关账务处理。

一、应收款项减值概述

企业的各项应收款项，可能会因购货人拒付、破产、死亡等原因而无法收回。这类无法收回的应收款项就是坏账。企业因坏账而遭受的损失为坏账损失或减值损失。企业应当在资产负债表日对应收款项的账面价值进行检查，有客观证据表明应收款项发生减值的，应当将该应收款项的账面价值减记至预计未来现金流量现值，减记的金额确认为减值损失，同时计提坏账准备。应收款项发生减值的客观证据主要包括：

① 债务人发生严重财务困难，较长时间内未履行偿债义务，并有足够证据表明无法收回或收回可能性极小的应收款项；

② 债务人违反了合同条款，如发生违约或逾期等；

③ 债务人死亡，以其遗产清偿后仍无法收回的应收款项；

④ 债务人破产，以其破产财产清偿后仍无法收回的应收款项。

对应收款项减值的核算，企业会计准则规定采用备抵法。备抵法，是指采用一定的方法按期（至少每年年末）估计坏账损失，计入当期损益，同时建立坏账准备，待坏账实际发生时，冲销已提的坏账准备和相应的应收款项余额的一种处理方法。在备抵法下，企业应当根据实际情况合理估计当期坏账损失金额。

应收账款减值

二、应收款项减值核算的账户设置

企业应当设置"坏账准备"和"信用减值损失"账户。"坏账准备"账户核算应收款项的坏账准备计提、转销等情况。该账户属于资产类账户，具体账户结构如图 2-11 所示。

借方	坏账准备	贷方
登记实际发生的坏账损失金额和冲减的坏账准备金额	登记当期计提的坏账准备金额	
	反映企业已计提但尚未转销的坏账准备	

图 2-11　"坏账准备"账户结构

【请注意】"坏账准备"账户是"应收票据""应收账款""预付账款""其他应收款"等账户的备抵账户。

"信用减值损失"账户属于损益类账户，核算企业根据金融工具确认和计量、资产减值等准则计提各项资产减值准备所形成的损失。具体账户结构如图 2-12 所示。该账户可按信用减值损失的项目进行明细核算。

借方	信用减值损失	贷方
登记资产发生减值应减记的金额	登记企业计提的坏账准备、存货跌价准备、持有至到期投资减值准备	
	相关资产价值得以恢复登记的恢复增加金额	

图 2-12　"信用减值损失"账户结构

【请注意】将"信用减值损失"账户余额转入"本年利润"账户后无余额。

三、应收款项减值业务的账务处理

（一）计提坏账准备

坏账准备可按以下公式计算：

当期应计提的坏账准备 ＝ 当期按应收款项计算应提坏账准备金额 －（或 ＋）

"坏账准备"账户的贷方（或借方）余额

企业计提坏账准备时，按应减记的金额，借记"信用减值损失——计提的坏账准备"账户，贷记"坏账准备"账户；冲减多计提的坏账准备时，借记"坏账准备"账户，贷记"信用减值损失——计提的坏账准备"账户。

做中学 2-14 2×18 年 12 月 31 日，时达公司对应收东海公司的款项进行减值测试。应收账款余额合计为 1 000 000 元，时达公司根据东海公司的资信情况确定应计提 100 000 元坏账准备。时达公司应编制如下会计分录：

借：信用减值损失——计提的坏账准备   100 000
  贷：坏账准备   100 000

（二）发生坏账损失

企业确实无法收回的应收款项按管理权限报经批准后作为坏账转销时，应当冲减已计提的坏账准备。企业实际发生坏账损失时，借记"坏账准备"账户，贷记"应收账款""其他应收款"等账户。

做中学 2-15 时达公司 2×19 年对东海公司的应收账款无法收回，实际发生坏账损失 30 000 元。时达公司应编制如下会计分录：

借：坏账准备   30 000
  贷：应收账款——东海公司   30 000

做中学 2-16 承"做中学 2-14"和"做中学 2-15"，假定时达公司 2×20 年 12 月 31 日应收东海公司的账款余额为 1 200 000 元，经减值测试，时达公司应计提 120 000 元坏账准备。根据时达公司坏账核算方法，其"坏账准备"账户应保持的贷方余额为 120 000 元。计提坏账准备前，"坏账准备"账户的实际余额为贷方 70 000（100 000-30 000）元，因此本年年末应计提的坏账准备金额为 50 000（120 000-70 000）元。时达公司应编制如下会计分录：

借：信用减值损失——计提的坏账准备   50 000
  贷：坏账准备   50 000

【请注意】平时"坏账准备"账户可能出现借方余额也可能出现贷方余额，但"坏账准备"账户年末余额一定为贷方余额，即为本年年末采用一定测试方法确定的坏账的损失。因此，各项估计坏账损失应同账面上原有的"坏账准备"账户余额进行比较，并调整"坏账准备"账户使之与估计的本期坏账准备相符。

（三）已确认坏账的应收款项又收回

已确认并转销的应收款项以后又收回的，应当按照实际收到的金额增加坏账准备的账面余额。已确认并转销的应收款项以后又收回时，借记"应收票据""应收款项""预付账款""其他应收款"等账户，贷记"坏账准备"账户；同时,借记"银行存款"账户,贷记"应收票据""应收账款""预付账款""其他应收款"等账户。也可以按实际收回的金额，借记"银行存款"账户，贷记"坏账准备"账户。

做中学 2-17 时达公司 2×21 年 4 月 20 日，收回 2019 年已做坏账转销的应收账款 20 000 元，已存入银行。时达公司应编制如下会计分录：

借：应收账款——东海公司	20 000	
贷：坏账准备		20 000
借：银行存款	20 000	
贷：应收账款——东海公司		20 000

应收账款减值小结

任务实施

会计张红应根据坏账准备计提表，做如下账务处理。

2018 年年末：

借：信用减值损失	36 000	
贷：坏账准备		36 000

2019 年发生坏账：

借：坏账准备	50 000	
贷：应收账款——中天		20 000
——湘中		30 000

2019 年年末：

借：信用减值损失	56 000	
贷：坏账准备		56 000

2020 年已冲销的坏账又收回：

借：应收账款——湘中	30 000	
贷：坏账准备		30 000

同时：

借：银行存款	30 000	
贷：应收账款——湘中		30 000

2020 年年末：

借：坏账准备	24 000	
贷：信用减值损失		24 000

【任务小结】

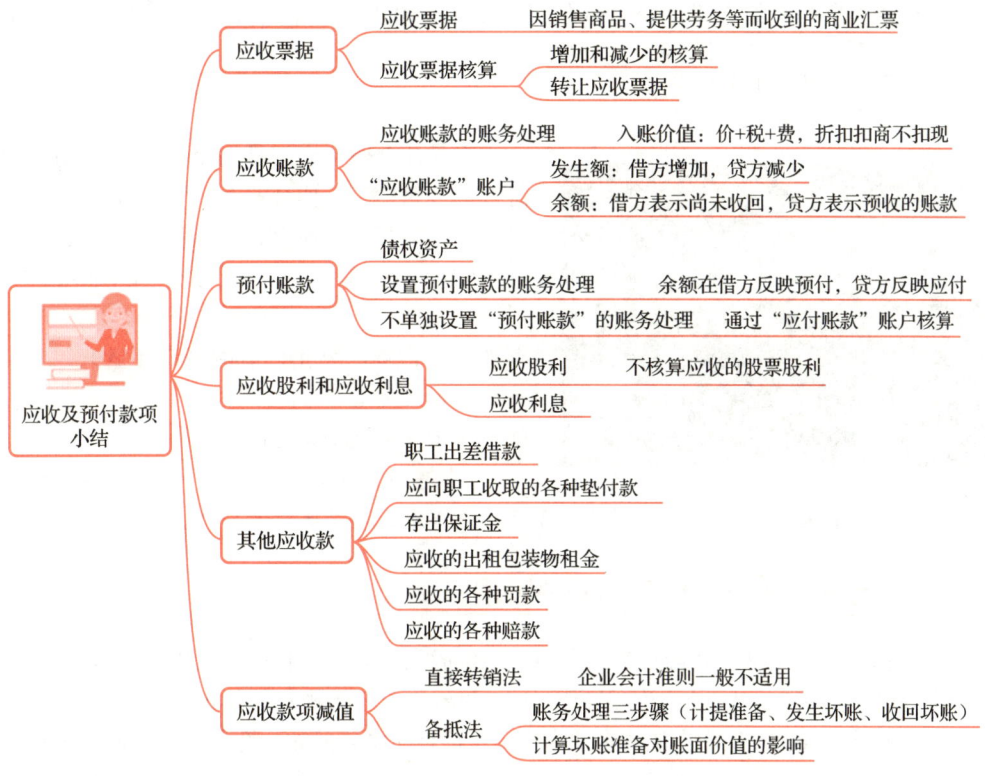

应收及预付款项小结

- 应收票据
  - 应收票据 —— 因销售商品、提供劳务等而收到的商业汇票
  - 应收票据核算
    - 增加和减少的核算
    - 转让应收票据
- 应收账款
  - 应收账款的账务处理 —— 入账价值：价+税+费，折扣扣商不扣现
  - "应收账款"账户
    - 发生额：借方增加，贷方减少
    - 余额：借方表示尚未收回，贷方表示预收的账款
- 预付账款
  - 债权资产
  - 设置预付账款的账务处理 —— 余额在借方反映预付，贷方反映应付
  - 不单独设置"预付账款"的账务处理 —— 通过"应付账款"账户核算
- 应收股利和应收利息
  - 应收股利 —— 不核算应收的股票股利
  - 应收利息
- 其他应收款
  - 职工出差借款
  - 应向职工收取的各种垫付款
  - 存出保证金
  - 应收的出租包装物租金
  - 应收的各种罚款
  - 应收的各种赔款
- 应收款项减值
  - 直接转销法 —— 企业会计准则一般不适用
  - 备抵法
    - 账务处理三步骤（计提准备、发生坏账、收回坏账）
    - 计算坏账准备对账面价值的影响

任务三　交易性金融资产核算

▶ 任务导言

　　金融，是指资金融通，即筹资和投资；金融资产就是资金融通活动中形成的资产。企业金融资产主要包括库存现金、应收账款、应收票据、贷款、垫款、其他应收款、应收利息、债券投资、股票投资、基金投资及衍生金融资产等。根据企业管理金融资产的业务模式和金融资产的合同现金流量特征，将金融资产划分为：①以摊余成本计量的金融资产；②以公允价值计量且其变动计入其他综合收益的金融资产；③以公允价值计量且其变动计入当期损益的金融资产。

金融资产的分类

▶ 任务描述

　　2020 年 6 月 1 日，华盛公司购入 B 公司发行的公司债券，支付价款为 2 600 万元（其中包含已到期但尚未领取的债券利息 50 万元），另支付交易费用 30 万元，取得的增值税专用发票上注明的增值税税额为 1.8 万元。该笔 B 公司债券面值为 2 500 万元，票面利率为 4%。华盛公司将其划分为交易性金融资产核算。2020 年 6 月 10 日，华盛公司收到该笔债券利息 50 万

元。2020 年 6 月 30 日，华盛公司购买的 B 公司债券的公允价值为 2 670 万元（提示：账面余额 2 550 万元）。2020 年 12 月 31 日，B 公司债券的公允价值为 2 580 万元。2021 年 3 月 15 日，华盛公司出售了所持有的全部 B 公司债券，售价为 3 550 万元。请会计张红做出相关账务处理。

一、交易性金融资产概述

交易性金融资产，是指企业为了近期内出售而持有的金融资产，如企业以赚取差价为目的从二级市场购入的股票、债券、基金等。根据交易性金融资产的定义可知，交易性金融资产的确认应同时具备两个条件：一是该项金融资产能够随时出售（即存在活跃市场，公允价值能可靠计量）；二是企业持有该项金融资产的目的是准备随时出售。否则，就不属于交易性金融资产。

【小提示】交易性金融资产预期能在短期内变现以满足日常经营的需要，因此，在资产负债表中作为流动资产列示。

二、交易性金融资产核算的账户设置

为了核算和监督交易性金融资产的取得，现金股利和利息的收取、处置等业务，企业应当设置"交易性金融资产""公允价值变动损益""投资收益"等账户进行核算。

① "交易性金融资产"账户核算企业为交易所持有的债券投资、股票投资、基金投资等交易性金融资产的公允价值。企业持有的直接指定为公允价值计量且其变动计入当期损益的金融资产也在"交易性金融资产"账户核算。该账户属于资产类账户，具体账户结构如图 2-13 所示。

借方	交易性金融资产	贷方
① 登记交易性金融资产取得成本 ② 资产负债表日其公允价值高于账面余额的差额		① 登记资产负债表日其公允价值低于账面余额的差额 ② 企业出售交易性金融资产时结转的成本
反映企业持有的交易性金融资产的公允价值		

图 2-13 "交易性金融资产"账户结构

【请注意】该账户可按交易性金融资产的类别和品种，分别设置"成本""公允价值变动"等明细账户进行核算。

② "公允价值变动损益"账户核算企业交易性金融资产等的公允价值变动而形成的应计入当期损益的利得或损失。该账户属于损益类账户，具体账户结构如图 2-14 所示。

借方	公允价值变动损益	贷方
登记资产负债表日企业持有的交易性金融资产等的公允价值低于账面余额的差额		登记资产负债表日企业持有的交易性金融资产等的公允价值高于账面余额的差额

图 2-14 "公允价值变动损益"账户结构

【请注意】期末，应将本账户余额转入"本年利润"账户，结转后本账户无余额。

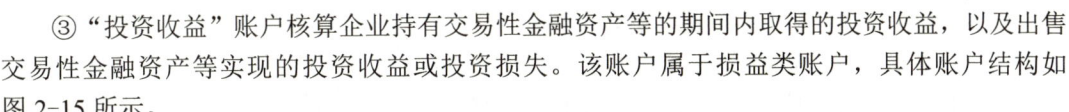

③"投资收益"账户核算企业持有交易性金融资产等的期间内取得的投资收益，以及出售交易性金融资产等实现的投资收益或投资损失。该账户属于损益类账户，具体账户结构如图 2-15 所示。

借方　　　　　　　　　投资收益　　　　　　　　　贷方	
① 登记企业出售交易性金融资产等发生的投资损失	① 登记企业交易性金融资产等的期间内取得的投资收益
② 企业对外投资活动中发生的交易费用	② 出售交易性金融资产等实现的投资收益

图 2-15　"投资收益"账户结构

【请注意】期末，应将本账户余额转入"本年利润"账户，结转后本账户无余额。

三、交易性金融资产业务的账务处理

（一）取得交易性金融资产

交易性金融资产

企业取得交易性金融资产时，应当把该金融资产取得时的公允价值作为其初始入账金额。公允价值，是指市场参与者在计量日发生的有序交易中，出售一项资产所能收到或者转移一项负债所需支付的价格。金融资产的公允价值，应当以市场交易价格为基础加以确定。

企业取得交易性金融资产所支付价款中包含了已宣告但尚未发放的现金股利或已到付息期但尚未领取的债券利息的，应当单独确认为应收项目，不构成交易性金融资产的初始入账金额。

企业取得交易性金融资产所发生的相关交易费用应当在发生时冲减投资收益进行会计处理。交易费用，是指可直接归属于购买、发行或处置金融工具新增的外部费用，包括支付给代理机构、咨询公司、券商等的手续费和佣金及其他必要支出。

企业取得交易性金融资产，应当按照该金融资产取得时的公允价值，借记"交易性金融资产——成本"账户；按照发生的交易费用，借记"投资收益"账户；按照已到付息期但尚未领取的利息或已宣告但尚未发放的现金股利，借记"应收利息"或"应收股利"账户；按其注明的增值税进项税额，借记"应交税费——应交增值税（进项税额）"账户，贷记"其他货币资金——存出投资款"等账户。

做中学 2-18　2×20 年 1 月 2 日，时达公司从上海证券交易所购入 A 上市公司股票 100 万股，支付价款 1 000 万元（其中包括已宣告但尚未发放的现金股利 60 万元），另支付相关交易费用 2.5 万元，取得的增值税专用发票上注明的增值税税额为 0.15 万元。时达公司将其划分为交易性金融资产进行管理和核算。（以下会计分录的金额单位为万元）

支付总额 =1 000+2.5+0.15=1 002.65（万元）

入账价值 =1 000-60=940（万元）

① 2×20 年 1 月 2 日，购买 A 上市公司股票：

借：交易性金融资产——成本　　　　　　　　　　　　　　　　940
　　应收股利　　　　　　　　　　　　　　　　　　　　　　　60
　　贷：其他货币资金——存出投资款　　　　　　　　　　　　　1 000

② 2×20 年 1 月 2 日，支付相关交易费用：

借：投资收益　　　　　　　　　　　　　　　　　　　　　　2.5

应交税费——应交增值税（进项税额）	0.15
贷：其他货币资金——存出投资款	2.65

在本例中，取得交易性金融资产所发生的相关交易费用 2.5 万元，应当在发生时记入"投资收益"账户，而不记入"交易性金融资产——成本"账户。

（二）持有交易性金融资产

① 取得时包含的现金股利或应付利息实际发放时的账务处理：企业收到在取得交易性金融资产时，支付价款中包括的被投资单位已宣告但尚未发放的现金股利或已到付息期但尚未领取的债券利息时，借记"其他货币资金"账户，贷记"应收股利/应收利息"账户等。

② 宣告分红或利息到期，及实际发放时的账务处理：企业在持有交易性金融资产期间，确认被投资单位宣告发放的现金股利，或在资产负债表日按分期付息、一次还本债券投资的票面利率计算的利息收入，借记"应收股利"或"应收利息"账户，贷记"投资收益"账户。发放时，借记"其他货币资金"账户，贷记"应收股利（应收利息）"账户。

做中学 2-19 承"做中学 2-18"，假定 2×20 年 6 月 20 日，时达公司收到 A 上市公司向其发放的现金股利 600 000 元，并存入银行。假定不考虑相关税费。（以下会计分录的金额单位为万元）

借：其他货币资金——存出投资款	60
贷：应收股利	60

做中学 2-20 承"做中学 2-19"，假定 2×21 年 3 月 20 日，A 上市公司宣告发放 2×20 年现金股利，时达公司按其持有该上市公司股份计算确定的应分得的现金股利为 80 万元。假定不考虑相关税费。（以下会计分录的金额单位为万元）

借：应收股利	80
贷：投资收益	80

假设，2×21 年 4 月 10 日，时达公司收到现金股利为 80 万元。

借：其他货币资金	80
贷：应收股利	80

③ 资产负债表日，交易性金融资产采用公允价值进行后续计量，公允价值与账面余额之间的差额计入当期损益。企业应当在资产负债表日按照交易性金融资产公允价值高于其账面余额的差额，借记"交易性金融资产——公允价值变动"账户，贷记"公允价值变动损益"账户；公允价值低于其账面余额的差额则做相反的会计分录，即借记"公允价值变动损益"账户，贷记"交易性金融资产——公允价值变动"账户。

做中学 2-21 承"做中学 2-20"，假定 2×20 年 6 月 30 日，时达公司持有 A 上市公司股票的公允价值为 860 万元；假定 2×20 年 12 月 31 日，时达公司持有 A 上市公司股票的公允价值为 1 240 万元。（以下会计分录的金额单位为万元）

① 6 月 30 日，确认 A 上市公司股票的公允价值变动损益：

借：公允价值变动损益	80
贷：交易性金融资产——公允价值变动	80

② 12 月 31 日，确认 A 上市公司股票的公允价值变动损益：

借：交易性金融资产——公允价值变动	380
贷：公允价值变动损益	380

（三）出售交易性金融资产

企业出售交易性金融资产时，应当将该金融资产出售时的公允价值与其账面余额之间的差额作为投资损益进行会计处理。同时，将原计入公允价值变动损益的该金融资产的公允价值变动转出，由公允价值变动损益转为投资收益。

企业出售交易性金融资产，应当按照实际收到的金额借记"其他货币资金"等账户，按照该金融资产的账面余额贷记"交易性金融资产——成本（或公允价值变动）"账户，按照其差额贷记或借记"投资收益"账户；根据卖出价扣除买入价（不需要扣除已宣告但尚未发放现金股利和已到付息期未领取的利息）后的余额作为销售额计算应交增值税，贷记"应交税费——转让金融商品应交增值税"账户——若出现负差，可结转至下一纳税期与下期转让金融商品销售额互抵，但年末时仍出现负差的，不得转入下一会计年度。同时，将原计入该金融资产的公允价值变动转出，借记或贷记"公允价值变动损益"账户，贷记或借记"投资收益"账户。

做中学 2-22　沿用"做中学 2-21"的资料，假定 2×21 年 5 月 30 日，时达公司出售了所持有的全部 A 上市公司股票，价款为 1 210 万元。（以下会计分录的金额单位为万元）

借：其他货币资金——存出投资款　　　　　　　　　　　　　　　　1 210
　　投资收益　　　　　　　　　　　　　　　　　　　　　　　　　30
　　贷：交易性金融资产——成本　　　　　　　　　　　　　　　　　　940
　　　　　　　　　　——公允价值变动　　　　　　　　　　　　　　　300

同时转让金融资产月末有转让收益，计算应交增值税：

（1 210-1 000）/（1+6%）×6% ≈ 11.89（万元）

借：投资收益　　　　　　　　　　　　　　　　　　　　　　　　　11.89
　　贷：应交税费——转让金融商品应交增值税　　　　　　　　　　　　　11.89

任务实施

华盛公司会计张红应按取得的公允价值记入"交易性金融资产——成本"账户，按发生的交易费用，借记"投资收益"账户，按已到付息期但尚未领取的利息或已宣告但尚未发放的现金股利，借记"应收利息"或"应收股利"账户；按实际支付的金额，贷记"其他货币资金——存出投资款"账户。（以下会计分录的金额单位为万元）

① 2020 年 6 月 1 日，购入 B 公司债券。

借：交易性金融资产——成本　　　　　　　　　　　　　　　　　　2 550
　　应收利息　　　　　　　　　　　　　　　　　　　　　　　　　50
　　投资收益　　　　　　　　　　　　　　　　　　　　　　　　　30
　　应交税费——应交增值税（进项税额）　　　　　　　　　　　　　1.8
　　贷：其他货币资金——存出投资款　　　　　　　　　　　　　　　　2 631.8

② 2020 年 6 月 10 日，收到购买价款中包含的已到付息期而尚未领取的利息。

借：其他货币资金——存出投资款　　　　　　　　　　　　　　　　50
　　贷：应收利息　　　　　　　　　　　　　　　　　　　　　　　　50

③ 2020 年 6 月 30 日，华盛公司购买的 B 公司债券的公允价值为 2 670 万元（提示：账面余额 2 550 万元），2020 年 12 月 31 日，B 公司债券的公允价值为 2 580 万元。

2020 年 6 月 30 日，确认债券的公允价值变动损益：

借：交易性金融资产——公允价值变动 120
  贷：公允价值变动损益 120

2020 年 12 月 31 日，确认债券的公允价值变动损益：

借：公允价值变动损益 90
  贷：交易性金融资产——公允价值变动 90

2021 年 3 月 15 日，华盛公司出售了所持有的全部 B 公司债券，售价为 3 550 万元。

借：其他货币资金——存出投资款 3 550
  贷：交易性金融资产——成本 2 550
       ——公允价值变动 30
    投资收益 970

金融商品转让按照卖出价扣除买入价（不需要扣除已宣告未发放现金股利和已到付息期未领取的利息）后的余额作为销售额计算增值税，即转让金融商品按盈亏相抵后的余额为销售额。

计算该项业务转让金融商品应交增值税。

转让金融商品应交增值税 =（3 550-2 600）÷（1+6%）×6% ≈ 53.77（万元）

借：投资收益 53.77
  贷：应交税费——转让金融商品应交增值税 53.77

（四）小企业短期投资的账务处理

短期投资取得时，借记"短期投资""应收股利"账户，贷记"银行存款"账户；持有期间利息到期、宣告分红时，借记"应收利息"或"应收股利"账户，贷记"投资收益"账户；出售时借记"银行存款"账户，贷记"短期投资""投资收益"账户。

【任务小结】

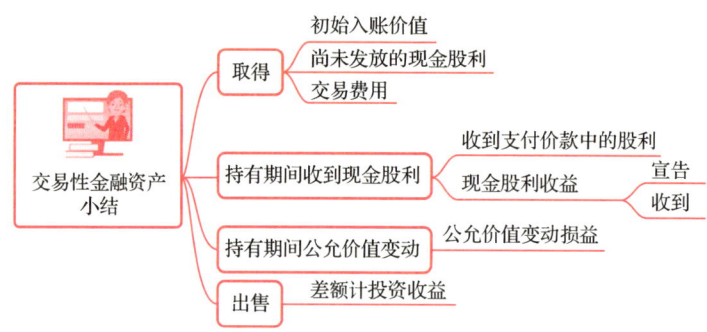

任务四　　存货核算

任务导言

存货，是指企业在日常活动中持有以备出售的产品或商品、处在生产过程中的在产品、在生产过程或提供劳务过程中耗用的材料或物料等，包括各类材料、在产品、半成品、产成品、商品，以及包装物、低值易耗品、委托代销商品等。

存货区别于固定资产等非流动资产的最基本特征是，企业持有存货的最终目的是出售，包括可供出售的产成品、商品及需要进一步加工后出售的原材料等。在大多数企业中，存货在流动资产中占有很大比重，是流动资产的重要组成部分。在会计核算上，存货对应的会计账项很多，存货会计的主要目的一是确定期末存货数量，以便计算列入资产负债表中的存货价值；二是计算、确定销货成本，以便和当期营业收入相配比，从而正确、合理地确定本期损益。

存货成本构成

子任务一　原材料核算

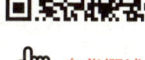
存货概述

任务描述

2020 年 3 月 15 日，华盛公司从中天公司购入钢材一批，根据购销合同的规定，为购买 J 材料向该公司预付 100 000 元价款的 80%，计 80 000 元，已通过汇兑方式汇出。华盛公司收到该公司发运来的 J 材料，已验收入库。取得的增值税专用发票上注明的价款为 100 000 元、增值税税额为 13 000 元，所欠款项以银行存款付讫。华盛公司采用实际成本进行材料日常核算，请会计张红做出相关账务处理。

一、原材料概述

原材料，是指企业在生产过程中经过加工改变其形态或性质并构成产品主要实体的各种原料、主要材料和外购半成品，以及不构成产品实体但有助于产品形成的辅助材料，包括原料及主要材料、辅助材料、外购半成品（外购件）、修理用备件（备品备件）、包装材料、燃料等。原材料的日常收发及结存可以采用实际成本核算，也可以采用计划成本核算。

（一）采用实际成本核算

原材料按实际成本核算，是指企业对库存的各种原材料的收、发、存均按实际成本在其总账和明细账中予以登记。其主要特点是：从收发凭证到明细分类核算和总分类核算，均按实际成本计价。它适用于规模较小、存货品种简单、材料收发业务不多的企业。

企业取得的存货应当按照成本进行初始计量。企业可以通过外购、自制半成品、委托加工物资、接受投资、接受捐赠、非货币性资产交换、债务重组等取得存货。存货的来源不同，其成本的构成内容也不同。实务中具体按以下原则确定。

1. 外购原材料实际成本构成

外购的存货，其成本包括：买价、相关税费（包括进口关税、消费税、资源税、不能抵扣的增值税进项税额和相应的教育费附加等）、运杂费（包括运输费、装卸费、保险费、包装费、仓储费等）、运输途中的合理损耗、入库前的挑选整理费用（包括挑选整理中发生的工、费支出和挑选整理过程中所发生的数量损耗，并扣除回收的下脚废料价值）以及按规定应计入成本的税费和其他费用。

运费处理

2. 自制存货实际成本构成

自制的存货，包括自制原材料、自制包装物、自制低值易耗品、自制半成品及库存商品等，其成本包括直接材料、直接人工和制造费用等的各项实际支出。

3. 委托加工存货实际成本构成

委托加工完成的存货，其成本包括实际耗用的原材料或半成品、加工费、装卸费、保险费、委托加工的往返运输费等费用及按规定应计入成本的税费。

【请注意】商品流通企业在采购商品过程中发生的运输费、装卸费、保险费及其他可归属于存货采购成本的费用等进货费用，应当计入存货采购成本，也可以先进行归集，期末根据所购商品的存销情况进行分摊。对于已售商品的进货费用，计入当期损益；对于未售商品的进货费用，计入期末存货成本。企业采购商品的进货费用金额较小的，可以在发生时直接计入当期损益。

（二）采用计划成本核算

原材料按计划成本核算，是指企业对库存的各种原材料的收、发、存均按预先确定的计划成本在其总账和明细账中予以登记。其主要特点是：先制定各种存货的计划成本目录，规定存货的分类及各种存货的名称、规格、编号、计量单位和计划单位成本。计划单位成本在年度内一般不做调整。平时所有收发凭证均按存货的计划成本计价，总账及明细账按计划成本登记，存货的实际成本与计划成本的差异，通过"材料成本差异"账户核算。月份终了，通过分配材料成本差异，将发出存货的计划成本调整为实际成本。计划成本计价核算一般适用于存货品种繁多，收发业务频繁，且具备计划成本资料的大型企业。

二、原材料采用实际成本核算的账户设置

原材料采用实际成本核算时，材料的收发及结存，无论总分类核算还是明细分类核算，均按照实际成本计价。使用的会计账户有"原材料""在途物资"等。"原材料"账户用于核算库存各种材料的收发与结存情况。借方、贷方及余额均以实际成本计价，不存在成本差异的计算与结转问题。该账户属于资产类账户，具体账户结构如图2-16所示。

借方	原材料	贷方
入库材料的实际成本		发出材料的实际成本
企业库存材料的实际成本		

图2-16 "原材料"账户结构

【请注意】该账户可按照材料的保管地点（仓库）、材料类别、品种和规格等进行明细核算。

"在途物资"账户用于核算企业采用实际成本（进价）进行材料、商品等物资的日常核算时，价款已付尚未验收入库的各种物资（在途物资）的采购成本。该账户属于资产类账户，具体账户结构如图2-17所示。

借方	在途物资	贷方
企业购入在途物资的实际成本		验收入库的在途物资实际成本
企业在途物资的实际采购成本		

图2-17 "在途物资"账户结构

【请注意】该账户可按照供应单位和物资品种进行明细核算。

三、原材料采用实际成本核算业务的账务处理

（一）外购原材料的核算

外购原材料，由于采购地点远近不同、货款结算方式不同等原因，可能形成货款和存货验收入库不是同步完成的情形。应根据具体情况，分别进行账务处理。

外购材料业务流程及原始凭证

1. 单货同到

单货同到即结算凭证等单据与材料同时到达的采购业务，企业应根据结算凭证、发票账单和收料单等单据，借记"原材料""应交税费——应交增值税（进项税额）"等账户，贷记"银行存款""应付账款""应付票据"等账户。

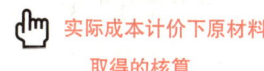

实际成本计价下原材料
取得的核算

做中学 2-23 2×21 年 1 月 16 日时达公司采购 A 材料。增值税专用发票上注明的价款为 30 000 元、增值税税额为 3 900 元，全部款项已用转账支票付讫，材料已验收入库。时达公司应编制如下会计分录：

借：原材料——A 材料	30 000
应交税费——应交增值税（进项税额）	3 900
贷：银行存款	33 900

2. 单到货未到

单到货未到即结算凭证等单据已到、材料未到达的采购业务。企业应根据结算凭证、发票账单等单据，借记"在途物资""应交税费"等账户，贷记"银行存款""应付账款""应付票据"等账户；待收到材料验收入库后，根据收料单，借记"原材料"账户，贷记"在途物资"账户。

做中学 2-24 2×21 年 1 月 18 日，时达公司采购 B 材料尚未收到。增值税专用发票上注明的价款为 20 000 元、增值税税额为 2 600 元，全部款项已用转账支票付讫。时达公司应编制如下会计分录：

借：在途物资——B 材料	20 000
应交税费——应交增值税（进项税额）	2 600
贷：银行存款	22 600

做中学 2-25 沿用"做中学 2-24"的资料，2×21 年 1 月 25 日，时达公司采购的 B 材料验收入库。时达公司应编制如下会计分录：

借：原材料——B 材料	20 000
贷：在途物资——B 材料	20 000

3. 货到单未到

货到单未到即货物等已验收入库但尚未取得增值税扣税凭证。一般纳税人购进的货物等已到达并验收入库，但尚未收到增值税扣税凭证并未付款的，月份内可暂不进行财务处理。月末，

应按货物清单或相关合同协议上的价格暂估入账，不需要将增值税的进项税额暂估入账。下月初，用红字冲销原暂估入账金额，待取得相关增值税扣税凭证并经认证后，按应计入相关成本费用或资产的金额借记"原材料""库存商品""固定资产""无形资产"等账户，按可抵扣的增值税税额借记"应交税费——应交增值税（进项税额）"账户，按应付金额贷记"应付账款"等账户。

做中学 2-26 时达公司购入 H 材料一批，材料已验收入库，月末发票账单尚未收到也无法确定其实际成本，暂估价值为 30 000 元。应编制如下会计分录：

借：原材料——H 材料 30 000
　　贷：应付账款——暂估应付账款 30 000

下月初做相反的会计分录予以冲回：

借：应付账款——暂估应付账款 30 000
　　贷：原材料——H 材料 30 000

做中学 2-27 承"做中学 2-26"，上述购入的 H 材料于次月收到发票账单，增值税专用发票上注明的价款为 31 000 元、增值税税额为 4 030 元，对方代垫保险费 2 000 元，已用银行存款付讫。时达公司应编制如下会计分录：

借：原材料——H 材料 33 000
　　应交税费——应交增值税（进项税额） 4 030
　　贷：银行存款 37 030

【请注意】 采购材料在途中发生短缺或毁损，应根据造成短缺或毁损的原因分别处理，不能全部计入外购材料的采购成本。

一是定额内合理损耗，计入材料采购成本。

二是能确定由供应单位、运输单位、保险公司或其他过失人赔偿的，应向有关单位或责任人索赔，自"在途物资"账户转入"应付账款"或"其他应收款"账户。

三是凡尚待查明原因和需要报经批准才能转销处理的损失，应将其损失从"在途物资"账户转入"待处理损溢"账户，查明原因后再分别处理：①属于应由供货单位、运输单位、保险公司或其他过失人赔偿的，应向有关单位或责任人索赔，自"在途物资"账户转入"应付账款"或"其他应收款"账户；②属于自然灾害造成的损失，应按扣除残料价值和保险公司赔偿后的净损失，从"待处理财产损溢"账户转入"营业外支出——非常损失"账户；③属于无法收回的其他损失，报经批准后，将其从"待处理损溢"账户转入"管理费用"账户。

四是在第二和第三两种情况下，短缺或毁损的材料所负担的增值税税额和准予抵扣的消费税税额应自"应交税费——应交增值税（进项税额）"和"应交税费——应交消费税"账户随同"在途物资"账户转入相对应账户。

（二）发出原材料的核算

1. 发出存货计价

存货的计价是指对收入、发出和结存存货价值的计量。它是存货核算的关键，主要包括取得存货的计价、发出存货的计价和期末存货的计价。根据我国《企业会计准则第 1 号——存货》的规定，企业在确定发出存货的成本时，可以采用先进先出法、移动加权平均法、月末一次加权平均法和个别计价法四种方法。

存货的计价方法

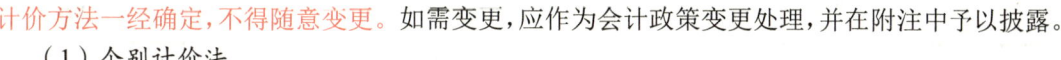

计价方法一经确定,不得随意变更。如需变更,应作为会计政策变更处理,并在附注中予以披露。

（1）个别计价法

个别计价法，也称个别认定法、具体辨认法、分批实际法，采用这一方法是假设存货具体项目的实物流转与成本流转相一致，按照各种存货逐一辨认各批发出存货和期末存货所属的购进批别或生产批别，分别按其购入或生产时所确定的单位成本计算各批发出存货和期末存货成本的方法。在这种方法下，把每种存货的实际成本作为计算发出存货成本和期末存货成本的基础。

做中学 2-28 时达公司 2×21 年 1 月 D 材料购销明细账如表 2-1 所示。

表 2-1 D 材料购销明细账　　　　金额单位：元

日期		摘要	收入			发出			结存		
月	日		数量	单价	金额	数量	单价	金额	数量	单价	金额
1	1	期初余额							150	10	1 500
	5	购入	100	12	1 200				250		
	11	销售				200			50		
	16	购入	200	14	2 800				250		
	20	销售				100			150		
	23	购入	100	15	1 500				250		
	27	销售				100			150		
	31	本期合计	400	—	5 500	400			150		

假设经过具体辨认，本期发出材料的单位成本如下：1 月 11 日发出的 200 件 D 材料中，100 件系期初结存，单位成本为 10 元，另外 100 件为 1 月 5 日购入，单位成本为 12 元；1 月 20 日发出的 100 件系 1 月 16 日购入，单位成本为 14 元；1 月 27 日发出的 100 件中，50 件为期初结存，单位成本为 10 元，50 件为 5 月 23 日购入，单位成本为 15 元。则按照个别认定法，时达公司 1 月份 D 材料购销明细账如表 2-2 所示。

表 2-2 D 材料购销明细账（个别认定法）　　　　金额单位：元

日期		摘要	收入			发出			结存		
月	日		数量	单价	金额	数量	单价	金额	数量	单价	金额
1	1	期初余额							150	10	1 500
	5	购入	100	12	1 200				150 100	10 12	1 500 1 200
	11	销售				100 100			50	10	500
	16	购入	200	14	2 800				50 200	10 14	500 2 800
	20	销售				100	14	1400	50 100	10 14	500 1 400

（续表）

日 期		摘 要	收 入			发 出			结 存		
月	日		数量	单价	金额	数量	单价	金额	数量	单价	金额
	23	购入	100	15	1 500				50 100 100	10 14 15	500 1 400 1 500
	27	销售				50 50	10 15	500 750	100 50	14 15	1 400 750
	31	本期合计	400	—	5 500	400	—	4850	100 50	14 15	1 400 750

从表中可知，时达公司本期发出 D 材料成本及期末结存成本如下：

本期发出存货成本 = 100×10 +100×12 +100×14 +50×10 +50×15 =4 850（元）

期末结存存货成本 = 期初结存存货成本 + 本期购入存货成本 – 本期发出存货成本

=150×10 +100×12 +200×14 +100×15-4 850 =2 150（元）

个别计价法的成本计算准确，符合实际情况，但在存货收发频繁的情况下，其发出成本分辨的工作量较大。因此，这种方法一般适用于不能替代使用的存货、为特定项目专门购入或制造的存货，如珠宝、名画等贵重物品。

（2）先进先出法

先进先出法，是指以先购入的存货应先发出（销售或耗用）这样一种存货实物流动假设为前提，对发出存货进行计价的一种方法。采用这种方法，先购入的存货成本在后购入存货成本之前转出，据此确定发出存货和期末存货的成本。具体方法是：收入存货时，逐笔登记收入存货的数量、单价和金额；发出存货时，按照先进先出的原则逐笔登记存货的发出成本和结存金额。

做中学 2-29 承"做中学 2-28"，假设时达公司 D 材料购销明细账如表 2-3 所示。从该表可以看出成本的计价顺序，如 1 月 11 日发出的 200 件，按先进先出法的流转顺序，应先发出期初库存 1 500（150×10）元，然后再发出 1 月 5 日购入的 50 件，即 600（50×12）元，其他依此类推。从表 2-3 中看出，使用先进先出法得出的发出成本和期末结存成本分别为 4 800 元和 2 200 元。

表 2-3　D 材料购销明细账（先进先出法）　　　　金额单位：元

日 期		摘 要	收 入			发 出			结 存		
月	日		数量	单价	金额	数量	单价	金额	数量	单价	金额
1	1	期初余额							150	10	1 500
	5	购入	100	12	1 200				150 100	10 12	1 500 1 200
	11	销售				150 50	10 12	1 500 600	50	10	600
	16	购入	200	14	2 800				50 200	12 14	600 2 800

（续表）

日期		摘要	收入			发出			结存		
月	日		数量	单价	金额	数量	单价	金额	数量	单价	金额
	20	销售				50	12	600			
						50	14	700	150	14	2 100
	23	购入	100	15	1 500				50	10	500
									100	14	1 400
	27	销售				100	14	1 400	50	14	700
									100	15	1 500
	31	本期合计	400	—	5 500	400	—	4 800	50	14	700
									100	15	1 500

　　时达公司日常账面记录显示，D 材料期初结存存货为 1 500（150×10）元，本期购入存货三批，按先后顺序分别为：100×12、200×14、100×15。假设经过盘点，发现期末库存 150 件，则本期发出为 400 件。发出存货成本 = 150×10 +50×12 +50×12 +50×14 +100×14=4 800（元）；期末结存存货成本 = 50×14 +100×15 =2 200（元）。

　　先进先出法可以随时结转存货发出成本，但较烦琐。如果存货收发业务较多，且存货单价不稳定时，其工作量较大。在物价持续上升时，期末存货成本接近于市价，而发出成本偏低，会高估企业存货价值和当期利润；反之，会低估企业存货价值和当期利润。

　　（3）月末一次加权平均法

　　月末一次加权平均法，是指以本月全部进货数量加上月初结存存货数量作为权数，去除本月全部进货成本加上月初结存存货成本，计算出存货的加权平均单位成本，以此为基础计算本月发出存货成本和期末结存存货成本的一种方法。计算公式如下：

$$加权平均单位成本=\left[月初结存存货成本+\sum\left(本月各批进货的实际单位成本\times本月各批进货的数量\right)\right]\div\left(月初结存存货的数量+本月各批进货数量之和\right)$$

　　本月发出存货的成本＝本月发出存货的数量×加权平均单位成本

　　本月月末结存存货成本＝月末结存存货的数量×加权平均单位成本

或：

　　本月月末结存存货成本＝月初结存存货成本＋本月收入存货成本－本月发出存货成本

做中学 2-30　承"做中学 2-28"，假设时达公司采用月末一次加权平均法，根据表 2-3，则 1 月份 D 材料的加权平均单位成本为：

　　（150×10+100×12+200×14+100×15）÷（150+100+200+100）≈12.727（元）

　　1 月份 D 材料的发出存货成本与期末结存存货成本分别为：

　　发出存货成本 = 400×12.727=5 090.8（元）

　　期末结存存货成本 =[150×10+（100×12+200×14+100×15）]-5 090.8=7 000-5 090.8 =1 909.2（元）

　　采用月末一次加权平均法只在月末一次计算加权平均单价，比较简单，有利于简化成本计算工作，但由于平时无法从账上提供发出和结存存货的单价及金额，因此不利于存货成本的日常管理与控制。

　　（4）移动加权平均法

　　移动加权平均法，是指以每次进货的成本加上原有结存存货的成本的合计额，除以每次进货数量加上原有结存存货数量的合计数，据以计算移动加权平均单位成本，作为在下次进货前计算各次发出存货成本依据的一种方法。计算公式如下：

$$移动加权平均单位成本 = \left(\frac{原始结存}{存货成本} + \frac{本次进货}{的成本}\right) \div \left(\frac{原有结存}{存货数量} + \frac{本次进}{货数量}\right)$$

本次发出存货成本＝本次发出存货数量 × 移动加权平均单位成本

本次月末结存存货成本＝月末结存存货的数量 × 移动加权平均单位成本

或：

移动加权平均单位成本＝月末结存存货成本＋本月收入存货成本－本月发出存货成本

做中学 2-31 承"做中学2-28"，假设时达公司采用移动加权平均法核算存货，则1月份D材料本期收入、发出和结存情况如表2-4所示。

表2-4 D商品购销明细账（移动加权平均法）　　金额单位：元

日 期		摘 要	收 入			发 出			结 存		
月	日		数量	单价	金额	数量	单价	金额	数量	单价	金额
1	1	期初余额							150	10	1 500
	5	购入	100	12	1 200				250	10.8	2 700
	11	销售				200	10.8	2 160	50	10.8	540
	16	购入	200	14	2 800				250	13.36	3 340
	20	销售				100	13.36	1 336	150	13.36	2 004
	23	购入	100	15	1 500				250	14.016	3 504
	27	销售				100	14.016	1 401.6	150	14.016	2 102.4
	31	本期合计	400	—	5 500	400	—	4 897.6	150	14.016	2 102.4

1月5日购入存货后移动加权平均单位成本＝（150×10+100×12）÷（150+100）=10.8（元）

1月16日购入存货后移动加权平均单位成本＝（50×10.8+200×14）÷（50+200）=13.36（元）

1月23日购入存货后移动加权平均单位成本＝（150×13.36+100×15）÷（150+100）=14.016（元）

采用移动加权平均法能够使企业管理层及时了解存货的结存情况，计算的平均价以及发出和结存的存货成本比较客观。但由于每次收货都要计算一次平均单位成本，计算工作量较大，对收发货较频繁的企业不适用。

发出存货计价方法小结

2. 发出原材料的账务处理

在实际工作中，企业各生产单位及有关部门领用的原材料具有种类多、业务频繁等特点。为了简化核算，可以在月末根据"领料单"或"限额领料单"中有关领料的单位、部门等加以归类，编制"发料凭证汇总表"，据以编制记账凭证、登记入账。企业应根据原材料用途和领用部门，分别记入相应账户。凡车间生产产品领用的原材料金额，借记"生产成本"账户；车间管理及一般消耗领用的原材料金额，借记"制造费用"账户；厂部管理及一般消耗领用的原材料金额，借记"管

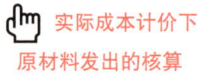

实际成本计价下原材料发出的核算

理费用"账户；专设销售机构领用的原材料金额，借记"销售费用"账户；委托加工发出的原材料金额，借记"委托加工物资"账户；福利部门领用的原材料金额，借记"应付职工薪酬"账户；在建工程领用的原材料金额，借记"在建工程"账户。同时减记原材料，贷记"原材料"账户。涉及增值税及消费税等相关税费的，还要进行相应的账务处理。

做中学 2-32　根据"发料凭证汇总表"的记录，时达公司1月份基本生产车间领用K材料500 000元，辅助生产车间领用K材料40 000元，车间管理部门领用K材料5 000元，企业行政管理部门领用K材料4 000元，计549 000元。时达公司应编制如下会计分录：

```
借：生产成本——基本生产成本                          500 000
          ——辅助生产成本                          40 000
    制造费用                                      5 000
    管理费用                                      4 000
    贷：原材料——K材料                                 549 000
```

四、原材料采用计划成本核算的账户设置

原材料采用计划成本核算时，原材料的收发及结存，无论总分类核算还是明细分类核算，均按照计划成本计价。使用的会计账户有"原材料""材料采购""材料成本差异"等。材料实际成本与计划成本的差异，通过"材料成本差异"账户核算。月末，计算本月发出材料应负担的成本差异并进行分摊，根据领用材料的用途计入相关资产的成本或当期损益，从而将发出材料的计划成本调整为实际成本。

"原材料"账户用于核算库存各种材料的收发与结存情况，包括原料及主要材料、辅助材料、外购半成品、修理用备件、包装材料、燃料等的计划成本。该账户属于资产类账户，具体账户结构如图2-18所示。

借方	原材料	贷方
入库材料的计划成本	发出材料的计划成本	
企业库存材料的计划成本		

图2-18　"原材料"账户结构

【请注意】该账户可按照材料的保管地点（仓库）、材料类别、品种和规格等进行明细核算。

"材料采购"账户用于核算企业采用计划成本进行材料日常核算而购入的材料采购成本。该账户属于资产类账户，具体账户结构如图2-19所示。

借方	材料采购	贷方
企业采购材料的实际成本 结转实际成本小于计划成本的差异数（节约额）	验收入库材料的计划成本 结转实际成本大于计划成本的差异数（超支额）	
企业在途材料的采购成本		

图2-19　"材料采购"账户结构

【请注意】该账户可按照供应单位和材料品种进行明细核算。

"材料成本差异"账户核算企业采用计划成本进行日常核算的材料计划成本与实际成本的差额。企业可以在"原材料""周转材料""委托加工物资"等账户设置"材料成本差异"账户。该账户属于资产类账户，具体账户结构如图2-20所示。

借方	材料成本差异	贷方
入库材料超支差异 发出材料负担的节约差异		入库材料的节约差异 发出材料的超支差异
企业库存材料的实际成本大于计划成本的超支差异		企业库存材料的实际成本小于计划成本的节约差异

图2-20 "材料成本差异"账户结构

【请注意】该账户可按类别或品种进行明细核算。

五、原材料采用计划成本核算业务的账务处理

（一）外购原材料的核算

计划成本计价下原材料取得的核算

实际成本与计划成本比较

原材料按计划成本核算时，无论材料是否入库，取得的原材料都必须先通过"材料采购"账户进行核算。材料验收入库后，再转入"原材料"账户，同时结转材料成本差异。如同原材料按实际成本计价的账务处理一样，企业外购的原材料按计划成本核算时，要根据来源、采用的结算方式等不同情况进行相应账务处理。

1. 单货同到

单货同到即结算凭证等单据与材料同时到达的采购业务，企业应根据结算凭证、发票账单和收料单等单据，借记"材料采购""应交税费——应交增值税（进项税额）"等账户，贷记"银行存款""应付账款""应付票据"等账户；同时，根据收料单按计划成本借记"原材料"账户，贷记"材料采购"账户，并结转入库材料的材料成本差异额。超支差异借记"材料成本差异"账户，贷记"材料采购"账户；节约差异做相反的会计分录。

【小提示】计划成本法下，购入的材料无论是否直接验收入库，都要先通过"材料采购"账户进行核算。

做中学 2-33 时达公司购入L材料一批，增值税专用发票上注明的价款为3 000 000元、增值税税额为390 000元，发票账单已收到，计划成本为3 200 000元，已验收入库，全部款项以银行存款支付。应编制如下会计分录：

借：材料采购——原料及主要材料（L材料）	3 000 000
应交税费——应交增值税（进项税额）	390 000
贷：银行存款	3 390 000

同时：

借：原材料——原料及主要材料（L材料）	3 200 000
贷：材料采购——原料及主要材料（L材料）	3 000 000
材料成本差异——原料及主要材料（L材料）	200 000

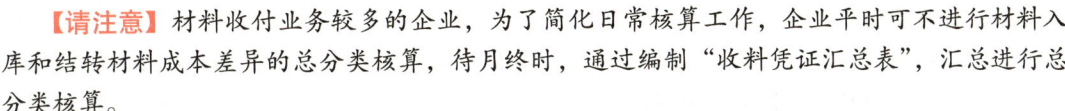

【请注意】材料收付业务较多的企业，为了简化日常核算工作，企业平时可不进行材料入库和结转材料成本差异的总分类核算，待月终时，通过编制"收料凭证汇总表"，汇总进行总分类核算。

2. 单到货未到

单到货未到即结算凭证等单据已到、材料未到达的采购业务，企业应根据结算凭证、发票账单等单据，借记"在途物资""应交税费——应交增值税（进项税额）"等账户，贷记"银行存款""应付账款""应付票据"等账户；待收到材料验收入库后，根据收料单按计划成本借记"原材料"账户，贷记"材料采购"账户。

做中学 (2-34) 时达公司采用汇兑结算方式购入 M 材料一批，增值税专用发票上注明的价款为 200 000 元、增值税税额为 26 000 元，发票账单已收到，计划成本为 180 000 元，材料尚未入库，款项已用银行存款支付。应编制如下会计分录：

　　借：材料采购——M 材料　　　　　　　　　　　　　　200 000
　　　　应交税费——应交增值税（进项税额）　　　　　　　26 000
　　　　　贷：银行存款　　　　　　　　　　　　　　　　　　　226 000

【小提示】无入库分录，无结转差异分录。

3. 货到单未到

货到单未到即材料已验收入库，但尚未取得增值税扣税凭证，无法确定其实际成本的采购业务。为简化核算手续，月份内发生的，可暂不进行账务处理，若至月末仍未取得增值税扣税凭证，应按照暂估价值先入账，在下月初做相反的会计分录予以冲回。

做中学 (2-35) 时达公司购入 N 材料一批，材料已验收入库，发票账单未到，月末应按照计划成本 600 000 元估价入账。应编制如下会计分录：

　　借：原材料　　　　　　　　　　　　　　　　　　　　600 000
　　　　贷：应付账款——暂估应付账款　　　　　　　　　　　600 000
　　下月初做相反的会计分录予以冲回：
　　借：应付账款——暂估应付账款　　　　　　　　　　　　600 000
　　　　贷：原材料　　　　　　　　　　　　　　　　　　　　600 000

（二）发出原材料的核算

1. 按计划成本结转发出材料成本

月末，企业根据领料单等编制"发料凭证汇总表"结转发出材料的计划成本，应当根据所发出材料的用途，按计划成本分别记入"生产成本""制造费用""销售费用""管理费用"等账户，同时结转材料成本差异。

做中学 (2-36) 根据"发料凭证汇总表"的记录，时达公司 1 月 L 材料的消耗（计划成本）为：基本生产车间领用 2 000 000 元，辅助生产车间领用 600 000 元，车间管理部门领用 250 000 元，企业行政管理部门领用 50 000 元。时达公司应编制如下会计分录：

　　借：生产成本——基本生产成本　　　　　　　　　　　2 000 000
　　　　　　　　——辅助生产成本　　　　　　　　　　　　600 000
　　　　制造费用　　　　　　　　　　　　　　　　　　　250 000

管理费用	50 000
贷：原材料——L材料	2 900 000

2.计算发出材料应负担的成本差异

根据《企业会计准则第1号——存货》的规定，企业日常采用计划成本核算的，发出的材料成本应由计划成本调整为实际成本，通过"材料成本差异"账户进行结转，按照所发出材料的用途，分别记入"生产成本""制造费用""销售费用""管理费用"等账户。

材料成本差异的计算公式如下：

$$材料成本差异率=\frac{期初结存材料的成本差异+本期验收入库材料的成本差异}{期初结存材料的计划成本+本期验收入库材料的计划成本}×100\%$$

发出材料应负担的成本差异＝发出材料的计划成本×本期材料成本差异率

发出材料应负担的成本差异，必须按月分摊，不得在季末或年末一次计算。如果企业的材料成本差异率各期之间是比较均衡的，也可以采用期初材料成本差异率分摊本期的材料成本差异。年度终了，应对材料成本差异率进行核实调整。

做中学 2-37 承"做中学2-33"和"做中学2-36"，时达公司1月月初结存L材料的计划成本为1 000 000元，成本差异为超支30 740元；当月入库L材料的计划成本3 200 000元，成本差异为节约200 000元。则：

材料成本差异率＝（30 740－200 000）÷（1 000 000 +3 200 000）×100%=-4.03%

结转发出材料的成本差异，时达公司应编制如下会计分录：

借：材料成本差异——L材料	11 6870
贷：生产成本——基本生产成本	80 600
——辅助生产成本	24 180
制造费用	10 075
管理费用	2 015

本例中，基本生产成本应分摊的材料成本差异节约额为80 600（2 000 000×4.03%）元，辅助生产成本应分摊的材料成本差异节约额为24 180（600 000×4.03%）元，制造费用应分摊的材料成本差异节约额为10 075（250 000×4.03%）元，管理费用应分摊的材料成本差异节约额为2 015（50 000×4.03%）元。

【请注意】原材料采用计划成本计价核算时，原材料等存货的明细分类核算与采用实际成本计价的明细分类核算基本相同，区别在于采用计划成本计价核算时，原材料明细分类账和材料二级分类账都是按计划成本计价的。

计划成本计价下原
材料发出的核算

任务实施

根据增值税专用发票第二联发票联，会计张红应做的账务处理如下：

① 借：预付账款——中天公司	80 000
贷：银行存款	80 000
② 材料入库：	
借：原材料——J材料	100 000
应交税费——应交增值税（进项税额）	13 000

　　　　贷：预付账款　　　　　　　　　　　　　　　　　　　　113 000
　　补付货款：
　　　　借：预付账款　　　　　　　　　　　　　　　　　　　　33 000
　　　　　　贷：银行存款　　　　　　　　　　　　　　　　　　　　33 000

子任务二　周转材料核算

任务描述

　　2020 年 3 月 10 日，华盛公司销售部门领用了一批账面价值为 60 000 元的包装物，采用五五摊销法摊销，出租给客户使用，收到押金 50 000 元，租金 30 000 元于客户退还包装物时收取并从押金中扣除。请会计张红做出相关账务处理。

一、周转材料概述

　　周转材料，是指企业能够多次使用、逐渐转移其价值但仍保持原有形态不确认为固定资产的材料。周转材料主要包括包装物、低值易耗品及企业（建造承包商）的钢模板、脚手架等。企业一般应设置"周转材料"账户核算各种周转材料的实际成本或计划成本，对于包装物和低值易耗品也可以单独设置"包装物""低值易耗品"账户进行核算。周转材料种类繁多，分布于生产经营的各个环节，具体用途也不相同，会计处理也不尽相同。

　　包装物，是指为了包装本企业商品而储备的各种包装容器，如桶、箱、瓶、坛、袋等。其核算内容包括：生产过程中用于包装产品作为产品组成部分的包装物；随同商品出售而不单独计价的包装物；随同商品出售单独计价的包装物；出租或出借给购买单位使用的包装物。

【请注意】

　　下列包装物会计上不作"包装物"核算：各种包装材料，如纸、绳、铁丝、铁皮等，应作"原材料"核算；在企业生产经营过程中用于储存和保管货物，不对外出售、出租或出借的包装物，如企业经营过程中周转使用的包装容器，应按使用年限长短，分别作"固定资产"或"周转材料——低值易耗品"核算。

　　低值易耗品，是指不能作为固定资产的各种用具、物品，以及在经营过程中周转使用的包装容器等，一般划分为一般工具、专用工具、替换设备、管理用具、劳动保护用品和其他用具等。低值易耗品与固定资产同属企业的劳动资料，可多次使用而不改变原有的实物形态，但低值易耗品属于价值较低或使用期限较短、易损易耗的工具、设备。因此，低值易耗品被视同存货管理。这里主要介绍包装物和低值易耗品的核算。

二、周转材料核算的账户设置

　　为了反映和监督周转材料的收入、发出和结存情况，企业应当设置"周转材料"账户进行核算。该账户属于资产类账户，具体账户结构如图 2-21 所示。

借方	周转材料	贷方
企业取得周转材料的实际成本或计划成本		发出周转材料的实际成本或计划成本以及摊销价值
企业在库周转材料的计划或实际成本以及在用周转材料的摊余价值		

图 2-21　"周转材料"账户结构

【请注意】该账户可按低值易耗品、包装物进行明细核算。可以采用实际成本核算，也可以采用计划成本核算，其方法与原材料核算相似。

三、周转材料业务的账务处理

（一）周转材料摊销的账务处理

企业应根据周转材料的消耗方式、价值大小、耐用程度等，选择适当的摊销方法，将其账面价值一次或分次计入有关成本费用。当周转材料报废时，将剩余残料出售收入冲减原记录的成本或费用。

1. 一次摊销法

一次摊销法，是指在领用周转材料时，将其账面价值一次计入有关成本费用的一种方法。金额较小或极易损坏的周转材料，可在领用时一次计入成本费用，以简化核算。领用时按其耗用部门及领用的周转材料账面价值借记"制造费用""管理费用""其他业务成本"等账户，贷记"周转材料"账户。但为加强实物管理，应当在备查簿上进行登记。

做中学 2-38　2×21 年 1 月 18 日，时达公司的管理部门领用一批低值易耗品，账面价值为 2 000 元，采用一次摊销法。同时，报废一批低值易耗品，残料作价 100 元，作为原材料入库。

借：管理费用　　　　　　　　　　　　　　　　　　　　　　　　2 000
　　贷：周转材料——低值易耗品　　　　　　　　　　　　　　　　　　2 000
借：原材料　　　　　　　　　　　　　　　　　　　　　　　　　100
　　贷：管理费用　　　　　　　　　　　　　　　　　　　　　　　　　100

2. 分次摊销法

分次摊销法，是指按照估计领用次数平均摊销周转材料账面价值的一种方法。分次摊销法适用于可供多次反复使用的低值易耗品。在采用分次摊销法的情况下，需要单独设置"在用"、"在库"和"摊销"明细账户。其账务处理流程如图 2-22 所示。

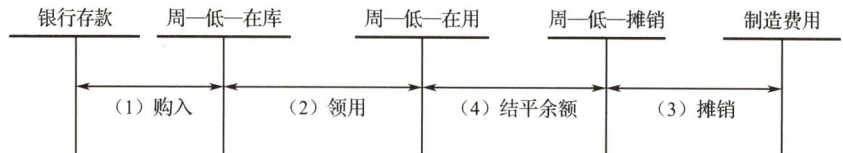

图 2-22　分次摊销法账务处理流程

做中学 2-39 时达公司的基本生产车间领用专用工具一批，实际成本为 10 000 元，不符合固定资产定义，采用分次摊销法进行摊销。该专用工具的估计使用次数为两次。时达公司应做如下账务处理。

① 领用专用工具：

借：周转材料——低值易耗品——在用　　　　　　　　　　　　　　10 000

　　贷：周转材料——低值易耗品——在库　　　　　　　　　　　　　　　　10 000

② 第一次领用时摊销其价值的一半：

借：制造费用　　　　　　　　　　　　　　　　　　　　　　　　　　5 000

　　贷：周转材料——低值易耗品——摊销　　　　　　　　　　　　　　　　 5 000

③ 第二次领用时摊销其价值的一半：

借：制造费用　　　　　　　　　　　　　　　　　　　　　　　　　　5 000

　　贷：周转材料——低值易耗品——摊销　　　　　　　　　　　　　　　　 5 000

同时：

借：周转材料——低值易耗品——摊销　　　　　　　　　　　　　　10 000

　　贷：周转材料——低值易耗品——在用　　　　　　　　　　　　　　　　10 000

（二）周转材料发出的账务处理

企业在生产经营过程中领用低值易耗品，可直接根据上述一次转销法或分次转销法将其摊销价值记入"制造费用"或"管理费用"等账户进行核算。而对于生产经营过程中领用的包装物，应按其不同用途分别处理。

1. 生产领用包装物

生产领用包装物，应按照领用包装物的实际成本借记"生产成本"账户，按照领用包装物的计划成本贷记"周转材料——包装物"账户，按照其差额借记或贷记"材料成本差异"账户。

👆 说说包装物

做中学 2-40 2×21 年 1 月 19 日，时达公司销售商品领用不单独计价包装物的计划成本为 50 万元，材料成本差异率为 -1%。应编制如下会计分录：

借：销售费用　　　　　　　　　　　　　　　　　　　　　　　　495 000

　　材料成本差异　　　　　　　　　　　　　　　　　　　　　　　 5 000

　　贷：周转材料——包装物　　　　　　　　　　　　　　　　　　　 500 000

2. 随同商品出售包装物

① 随同商品出售且不单独计价的包装物，应于包装物发出时，计入销售费用。

做中学 2-41 时达公司某月销售商品领用不单独计价包装物的计划成本为 50 万元，材料成本差异率为 -1%。应编制如下会计分录：

借：销售费用　　　　　　　　　　　　　　　　　　　　　　　　495 000

　　材料成本差异　　　　　　　　　　　　　　　　　　　　　　　 5 000

　　贷：周转材料——包装物　　　　　　　　　　　　　　　　　　　　50 000

② 随同商品出售且单独计价的包装物，一方面应反映其销售收入，计入其他业务收入；另一方面应反映其实际销售成本，计入其他业务成本。

做中学 2-42 2×21 年 1 月 20 日，时达公司销售商品领用单独计价包装物的计划成本为 80 万元，销售收入为 100 万元，增值税税额为 13 万元，款项已存入银行。该包装物的材料成本差异率为 3%。应做如下财务处理。

借：银行存款 1 130 000
贷：其他业务收入 1 000 000
应交税费——应交增值税（销项税额） 130 000

结转所售单独计价包装物的成本：

借：其他业务成本 824 000
贷：周转材料——包装物 800 000
材料成本差异 24 000

3. 出租、出借包装物

包装物出租，是指企业将包装物以租赁形式借给购货方暂时使用；出借包装物，是指企业将包装物无偿提供给购货方暂时使用。在包装物出租期间，企业将双方约定收到的租金作为其他业务收入，与之对应的成本应列为其他业务成本。出借包装物期间发生的包装物成本应作为销售费用。出租、出借包装物的成本摊销方法一般采用一次摊销法。出租包装物的基本账务处理分别如表 2-5 所示。

表 2-5 出租包装物基本账务处理

项　　目	账务处理
包装物发出	借：周转材料——包装物——出租包装物 　　贷：周转材料——包装物——库存包装物
租金收入	借：银行存款 　　贷：其他业务收入 　　　　应交税费——应交增值税（销项税额）
包装物摊销	借：其他业务成本 　　贷：周转材料——包装物——包装物摊销
包装物维修	借：其他业务成本 　　贷：银行存款、原材料、应付职工薪酬等

做中学 2-43 2×21 年 1 月 20 日，时达公司随同产品销售出租新包装箱 10 个，单位成本为 50 元，押金按每个 60 元收取，款项存入银行。4 月 20 日，收回包装物租金 226 元（其中增值税 26 元），从押金中扣除，余款以现金退回。包装物成本在领用时一次转销。应编制如下会计分录：

借：其他业务成本 500
贷：周转材料——包装物 500
借：银行存款 600
贷：其他应付款——存入保证金 600
借：其他应付款——存入保证金 600
贷：其他业务收入 200
应交税费——应交增值税（销项税额） 26
库存现金 374

会计张红应做的账务处理如下：

① 领用包装物并摊销其账面价值的 50%：

借：周转材料——在用   60 000

     贷：周转材料——在库   60 000

借：其他业务成本   30 000

     贷：周转材料——摊销   30 000

② 收到包装物押金：

借：银行存款   50 000

     贷：其他应付款   50 000

③ 客户退还包装物，收取租金，并退还押金：

借：其他应付款   50 000

     贷：其他业务收入   26 549

        应交税费——应交增值税（销项税额）   3 451

        银行存款   20 000

子任务三 委托加工物资核算

任务描述

华盛公司 2020 年 3 月 16 日委托中天公司加工用于连续生产的应税消费品，适用的增值税税率均为 13%，适用的消费税税率均为 30%。华盛公司对原材料按实际成本核算，收回加工后的材料用于继续生产应税消费品。有关资料如下：①发出加工材料一批，计划成本 200 000 元，材料成本差异率 3%。②用银行存款支付往返运费，取得的增值税专用发票上注明价款 2 000 元，税率为 9%。③以银行存款支付加工费、增值税，取得的增值税专用发票上注明价款 4 000 元、增值税税额 520 元。④以银行存款支付消费税，消费税税率为 30%，消费税为 90 000 元。材料收回后用于继续加工。⑤材料加工完成，已验收入库，其计划成本为 250 000 元。请会计张红做出相关账务处理。

一、委托加工物资概述

委托加工物资是指企业委托外单位加工的各种材料、商品等物资。委托外单位加工完成的存货，以实际耗用的原材料或半成品成本、加工费、运输费、装卸费和保险费等费用以及按规定应计入成本的税金（这里的税金主要指增值税和消费税）作为实际成本。

二、委托加工物资核算的账户设置

为了反映和监督委托加工物资的增减变动及结存情况，企业应设置"委托加工物资"账户。该账户属于资产类账户，具体账户结构如图 2-23 所示。

借方	委托加工物资	贷方
委托加工各种材料、商品等物资发生的实际成本	加工完成并验收入库物资的实际成本和收回剩余物资的实际成本	
企业委托外单位加工尚未完成的物资的实际成本		

图 2-23　"委托加工物资"账户结构

【请注意】该账户应按加工合同、受托加工单位及加工物资的品种等进行明细核算。

三、委托加工物资业务的账务处理

委托加工物资既可以按实际成本核算，也可以按计划成本或售价进行核算。其方法与库存商品相似，具体步骤如下：

① 发出委托加工物资。企业应按发出材料的实际成本，借记"委托加工物资"账户，贷记"原材料"账户。采用计划成本计价的企业，应按计划成本，借记"委托加工物资"账户，贷记"原材料"账户，同时结转材料成本差异。

② 支付加工费用、税金和运杂费。企业应按支付的加工费、往返运杂费，借记"委托加工物资"账户，贷记"银行存款"等账户。委托方支付的增值税应分以下情况处理：如果委托方和受托方均为一般纳税人，则委托方支付的增值税可作为进项税额抵扣；如果委托方和受托方有一方不是一般纳税人，则委托方支付的增值税不能作为进项税额抵扣，应计入加工成本。

③ 缴纳消费税。委托方委托加工应税消费品应由委托方缴纳的、由受托方代收代缴的消费税，应分以下情况处理：若委托方将委托加工的应税消费品收回后，直接用于销售的，应将受托方代收代缴的消费税随同支付的加工费一并计入委托加工的应税消费品成本，企业销售委托加工存货时，不再缴纳消费税，借记"委托加工物资"账户，贷记"银行存款"账户；若委托方将委托加工的应税消费品收回后用于连续生产应税消费品的，其支付的由受托方代收代缴的消费税可以抵扣，借记"应交税费——应交消费税"账户，贷记"银行存款"账户。

委托加工物资相关税费的账务处理如表 2-6 所示。

表 2-6　委托加工物资相关税费的账务处理

相关税费	账务处理	
受托方按照加工费用收取的增值税	允许委托方抵扣的，计入应交税费——应交增值税（进项税额）；不允许抵扣的，增值税进项税额计入收回物资的成本	
受托方代收代缴的消费税	收回后连续加工应税消费品	借：应交税费——应交消费税 贷：银行存款等
	收回后直接出售	借：委托加工物资 贷：银行存款等

④ 加工完成收回加工物资。企业按加工收回物资的实际成本和剩余物资的实际成本，借记"原材料""库存商品"等账户，贷记"委托加工物资"账户。

做中学 2-44　2×21 年 1 月 16 日，时达公司委托开元公司加工材料一批（属于应税消费品）。原材料成本 100 万元，支付往返运费 1 万元，税率 9%。时达公司支付加工费用 70 万元、增值税税额 9.1 万元、消费税 30 万元。材料和商品采用实际成本法核算，请做出有关账务处理。

①时达公司发出材料一批，成本为 100 万元。

借：委托加工物资	1 000 000
贷：原材料	1 000 000

②时达公司支付往返运费，价款 1 万元，税率为 9%。

借：委托加工物资	10 000
应交税费——应交增值税（进项税额）	900
贷：银行存款	10 900

③时达公司支付加工费用 70 万元，增值税税额为 9.1 万元。

借：委托加工物资	700 000
应交税费——应交增值税（进项税额）	91 000
贷：银行存款	791 000

④时达公司支付消费税 30 万元。

消费税组成计税价格 =（100+70）÷（1-15%）=200（万元）

受托方代收代缴的消费税 =200×15%=30（万元）

1> 若材料收回后用于直接销售的，记入"委托加工物资"账户。

借：委托加工物资	300 000
贷：银行存款	300 000

【小提示】一般情况下消费税只缴纳一次，此案例已交消费税记入委托加工物资成本。

2> 若材料收回后用于继续加工的，记入"应交税费——应交消费税"账户。

借：应交税费——应交消费税	300 000
贷：银行存款等	300 000

【小提示】因为未来再加工后的高档化妆品会产生更高的消费税，所以现在交的消费税在未来可以抵扣，因此把消费税记入"应交税费——应交消费税"账户借方。

⑤材料验收入库。

1> 材料收回后用于直接销售：

借：库存商品	2 010 000
贷：委托加工物资［（100+1+70+30）万元］	2 010 000

2> 材料收回后用于继续加工：

借：原材料	1 710 000
贷：委托加工物资　　［（100+1+70）万元］	1 710 000

任务实施

会计张红应做如下账务处理。

①发出材料一批，计划成本 200 000 元，材料成本差异率 3%。

借：委托加工物资	206 000
贷：原材料	200 000
材料成本差异	6 000

②用银行存款支付往返运费，取得的增值税专用发票上注明价款 2 000 元、税率 9%。

借：委托加工物资 2 000

应交税费——应交增值税（进项税额） 180

 贷：银行存款 2 180

③ 以银行存款支付加工费用、增值税，取得的增值税专用发票上注明价款4 000元、增值税税额520元。

借：委托加工物资 4 000

应交税费——应交增值税（进项税额） 520

 贷：银行存款 4 520

④ 以银行存款支付消费税，消费税税率为30%，消费税为90 000元。材料收回后用于继续加工。

消费税＝组成计税价格×税率＝（材料成本＋加工费）÷（1- 消费税税率）×税率

  ＝（206 000+4 000）÷（1-30%）×30%=300 000×30%=90 000（元）

借：应交税费——应交消费税 90 000

 贷：银行存款 90 000

⑤ 材料验收入库，其计划成本为250 000元。

借：原材料 250 000

 贷：委托加工物资 212 000

  材料成本差异 38 000

子任务四　库存商品核算

任务描述

  华盛公司2020年3月销售一批产品，售价100万元，增值税13万元，实际成本80万元，价款已收。请会计张红做出相关账务处理。

一、库存商品概述

  库存商品，是指工业企业的产成品和流通企业外购或委托加并验收入库准备销售的各种商品。库存商品具体包括库存产成品、外购商品、存放在门市部准备出售的商品、发出展览的商品、寄存在外的商品、接受来料加工制造的代制品和为外单位加工修理的代修品等。已完成销售手续但购买单位在月末未提取的产品，不应作为企业的库存商品，而应作为代管商品处理，单独设置代管商品备查簿进行登记。

  库存商品可以采用实际成本核算，也可以采用计划成本核算，其方法与原材料核算相似。采用计划成本核算时，库存商品实际成本与计划成本的差异，可单独设置"产品成本差异"账户核算。核算方法一经确定，不得随意变更；如果变更，需要在附注中予以说明。

二、库存商品核算的账户设置

  为了核算和监督库存商品的收发和结存情况，企业应当设置"库存商品"账户。该账户属于资产类账户，具体账户结构如图2-24所示。

借方	库存商品	贷方
验收入库的库存商品成本	发出库存商品的成本	
企业结存库存商品的实际成本		

图 2-24 "库存商品"账户结构

【请注意】"库存商品"账户可按库存商品的种类、品种和规格等进行明细核算。

三、库存商品业务的账务处理

(一)工业企业库存商品

工业企业的库存商品主要指产成品。产成品，是指企业已经完成全部生产过程并已验收入库，合乎标准规格和技术条件，可以按照合同规定的条件送交订货单位，或者可以作为商品对外销售的产品。

工业企业的产成品一般应按实际成本进行核算。产成品的收入、发出和销售，平时只记数量不记金额，月度终了，计算生产完工验收入库产成品的实际成本，按实际成本借记"库存商品"账户，贷记"生产成本——基本生产成本"等账户。对发出和销售产成品，可采用先进先出法、加权平均法、移动加权平均法等方法确定其实际成本，借记"主营业务成本"账户，贷记"库存商品"账户。盘盈盘亏的库存商品，比照原材料核算相关规定进行账务处理。

做中学 2-45 时达公司"商品入库汇总表"记载：某月已验收入库 Y 产品 1 000 台，实际单位成本 5 000 元，计 5 000 000 元；Z 产品 2 000 台，实际单位成本 1 000 元，计 2 000 000 元。时达公司应编制如下会计分录：

借：库存商品——Y 产品   5 000 000
　　　　——Z 产品   2 000 000
　　贷：生产成本——基本生产成本——Y 产品   5 000 000
　　　　　　　——基本生产成本——Z 产品   2 000 000

做中学 2-46 时达公司月末汇总的发出商品中，当月已实现销售的 Y 产品有 500 台，Z 产品有 1 500 台。该月 Y 产品实际单位成本 5 000 元，Z 产品实际单位成本 1 000 元。在结转其销售成本时，时达公司应编制如下会计分录：

借：主营业务成本   4 000 000
　　贷：库存商品——Y 产品   2 500 000
　　　　　　——Z 产品   1 500 000

(二)商品流通企业库存商品

对于存货种类繁多的企业，为了简化存货的计价，还可以采用存货估价法对月末存货成本进行估价，待季末、半年末或年末时，再采用发出存货的计价方法，计算发出存货和结存存货的成本，并对估算的存货成本做出调整。常用的存货估价法有毛利率法和售价金额核算法。这两种方法多用于商品流通企业。

1.毛利率法

毛利率法，是指根据本期销售净额乘以上期实际（或本期计划）毛利率匡算本期销售毛利，并据以计算发出存货和期末存货成本的一种方法。计算公式为：

毛利率＝（销售毛利÷销售净额）×100%

销售净额＝销售收入－销售退回与折让

本期销售成本＝本期销售净额×（1－毛利率）

期末存货成本＝期初存货成本＋本期购货成本－本期销售成本

用毛利率法计算本期销售成本和期末存货成本，在商品流通企业，特别是商品批发企业较为常见。商品批发企业同类商品的毛利率大致相同，采用毛利率法估算的存货成本也比较接近实际。毛利率法提供的只是存货成本的近似值，为了合理确定期末存货的实际价值，企业一般应当在每季季末，采用先进先出法、加权平均法等存货计价方法，对结存存货的成本进行一次准确计量，然后根据本季度期初结存存货的成本和本期购进存货的成本，倒挤出本季度发出存货的实际成本，据以调整采用毛利率法估算的发出存货成本。

做中学 2-47 中天批发公司经营甲类商品，2×21 年一季度的毛利率为 20%，二季度的进货成本为 540 万元，4 月初甲类商品的结存金额为 150 万元，4 月、5 月、6 月甲类商品销售额分别为 200 万元、180 万元、250 万元。6 月按加权平均法计算甲类商品的结存金额为 165 万元。

该公司 2×21 年二季度各月份商品销售成本计算如下：

4 月份商品销售成本 =2 000 000×（1-20%）=1 600 000（元）

5 月份商品销售成本 =1 800 000×（1-20%）=1 440 000（元）

6 月份商品销售成本 =1 500 000+5 400 000－1 600 000－1 440 000-1 650 000=2 210 000（元）

上述计算的 6 月商品销售成本 221 万元中，包含了 6 月的实际销售成本，也包含了 4、5 月份因采用毛利率匡算的商品销售成本所产生的误差。

以 6 月为例，结转销售成本的会计分录如下：

借：主营业务成本   2 210 000

    贷：库存商品   2 210 000

2. 售价金额核算法

售价金额核算法，是指平时商品的购进与销售均按售价记账，售价与进价的差额通过专设账户（"商品进销差价"账户）核算，期末计算进销差价率和本期已售商品应分摊的进销差价，并据以调整本期销售成本的一种方法。

在该方法下，企业应建立实物负责制，将所经营的全部商品按品种、类别及管理的需要划分为若干实物负责小组，确定其实物负责人，实物负责人对其所经营的商品负全部经济责任。库存商品总账和明细账都按商品的售价记账，库存商品明细账按实物负责人或小组分户，只记售价金额不记实物数量。对于库存商品进价与售价之间的差额应设置"商品进销差价"账户核算，并在期末计算和分摊已售商品的进销差价。售价金额核算法一般适用于零售企业的商品管理与核算。

商品流通企业售价金额核算法下，应设置"库存商品"账户核算验收入库的库存商品。"库存商品"账户一律按商品售价登记。该账户借方登记验收入库商品的售价，贷方登记发出商品的售价；期末借方余额，反映库存商品售价。本账户按商品类别或实物负责人进行明细核算。在售价金额核算法下，为核算库存商品进价与售价之间的差额应设置"商品进销差价"账户。该账户属资产类账户，也是"库存商品"账户的备抵调整账户。该账户贷方登记购进、加工收回及销售退回等增加的商品进销差价，借方登记转出已售商品实现的进销差价；期末贷方余额，反映库存商品应保留的进销差价。本账户应按商品类别或实物负责人进行明细核算。月末，应分摊已销商品的进销差价，将已销商品的销售成本调整为实际成本，借记"商品进销差价"账户，贷记"主营业务成本"账户。其计算公式为：

$$商品进销差价率 = \frac{期初库存商品进销差价 + 本期购入商品进销差价}{期初库存商品售价 + 本期购入商品售价} \times 100\%$$

本期销售商品应分摊的商品进销差价 = 本期商品销售收入 × 商品进销差价率

本期销售商品的成本 = 本期商品销售收入 − 本期已销商品应分摊的商品进销差价

期末结存商品的成本 = 期初库存商品的进价成本 + 本期购进商品的进价成本 − 本期销售商品的成本

【请注意】 企业的商品进销差价率各期之间是比较均衡的，因此，也可以采用上期商品进销差价率计算分摊本期的商品进销差价。年度终了，应对商品进销差价进行核实调整。

做中学(2−48) 中山百货商场 2×21 年 1 月期初库存商品进价成本为 100 万元，售价总额为 110 万元，本月购进该商品进价成本为 75 万元，售价总额为 90 万元，本月销售收入为 120 万元。

中山百货商场 1 月商品进销差价率及已销商品应分摊的商品进销差价计算如下：

商品进销差价率 =（10+15）÷（110+90）×100%=12.5%

已销商品应分摊的商品进销差价 =120×12.5%=15（万元）

本期销售商品的实际成本 =120−15=105（万元）

期末结存商品的实际成本 =100+75−105=70（万元）

结转销售成本及进销差价，编制如下会计分录：

借：主营业务成本 950 000
　　　商品进销差价 150 000
　　贷：库存商品 1 100 000

任务实施

华盛公司张红做的账务处理如下。

① 一手交钱，确认收入：

借：银行存款 1 130 000
　　贷：主营业务收入（售价） 1 000 000
　　　　应交税费——应交增值税（销项税额） 130 000

② 一手交货，结转成本：

借：主营业务成本 800 000
　　贷：库存商品 800 000

子任务五　存货清查核算

任务描述

华盛公司 2020 年 3 月 20 日，因台风造成一批库存材料毁损，实际成本 70 000 元，相关增值税专用发票上注明的增值税税额为 9 100 元。根据保险合同规定，应由保险公司赔偿 50 000 元。请会计张红做出相关账务处理。

一、存货清查概述

由于存货种类繁多，收发频繁，在日常收发过程中可能发生计量计算错误、自然损耗、损坏变质及贪污盗窃等情况，造成账实不符，形成存货的盘盈、盘亏。为了保证存货会计信息真实可靠，企业应对存货进行清查，通过对存货实有数与账面结存数核对，确定存货是否账实相符。企业至少应在编制年度财务报告之前，对存货进行一次全面的清查盘点。

存货清查，是指通过对存货的实地盘点，确定存货的实有数量，并与账面结存数核对，从而确定存货实存数与账面结存数是否相符的一种专门方法。

存货清查业务流程图

存货清查采用实地盘点、账实核对的方法。在每次进行清查盘点前，应将已收发的存货数量全部登记入账，并准备盘点清册，抄列各种存货的编号、名称、规格和存放地点。盘点时，应在盘点清册上逐一登记各种存货的账面结存数量和实存数量，并进行核对。对于账实不符的存货，应查明原因，分清责任，并根据清查结果编制"存货盘存报告单"，作为存货清查的原始凭证。

二、存货清查的账户设置

存货清查如果发现盈亏，应填写"存货盘点报告单"，及时查明原因，并按照规定程序报批处理。为了反映企业在财产清查中查明的各种存货的盈亏和毁损情况，企业应设置"待处理财产损溢"账户。该账户属于资产类账户，具体账户结构如图 2-25 所示。

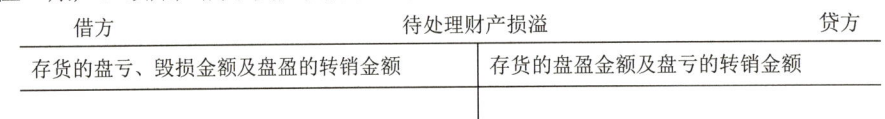

借方	待处理财产损溢	贷方
存货的盘亏、毁损金额及盘盈的转销金额		存货的盘盈金额及盘亏的转销金额

图 2-25　"待处理财产损溢"账户结构

【请注意】"待处理财产损溢"账户期末无余额。

三、存货清查业务的账务处理

（一）存货盘盈

存货盘盈，是指存货的实存数量超过账面结存数量的差额。存货发生盘盈，应按其重置成本作为入账价值，及时登记入账，一方面调整"原材料""周转材料""库存商品"等账户的账面价值，同时，将盘盈存货的价值先记入"待处理财产损溢——待处理流动资产损溢"账户；待查明原因，按规定的管理权限报经批准后，冲减"管理费用"账户。其账务处理如图 2-26 所示。

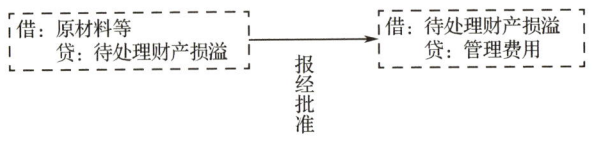

图 2-26　存货盘盈账务处理

做中学 2-49 2×21 年 1 月 31 日，时达公司在财产清查中盘盈 A 材料 2 000 千克，实际单位成本 50 元，经查属于材料收发计量错误。时达公司账务处理如下。

批准处理前，编制如下会计分录：

借：原材料——A 材料　　　　　　　　　　　　　　　　　　100 000
　　贷：待处理财产损溢——待处理流动资产损溢　　　　　　　　　　　100 000

批准处理后，编制如下会计分录：

借：待处理财产损溢——待处理流动资产损溢　　　　　　　　100 000
　　贷：管理费用　　　　　　　　　　　　　　　　　　　　　　　　100 000

（二）存货盘亏

存货盘亏，是指存货的实存数量少于账面结存数量的差额。存货发生盘亏，应将其账面成本及时转销，将盘亏存货的价值先记入"待处理财产损溢——待处理流动资产损溢"账户，并调整"原材料""周转材料""库存商品"等账户的账面价值，盘亏涉及增值税的，还应进行相应处理。存货盘亏及毁损在按规定管理权限报经批准后分别按以下情况处理：对于入库的残料价值，记入"原材料"等账户；对于应由保险公司和过失人承担的赔款，记入"其他应收款"账户；扣除残料价值和应由保险公司、过失人赔偿后的净损失，属于一般经营损失的部分记入"管理费用"账户，属于非常损失部分，记入"营业外支出"账户。其账务处理如图 2-27 所示。

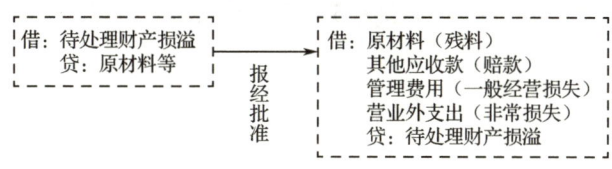

图 2-27　存货盘亏账务处理　　　　　　👆 存货清查核算　库存现金和存货的清查对比

做中学 2-50 1 月 31 日，时达公司进行期末财产清查，发现毁损 B 材料 200 千克，实际单位成本 200 元，该批材料已抵扣的进项税额为 5 200 元。经查属于保管员过失造成，按规定个人赔偿 30 000 元，残料价值 4 000 元已办理入库手续。时达公司账务处理如下。

批准处理前，编制如下会计分录：

借：待处理财产损溢——待处理流动资产损溢　　　　　　　　45 200
　　贷：原材料——B 材料　　　　　　　　　　　　　　　　　　40 000
　　　　应交税费——应交增值税（进项税额转出）　　　　　　　　　5 200

批准处理后，编制如下会计分录。

借：其他应收款　　　　　　　　　　　　　　　　　　　　　30 000
　　原材料　　　　　　　　　　　　　　　　　　　　　　　4 000
　　管理费用　　　　　　　　　　　　　　　　　　　　　　11 200
　　贷：待处理财产损溢——待处理流动资产损溢　　　　　　　　　　45 200

【请注意】《小企业会计准则》规定，盘盈存货实现的收益应记入"营业外收入"账户，盘亏存货发生的损失应记入"营业外支出"账户。

任务实施

【小提示】因自然灾害发生的货物的进项税额准予抵扣，已抵扣的进项税额不必作为进项税额转出。

会计张红应做如下账务处理。

① 批准处理前，调整存货账面记录：

借：待处理财产损溢　　　　　　　　　　　　　　　　　　70 000
　　贷：原材料　　　　　　　　　　　　　　　　　　　　　　　　70 000

② 批准处理后：

借：其他应收款（①保险赔偿）　　　　　　　　　　　　　50 000
　　营业外支出——非常损失（②毁损净损失）　　　　　　20 000
　　贷：待处理财产损溢　　　　　　　　　　　　　　　　　　　　70 000

子任务六　存货减值核算

任务描述

2020年3月31日，华盛公司乙存货的实际成本为100万元，加工该存货至完工产成品估计还将发生成本20万元，估计销售费用和相关税费为2万元，估计用该存货生产的产成品售价为110万元。乙存货月初"存货跌价准备"账户余额为5万元，请会计张红做出相关账务处理。

一、存货减值概述

存货的初始计量虽然以成本入账，但存货进入企业后可能发生毁损、过时、价格下跌等情况，会使企业持有存货的可变现净值下跌到成本以下，如果期末存货仍以历史成本计价，就会出现虚增资产的现象。因此，为了在资产负债表中更合理地反映期末存货的价值，企业应当选择适当的计价方法对期末存货进行再计价。我国企业会计准则规定，期末存货应按成本与可变现净值孰低法计量。

成本与可变现净值孰低法，是指期末存货按照成本与可变现净值之中的较低者计价的方法。采用这种方法，当期末存货的成本低于可变现净值时，存货仍按成本计量；当期末存货的可变现净值低于成本时，存货则按可变现净值计量，同时按照可变现净值与成本的差额计提存货跌价准备，计入当期损益。

成本，是指期末存货的实际成本，如果日常企业存货采用计划成本核算法或售价金额核算法进行账务处理，应将存货计划成本或售价金额调整为实际成本。

可变现净值，是指存货预计未来净现金流量，即存货估计售价减去至完工时估计要发生的成本、销售费用及相关税费后的金额。其中，该存货估计售价的计算确定与是否签订销售合同有关。签有不可撤销合同的，应以合同价格为估计售价；未签销售合同的，应以市场销售价格为估计售价。存货可变现净值的确定方法如图2-28所示。

在资产负债表日，为生产而持有的材料等，用其生产的产成品的可变现净值高于成本的，该材料仍然应当按照成本计量；材料价格的下降表明产成品的可变现净值低于成本的，该材料应当按照可变现净值计量。

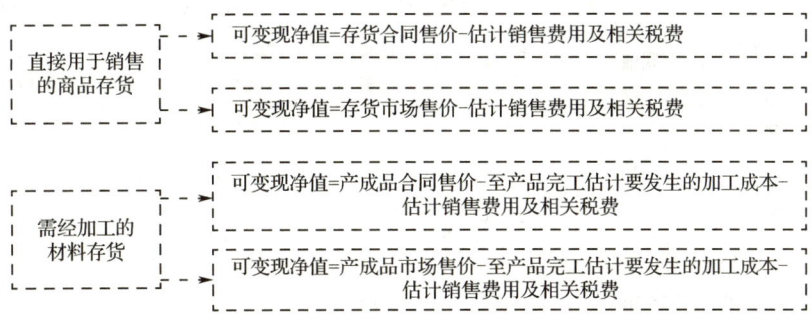

图 2-28 存货可变现净值确定方法

做中学 2-51 2×21 年 6 月 30 日，时达公司有一批库存商品，数量 200 件，实际成本 120 元 / 件，市场不含税售价 150 元 / 件。如果销售该库存商品，估计要发生的销售费用和相关税费为 10 元 / 件。假设时达公司曾于当年 5 月 6 日与 A 公司签订一笔不可撤销合同，双方约定，时达公司向 A 公司销售库存商品 120 件，合同不含税售价 140 元 / 件。

2×21 年 6 月 30 日，该批库存商品可变现净值计算如下。

签订合同的 120 件可变现净值 =（140 - 10）×120=15 600（元）

未签合同的 80 件可变现净值 =（150 - 10）×80=11 200（元）

二、存货减值核算的账户设置

为了核算存货减值的情况，企业应当设置"存货跌价准备"账户。该账户属于资产类账户，是存货各项目的备抵账户，具体账户结构如图 2-29 所示。

借方	存货跌价准备	贷方
存货跌价准备的转回和结转金额	存货跌价准备的提取金额	
	企业已计提尚未转销的存货跌价准备	

图 2-29 "存货跌价准备"账户结构

【请注意】"存货跌价准备"账户可按存货项目或类别进行明细核算。

三、存货减值业务的账务处理

（一）存货跌价准备的计提方法

企业会计准则规定，期末存货成本与可变现净值的比较方法有单项比较法、分类比较法、总额比较法三种。其中，单项比较法，是指将每种存货的成本与可变现净值逐项进行比较；分类比较法，是指将每类存货的成本与可变现净值进行比较；总额比较法，是指将全部存货的总成本与可变现净值总额进行比较。

做中学 2-52 时达公司有 A、B、C、D 四种存货，按其性质可分为甲、乙两类，2×20 年 12 月 31 日存货的成本与可变现净值如表 2-7 所示。2×20 年 12 月 31 日不同比较法下，期末存货的价值及应计提的跌价准备计算见表 2-7。

表 2-7 期末存货成本与可变现净值 　　　金额单位：元

项　　目	成本	可变净现值	单项比较法		分类比较法		总额比较法	
			期末计价	应提准备	期末计价	应提准备	期末计价	应提准备
甲类存货	60 000	61 000			60 000			
A	24 000	26 000	24 000					
B	36 000	35 000	35 000	1 000				
乙类存货	56 000	55 500			55 500	500		
C	36 000	34 500	3 450	1 500				
D	20 000	21 000	20 000					
总计	116 000	116 500	113 500	2 500	115 500	500	116 000	

从表 2-11 的计算结果可以看出，单项比较法计算的期末存货价值最低，分类比较法次之，总额比较法最高：这说明比较得越细致，结果越准确，越符合稳健性原则，但计算工作量也越大。

企业会计准则规定，企业通常应按单项比较法计提存货跌价准备。与在同一地区生产和销售的产品系列相关、具有相同或类似最终用途或目的，且难以与其他项目分开计量的存货，可以合并计提存货跌价准备；对于数量繁多、单价较低的存货，可以按存货类别计提存货跌价准备。

（二）存货跌价准备的计提和转回的处理

资产负债表日，企业应当首先确定存货的可变现净值，既不能提前确定，也不能延后确定，并且在每个资产负债表日都应当重新确定存货的可变现净值。在确定存货可变现净值的基础上，将存货可变现净值与存货成本进行比较，确定本期存货的减值金额，即本期存货可变现净值低于成本的差额，然后再将本期存货的减值金额与"存货跌价准备"账户原有的余额进行比较，当存货成本高于其可变现净值时，企业应当按照存货可变现净值低于成本的差额，借记"资产减值损失——计提的存货跌价准备"账户，贷记"存货跌价准备"账户。

转回已计提的存货跌价准备金额时，按企业会计准则允许恢复增加的金额，借记"存货跌价准备"账户，贷记"资产减值损失——计提的存货跌价准备"账户。

【小提示】账面价值是指某账户（通常是资产类账户）的账面余额减去相关备抵项目后的净额。账面余额是指某账户的账面实际余额，不扣除作为该账户备抵的项目（如累计折旧、相关资产的减值准备等）。

做中学 2-53 承"做中学 2-52"，以表 2-7 所列单项比较法确认的跌价准备为例，首次计提存货跌价准备，应编制如下会计分录：

借：资产减值损失　　　　　　　　　　　　　　　　　　　　　　　2 500
　　贷：存货跌价准备——B 存货　　　　　　　　　　　　　　　　　1 000
　　　　　　　　　——C 存货　　　　　　　　　　　　　　　　　　1 500

【请注意】存货可变现净值低于存货的实际成本金额并不一定就是本期应计提的存货跌价准备，而是截至目前，企业账面应当存在的存货跌价准备金额（即"存货跌价准备"账面余额）。如果应提金额大于已提金额，则应予以补提；反之，则应予以转回。

做中学 2-54 2×19 年 12 月 31 日，时达公司 A 商品的账面余额为 100 000 元。由于市场价格下跌，预计可变现净值为 80 000 元。

2×20 年 6 月 30 日，A 商品的账面余额为 100 000 元，已计提存货跌价准备 20 000 元。由于市场价格有所上升，使得 A 商品的预计可变现净值为 95 000 元。

2×20 年 12 月 31 日，A 商品的账面余额为 100 000 元，已计提存货跌价准备 5 000 元。由于市场价格有所上升，使得 A 商品的预计可变现净值为 120 000 元。

2×19 年 12 月 31 日，编制如下会计分录：

借：资产减值损失——计提的存货跌价准备　　20 000
　　贷：存货跌价准备　　　　　　　　　　　　　　20 000

2×20 年 6 月 30 日，编制如下会计分录：

借：存货跌价准备　　　　　　　　　　　　15 000
　　贷：资产减值损失——计提的存货跌价准备　　15 000

2×20 年 12 月 31 日，编制如下会计分录：

借：存货跌价准备　　　　　　　　　　　　5 000
　　贷：资产减值损失——计提的存货跌价准备　　5 000

【小提示】存货跌价准备转回时，转回的存货跌价准备与计提该准备的存货项目或类别应当存在直接对应关系，即导致存货跌价准备转回的是以前减记存货价值的影响因素的消失，而不是在当期造成存货可变现净值高于其成本的其他影响因素。

（三）存货跌价准备结转的会计处理

企业计提了存货跌价准备，如果其中有部分存货已经销售，则企业在结转销售成本时，应同时结转对其已计提的存货跌价准备。对于因债务重组、非货币性资产交换转出的存货，也应同时结转已计提的存货跌价准备。企业**结转存货销售成本**时，对于已计提存货跌价准备的，应借记"**存货跌价准备**"账户，贷记"**主营业务成本**""**其他业务成本**"等账户。

存货减值核算

做中学 2-55 时达公司 2×20 年年末库存 A 机器 4 台，每台成本为 5 000 元，已经计提的存货跌价准备合计为 5 000 元。2×21 年该公司将库存的 4 台机器全部以每台 6 000 元的价格售出，适用的增值税税率为 13%，货款已收到。时达公司相关账务处理如下。

收到销货款确认收入：

借：银行存款　　　　　　　　　　　　　　　　　　　　27 120
　　贷：主营业务收入　　　　　　　　　　　　　　　　　　24 000
　　　　应交税费——应交增值税（销项税额）　　　　　　　3 120

结转销售成本和存货跌价准备：

借：主营业务成本　　　　　　　　　　　　　　　　　　15 000
　　存货跌价准备——A 机器　　　　　　　　　　　　　　5 000
　　贷：库存商品——A 机器　　　　　　　　　　　　　　　20 000

任务实施

华盛公司会计张红应做如下账务处理。

可变现净值 =110-20-2=88（万元）

应计提存货跌价准备 =100-88=12（万元）

已提 5 万元，应提 7 万元：

借：资产减值损失   70 000

    贷：存货跌价准备——自制半成品   70 000

【任务小结】

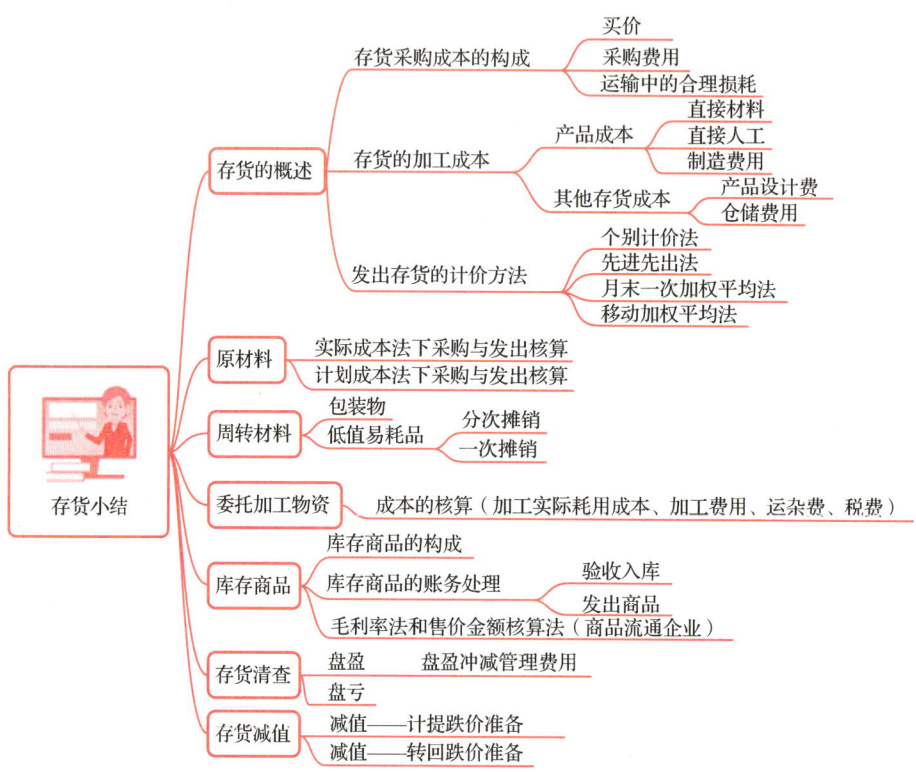

任务五　债权投资核算

任务导言

非流动资产是指不能在一年或超过一年的一个营业周期内变现或耗用的资产。非流动资产包括流动资产以外的债权投资、其他债权投资、长期应收款、长期股权投资、其他权益工具投资、其他非流动金融资产、投资性房地产、固定资产、在建工程、生产性生物资产、油气资产、使用权资产、无形资产、开发支出、商誉、长期待摊费用、递延所得税资产、其他非流动资产。

债权投资是指以摊余成本计量的金融资产中的债权投资。例如，企业投资普通债券通常可能符合本金加利息的合同现金流量的以摊余成本计量的金融资产，按照小企业会计准则的相关规定归类为长期债券投资进行核算与管理，即小企业准备长期（在一年以上）持有的债券投资。

任务描述

华盛公司 2020 年 3 月 1 日，购买了中山公司债券，债券期限为 5 年，面值为 100 万元，票面利率为 4%，华盛公司将其划分为债权投资。债券买价为 90 万元，交易费用为 1.58 万元，以银行存款支付，该债券每年年初付息一次。不考虑所得税、减值损失等因素，请会计张红做出相关账务处理。

一、债权投资概述

企业取得符合债权投资定义的金融资产应当确认为债权投资。取得时应当按照购买价款和相关税费作为成本进行计量。实际支付价款中包含的已到付息期但尚未领取的债券利息，应当单独确认为应收利息，不计入债权投资的成本。持有期间的摊余成本应当以其初始确认金额进行摊销形成的累计摊销额、扣除计提的累计信用减值准备计算确定。在持有期间发生的应收利息（实际利率法考虑溢、折价摊销等利息调整后）应当确认为投资收益。处置价款扣除其账面余额、相关税费后的净额，应当计入投资收益。预期发生信用减值的还应计提债权减值准备。

二、债权投资核算的账户设置

为了核算和监督企业以摊余成本计量的债权投资业务，企业应设置"债权投资""债权投资减值准备"等账户。其中，"债权投资"账户核算企业债权投资的摊余成本。该账户属于资产类账户，具体账户结构如图 2-30 所示。

借方　　　债权投资　　　贷方
① 债权投资的面值　　　　① 折价取得成本低于面值的差额 ② 溢价取得成本高于面值的差额　② 溢价购入利息调整摊销金额 ③ 折价购入利息调整摊销金额　③ 企业债权投资结转的成本 ④ 期末确定的应计利息

图 2-30 "债权投资"账户结构

【请注意】 企业应当按照债权投资的类别和品种，分别设置"成本""利息调整""应计利息"等明细账户进行核算。

"债权投资减值准备"账户核算企业债权投资的减值准备。该账户是"债权投资"账户的备抵账户，贷方登记资产负债表日计提的债权投资减值准备；借方登记已计提减值准备的债权投资价值以后又得以恢复，在原已计提的减值准备金额内恢复增加的金额；期末贷方余额反映企业已计提但尚未转销的债权投资减值准备。该账户可按债权投资类别和品种进行明细核算。

三、债权投资的账务处理

（一）债权投资的取得

企业为购入债券而付出的买价可能等于债券的面值，也可能高于或低于债券的面值。债券购入价格等于债券的面值，称为按面值购入；若购入价格高于价格的面值，称为按溢价购入；购入价格低于债券的面值，称为按折价购入。

债权投资

企业取得债权投资资产时，应当以历史成本，即取得时的公允价值和相关交易费用之和作为初始确认金额，实际支付的价款中包含的已到付息期但尚未领取的债券利息，应单独确认为应收项目。

企业取得债权投资时，应按债券的面值，借记"债权投资——成本"账户，按支付的价款中包含的已到付息期但尚未领取的债券利息，借记"应收利息"账户；按实际支付的金额，贷记"银行存款"或"其他货币资金——存出投资款"等账户；按其差额，借记或贷记"债权投资——利息调整"账户。

做中学 2-56 时达公司 2×22 年年初购入中天公司 2×21 年初发行的公司债券，时达公司将其认定为债权投资。该债券面值 1 000 万元，票面年利率为 10%，每年年末付息，到期还本，时达公司以银行存款支付买价 1 100 万元，经纪人佣金及手续费 5 万元，中天公司于 2×21 年年末应结付利息仍未支付，则时达公司应做如下账务处理。

债权投资的入账成本 =1 100-1 000×10%+5=1 005（万元）

编制如下会计分录：（以下会计分录的金额单位为万元）

借：债权投资——成本   1 000

      ——利息调整   5

   应收利息   100

   贷：银行存款   1 105

【请注意】 债权投资的入账成本要与交易性金融资产区分开，关键在于交易费用的处理上。

（二）债权投资的利息

企业会计准则债权投资采用实际利率法进行后续计量，小企业会计准则中小企业长期债券投资采用直线法进行后续计量。实际利率法，是指计算金融资产的摊余成本及将利息收入分摊计入各会计期间的方法。直线法是指债券投资的折价或溢价在债券存续期间确认相关债券利息收入时采用直线法进行摊销。摊余成本，是指该金融资产的初始确认金额经过下列调整后的结果：一是扣除已偿还的本金；二是加上或减去采用实际利率将该初始确认金额与到期金额之间的差额进行摊销形成的累计摊销额；三是扣除已发生的减值损失。用公式表示如下：

期末摊余成本 = 期初摊余成本 + 投资收益 - 应收利息 - 已收回的本金 - 已发生的减值损失

投资收益 = 期初摊余成本 × 实际利率 × 期限

应收利息 = 债券面值 × 票面利率 × 期限

在资产负债表日，借记"应收利息"账户（分次付息）或"债权投资——应计利息"账户（一次付息）（票面利息 = 面值×票面利率）；贷记"投资收益"账户（期初债券摊余成本×实际利率），借或贷记"债权投资——利息调整"账户（折价前提下，一般倒挤在借方；溢价前提下，一般倒挤在贷方）。

做中学 2-57 时达公司 2×22 年年初购买了一项债券，剩余年限 3 年，划分为以摊余成本计量的金融资产，买价 90 万元，另付交易费用 4 万元，该债券面值为 100 万元，票面利率为 4%，每年年末付息，到期还本，此债权投资的实际利率为 6.26%。时达公司应做如下账务处理。（以下会计分录的金额单位为万元）

① 2×22 年年初购入该债券：

借：债权投资——成本   100

   贷：银行存款   94

　　债权投资——利息调整　　　　　　　　　　　　　　　　　　　　6

② 每年利息收益计算过程如表 2-8 所示。

表 2-8　利息收益计算　　　　　　　　　　　　　　　　单位：万元

年　份	年初摊余成本①	利息收益②＝①×r	现金流入③	年末摊余成本④＝①＋②－③
2022	94	5.88	4	95.88
2023	95.88	6	4	97.88
2024	97.88	⑤ 6.12	104	0

说明：⑤数据采取倒挤的方法认定，否则会出现计算偏差。

具体计算过程为：6.12＝104-97.88

每年的会计分录编制如下：（以下会计分录的金额单位为万元）

借：应收利息（③）　　　　　　　　　　　　　　　　　　　4

　　债权投资——利息调整（②-③）　　　　　　　　　　　　1.88

　　贷：投资收益（②）　　　　　　　　　　　　　　　　　　5.88

收到利息：

借：银行存款（③）　　　　　　　　　　　　　　　　　　　4

　　贷：应收利息（③）　　　　　　　　　　　　　　　　　　4

③ 到期：

借：银行存款　　　　　　　　　　　　　　　　　　　　　100

　　贷：债权投资——成本　　　　　　　　　　　　　　　　100

　　小企业应当设置"长期债券投资"账户核算小企业准备长期（一年以上）持有的债券投资。该账户应按照债券种类和被投资单位，分别设置"面值""溢折价""应计利息"等明细账户进行核算。

做中学 2-58　东华公司为一家小企业。2×19 年 1 月 1 日，从二级市场购入长山公司债券，支付价款合计 510 000 万元（含已宣告但尚未领取的利息 10 000 元），另支付交易费用 10 000 元。该债券面值 500 000 元，剩余期限 2 年，票面利率 4%，每半年付息一次，东华公司准备持有至到期，作为长期债券投资进行核算与管理。东华公司应做如下账务处理。

① 2×19 年 1 月 1 日购入该债券：

借：长期债券投资——面值　　　　　　　　　　　　　500 000

　　　　　　　　——溢折价　　　　　　　　　　　　　10 000

　　应收利息　　　　　　　　　　　　　　　　　　　　10 000

　　贷：银行存款　　　　　　　　　　　　　　　　　　520 000

【小提示】交易费用在"长期债券投资——溢折价"明细账户核算，在以后确认投资收益时采用直线法摊销。

② 2×19 年 1 月 5 日收到利息：

借：银行存款　　　　　　　　　　　　　　　　　　　　10 000

　　贷：应收利息　　　　　　　　　　　　　　　　　　　10 000

③ 2×19 年 6 月 30 日、12 月 31 日和 2×20 年 6 月 30 日、12 月 31 日确认投资收益：

借：应收利息　　　　　　　　　　　　　　　　　　　　10 000

　　贷：长期债券投资——溢折价　　　　　　　　　　　　2 500

| | 投资收益 | | 7 500 |

④ 2×19 年 7 月 5 日和 2020 年 1 月 5 日及 2×20 年 7 月 5 日，分别收到利息：

借：银行存款　　　　　　　　　　　　　　　　　　　　　　　10 000
　　贷：应收利息　　　　　　　　　　　　　　　　　　　　　　　　10 000

⑤ 2×21 年 1 月 5 日收到利息和本金：

借：银行存款　　　　　　　　　　　　　　　　　　　　　　　510 000
　　贷：应收利息　　　　　　　　　　　　　　　　　　　　　　　　10 000
　　　　长期债券投资——面值　　　　　　　　　　　　　　　　　　500 000

【小提示】企业债权投资减值处理，应借记"信用减值损失"账户，贷记"债权投资减值准备"账户。小企业应按其账面余额减除可收回的金额后确认的无法收回的长期债券投资，作为长期债券投资损失处理，应当于实际发生时计入营业外支出，同时冲减长期债券投资账面价值。

任务实施

华盛公司会计张红应做如下会计分录：

借：债权投资——成本　　　　　　　　　　　　　　　　　　　1 000 000
　　贷：债权投资——利息调整　　　　　　　　　　　　　　　　　　84 200
　　　　银行存款　　　　　　　　　　　　　　　　　　　　　　　915 800

【任务小结】

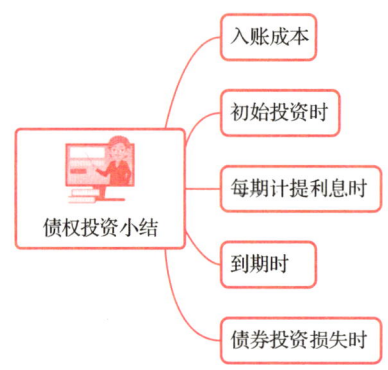

- 债权投资小结
  - 入账成本
  - 初始投资时
  - 每期计提利息时
  - 到期时
  - 债券投资损失时

任务六　长期股权投资核算

任务导言

　　长期股权投资是指投资方对被投资单位实施控制、重大影响的权益性投资，以及对其合营企业的权益性投资。投资企业能够对被投资单位实施控制的权益性投资，即对子公司投资，被投资单位为本企业的子公司；投资企业对被投资单位且有重大影响的权益性投资，即对联营企业投资，被投资单位为本企业的联营企业；投资企业与其他合营方一同对被投资单位实施共同

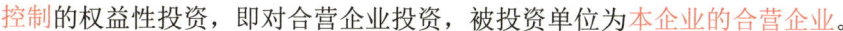

控制的权益性投资，即对合营企业投资，被投资单位为本企业的合营企业。

任务描述

华盛公司 2020 年 3 月 1 日，购买了中天公司股票 500 000 股作为长期投资，占中山公司 10% 的股份，每股买入价为 8 元，另支付相关税费 20 000 元。款项已由银行存款支付，并准备长期持有。假定华盛公司在取得中天公司股权后，对公司的财务和经营决策不具有控制、共同控制或重大影响。请会计张红做出相关账务处理。

一、长期股权投资概述

长期股权投资在持有期间，根据投资企业对被投资单位的影响程度及是否存在活跃市场、公允价值能否可靠计量等，应当分别采用成本法或权益法进行核算。长期股权投资在持有期间，因各方面情况的变化，可能导致其核算需要由一种方法转换为另外的方法。其具体核算方法如表 2-9 所示。

表 2-9　长期股权投资核算方法

投资方和被投资方的关系	持投比例	投资方核算方法	是否纳入合并范围
控制（子公司）	大于 50%	成本法	子公司纳入合并范围
重大影响（联营企业）	20%～50%（含 20%、50%）	权益法	不纳入合并范围
共同控制（合营企业）	两方或多方对被投资方持股比例相同	权益法	不纳入合并范围
备注	表中的 20% 和 50% 的投资比例只是一个形式，最终要根据实质重于形式会计信息质量要求进行判断。共同控制无法用准确的投资比例段来表达。20% 以下一般执行《企业会计准则第 22 号——金融工具确认与计量》		

（一）长期股权投资的初始计量

1. 以合并方式取得的长期股权投资

同一控制下企业合并形成的长期股权投资，合并方以支付现金、转让非现金资产或承担债务方式作为合并对价的，应在合并日按取得被合并方所有者权益在最终控制方合并财务报表中的账面价值的份额作为初始投资成本计量。非同一控制下企业合并形成的长期股权投资，购买方以支付现金、转让非现金资产或承担债务方式等作为合并对价的，按照确定的企业合并成本进行初始计量；购买方以发行权益性证券作为合并对价的应在购买日按照发行的权益性证券的公允价值作为初始投资成本计量；企业为企业合并发生的审计、法律服务、评估咨询等中介费用及其他相关管理费用应作为当期损益计入管理费用。

2. 以非合并方式取得的长期股权投资

以支付现金、非现金资产等其他方式取得的长期股权投资，应按现金、非现金货币性资产的公允价值作为初始投资成本计量；以发行权益性证券取得的长期股权投资应当按照发行的权益性证券的公允价值作为初始投资成本计量。

3. 小企业的长期股权投资应当按照成本进行计量

以支付现金取得的长期股权投资，应当按照购买价款和相关税费作为成本进行计量。实际支付价款中包含的已宣告但尚未发放的现金股利，应当单独确认为应收股利，不计入长期股权投资的成本。通过非货币性资产交换取得的长期股权投资，应当按照换出非货币性资产的评估价值和相关税费作为成本进行计量。

（二）长期股权投资的后续计量

① 成本法，是指长期股权投资日常核算按投资成本计价的一种方法。其特点是除追加投资或收回投资外，长期股权投资的账面价值一般应当保持不变；除取得投资时实际支付的价款或对价中包含的已宣告但尚未发放的现金股利或利润外，投资企业应当按照被投资单位宣告发放的现金股利或利润中应享有的份额确认投资收益。

② 权益法，是指取得长期股权投资以初始投资成本计价，后续根据投资企业享有被投资单位所有者权益份额的变动相应对其投资的账面价值进行调整的一种方法。其特点是长期股权投资的账面价值与享有被投资单位所有者权益的份额相对应。

二、长期股权投资核算的账户设置

为了核算和监督长期股权投资增减变动及结余情况，企业应设置"长期股权投资""应收股利""投资收益""其他综合收益""长期股权投资减值准备"等账户。"长期股权投资"账户属于资产类账户，具体账户结构如图 2-31 所示。

借方	长期股权投资	贷方
取得股权时的实际投资成本或享有被投资单位权益的增加金额		享有被投资单位权益的减少金额或股权投资处置成本
反映企业持有的长期股权投资的价值		

图 2-31 "长期股权投资"账户结构

【请注意】 权益法下，"长期股权投资"账户还应当分别设置"投资成本""损益调整""其他权益变动"等明细账户进行核算。

三、长期股权投资的账务处理

（一）长期股权投资初始计量

1. 企业合并形成的长期股权投资

（1）同一控制下企业合并

同一控制下企业合并实质是集团内部资产重新配置与账面调拨，仅涉及集团内部不同企业间资产和所有者权益的变动，不具有商业实质，不产生经营性损益和非经营性损益。

① 合并方以支付现金、转让非现金资产或承担债务方式作为合并对价的，应在合并日按取得被合并方所有者权益在最终控制方合并财务报表中的账面价值的份额，借记"长期股权投资"账户（投资成本）；按支付的合并对价的账面价值，贷记或借记有关资产、负债账户；按其差额，贷记"资本公积——资本溢价或股本溢价"账户。如为借记差额，借记"资本公积——资本溢价或股本溢价"账户；资本公积不足冲减的，应依次冲减"盈余公积""利润分配——未分配利润"账户。

长期股权投资

做中学 2-59 时达公司与华天公司为同一母公司最终控制下的两家公司。2×20 年 6 月 30 日，时达公司向其母公司支付现金 43 400 000 元，取得母公司拥有的华天公司 100% 的股权，于当日起能够对华天公司实施控制。合并后华天公司仍维持其独立法人地位继续经营。2×20 年 6 月 30 日母公司合并报表中华天公司净资产账面价值为 40 000 000 元。时达公司和华天公司合并前采用的会计政策相同。假定不考虑相关税费等其他影响因素。合并日时达公司应做如下会计分录：

  借：长期股权投资——华天   40 000 000

    资本公积——股本溢价   3 400 000

    贷：银行存款   43 400 000

 ② 合并方以发行权益性证券作为合并对价的，应当在合并日按照被合并方所有者权益在最终控制方合并财务报表中的账面价值的份额，借记"长期股权投资"账户（投资成本）；按发行股份的面值总额，贷记"股本"账户；按其差额，贷记"资本公积——资本溢价或股本溢价"账户。如为借记差额，借记"资本公积——资本溢价或股本溢价"账户；资本公积不足冲减的，应依次冲减"盈余公积""利润分配——未分配利润"账户。

做中学 2-60 时达公司与华天公司为同一母公司最终控制下的两家公司。2×20 年 6 月 30 日，时达公司向其母公司发行 10 000 000 股普通股（每股面值 1 元，每股公允价值 4.34 元），取得母公司拥有的华天公司 100% 的股权，于当日起对华天公司实施控制。合并后华天公司仍维持其独立法人地位继续经营。2×20 年 6 月 30 日，母公司合并报表中华天公司的净资产账面价值为 40 000 000 元。时达公司和华天公司合并前采用的会计政策相同。假定不考虑相关税费等其他影响因素。合并日时达公司应做如下会计分录：

  借：长期股权投资——华天   40 000 000

    贷：股本   10 000 000

      资本公积——股本溢价   30 000 000

（2）非同一控制下企业合并

非同一控制下的企业合并实质是不同市场主体间的产权交易，购买方如果以转让非现金资产方式作为对价的，实质是转让或处置了非现金资产，具有商业实质性质，产生经营性或非经营性损益。

 ① 购买方以支付现金、转让非现金资产或承担债务方式等作为合并对价的，应在购买日按照现金、非现金货币性资产的公允价值作为初始投资成本计量确定合并成本，借记"长期股权投资"账户（投资成本）；按付出的合并对价的账面价值，贷记或借记有关资产、负债账户；按发生的直接相关费用（如资产处置费用），贷记"银行存款"等账户；按其差额，贷记"主营业务收入""资产处置损益""投资收益"等账户或借记"管理费用""资产处置损益""主营业务成本"等账户。

做中学 2-61 时达公司与东海公司为非同一控制下的两家独立公司。2×20 年 6 月 30 日，时达公司以其拥有的固定资产对东海公司投资，取得东海公司 60% 的股权。该固定资产原值 1 500 万元，已累计提折旧 400 万元，已计提减值准备 50 万元，投资日该固定资产的公允价值为 1 250 万元。2×20 年 6 月 30 日，东海公司的可辨认净资产公允价值为 2 000 万元。假定不考虑相关税费等其他因素影响。投资日，时达公司应做如下会计分录：

  借：长期股权投资——东海   12 500 000

累计折旧	4 000 000
固定资产减值准备	500 000
贷：固定资产	15 000 000
资产处置损益	2 000 000

② 购买方以发行权益性证券作为合并对价的，应在购买日按照发行的权益性证券的公允价值，借记"长期股权投资"账户（投资成本）；按发行的权益性证券的面值总额，贷记"股本"账户；按其差额，贷记"资本公积——资本溢价或股本溢价"账户。企业为合并发生的审计、法律服务、评估咨询等中介费用及其他相关管理费用，应于发生时借记"管理费用"等账户，贷记"银行存款"等账户。

做中学 2-62 时达公司与东海公司为非同一控制下的两家独立公司。2×20 年 6 月 30 日，时达公司以发行普通股 9 000 万股取得东海公司有表决权股份的 60%。该股票面值为每股 1 元，市场发行价格为 5 元。向证券承销机构支付股票发行相关税费 1 350 万元。假定不考虑相关税费等其他因素影响。时达公司应做如下账务处理。

投资日：

借：长期股权投资——东海	450 000 000
贷：股本	90 000 000
资本公积——股本溢价	360 000 000

支付发行相关税费：

借：资本公积——股本溢价	13 500 000
贷：银行存款	13 500 000

2. 以非企业合并方式形成的长期股权投资

企业以非企业合并方式形成的长期股权投资，其实质是进行权益投资性质的商业交易。以支付现金、非现金资产等其他方式取得的长期股权投资，应按现金、非现金货币性资产的公允价值或按照非货币性资产交换或债务重组准则确定的初始投资成本，借记"长期股权投资"账户，贷记"银行存款"等账户，贷记或借记"资产处置损益"等账户。按照小企业会计准则的规定，资产处置损益应分别借记"营业外支出"账户或贷记"营业外收入"账户。

做中学 2-63 南山公司与远大公司为非同一控制下的两家独立小型有限责任股份公司。2×20 年 6 月 30 日，南山公司以支付现金 200 万元取得远大公司有表决权股份的 20%。南山公司准备长期持有。假定不考虑其他因素影响。购买日，南山公司应做如下会计分录：

借：长期股权投资——远大	2 000 000
贷：银行存款	2 000 000

（二）长期股权投资后续计量

1. 采用成本法

长期股权投资采用成本法核算时，应按被投资单位宣告发放的现金股利或利润中属于投资企业的部分，借记"应收股利"账户，贷记"投资收益"账户。

做中学 2-64 承"做中学 2-63"，2×20 年 12 月 31 日，远大公司利润表显示当年实现净利润 100 万元。2×21 年 2 月 15 日，远大公司发布经股东会批准的利润决算报告，决定分配现金股利 60 万元，并于 2×21 年 3 月 15 日发放了全部股利。

南山公司对远大公司的股权投资采用成本法核算，2×20 年 12 月 31 日被投资方当年实现净利润，南山公司不需要做会计处理。2×21 年 2 月 15 日被投资方发布利润分配公告，南山公司应编制如下会计分录：

借：应收股利 120 000
　　贷：投资收益 120 000

2×21 年 2 月 15 日，收到远大公司发放的股利时，南山公司应编制如下会计分录：

借：银行存款 120 000
　　贷：应收股利 120 000

2. 采用权益法

企业的长期股权投资采用权益法核算的，应当分下列情况进行处理。

① 被投资单位可辨认净资产公允价值发生变动的账务处理。长期股权投资的初始投资成本大于投资时应享有被投资单位可辨认净资产公允价值份额的，不调整已确认的初始投资成本；长期股权投资的初始投资成本小于投资时应享有被投资单位可辨认净资产公允价值份额的，应按其差额，借记"长期股权投资"账户（投资成本），贷记"营业外收入"账户。

② 被投资单位实现盈利或发生亏损的账务处理。资产负债表日，企业应按被投资单位实现的净利润（以取得投资时被投资单位可辨认净资产的公允价值为基础计算）中企业享有的份额，借记"长期股权投资"账户（损益调整），贷记"投资收益"账户。被投资单位发生亏损则做相反的账务处理，但以"长期股权投资"账户的账面价值减记至零为限；还需承担的投资损失，应以对被投资单位净投资的"长期应收款"等账户的账面价值减记至零为限；除按照以上步骤已确认的损失外，按照投资合同或协议约定将承担的损失，应确认为预计负债。除上述情况外，仍未确认的应分担被投资单位以后实现净利润的，应按与上述相反的顺序进行处理。

做中学 2-65　2×20 年 12 月 31 日，时达公司持有新华公司发行在外的普通股为 15 000 万股，拥有新华公司 30% 的股份。新华公司经审计的年度利润表中当年实现净利润 45 000 万元。时达公司应做如下会计分录：

借：长期股权投资——新华公司（损益调整） 13 500 000
　　贷：投资收益 13 500 000

③ 被投资单位分配股利或利润的账务处理。取得长期股权投资后，被投资单位宣告发放现金股利或利润时，企业计算应分得的部分，借记"应收股利"账户，贷记"长期股权投资（损益调整）"账户。收到被投资单位发放的股票股利，不做账务处理，但应在备查簿中登记。应先弥补未确认的投资损失，弥补损失后仍有余额的，依次借记"长期股权投资（损益调整）"账户和"长期应收款"账户，贷记"投资收益"账户。

做中学 2-66　承"做中学 2-65"，2×21 年 3 月 20 日，新华公司经股东大会批准，宣告 2×20 年度现金股利分配方案为每 10 股 2 元。时达公司于 2×21 年 4 月 20 日收到现金股利。不考虑所得税等相关因素影响。时达公司应做如下会计分录：

借：应收股利 30 000 000
　　贷：长期股权投资——新华公司（损益调整） 30 000 000
借：银行存款 30 000 000
　　贷：应收股利 30 000 000

④ 被投资单位除净损益、利润分配外的其他综合收益变动或所有者权益的其他变动，企业按持股比例计算应享有的份额，借记"长期股权投资"账户（其他综合收益或其他权益变动），贷记"其他综合收益"或"资本公积——其他资本公积"账户。

（三）计提长期股权投资减值准备

资产负债表日，企业根据资产减值相关要求确定长期股权投资发生减值的，按应减记的金额，借记"资产减值损失"账户，贷记"长期股权投资减值准备"账户。处置长期股权投资时，应同时结转已计提的长期股权投资减值准备。

小企业发生长期股权投资减值损失采用直接转销法核算。根据小企业会计准则的规定确认实际发生的长期股权投资损失，应当按照可收回的金额借记"银行存款"账户，按其账面余额贷记"长期股权投资"账户，按其差额借记"营业外支出"账户。

（四）处置长期股权投资

处置长期股权投资时，应按实际收到的金额，借记"银行存款"等账户，原已计提减值准备的，借记"长期股权投资减值准备"账户，按其账面余额，贷记"长期股权投资"账户，按尚未领取的现金股利或利润，贷记"应收股利"账户，按其差额，贷记或借记"投资收益"账户。处置采用权益法核算的长期股权投资时，应当采用与被投资单位直接处置相关资产或负债相同的基础，对相关的其他综合收益进行账务处理。对于应转入当期损益的其他综合收益，应按结转的长期股权投资的投资成本比例结转原记入"其他综合收益"账户的金额，借记或贷记"其他综合收益"账户，贷记或借记"投资收益"账户。处置采用权益法核算的长期股权投资时，还应按结转的长期股权投资的投资成本比例结转原记入"资本公积——其他资本公积"账户的金额，借记或贷记"资本公积——其他资本公积"账户，贷记或借记"投资收益"账户。

任务实施

华盛公司会计张红应做如下会计分录：

借：长期股权投资——中天   4 020 000

  贷：其他货币资金——存出投资款   4 020 000

【任务小结】

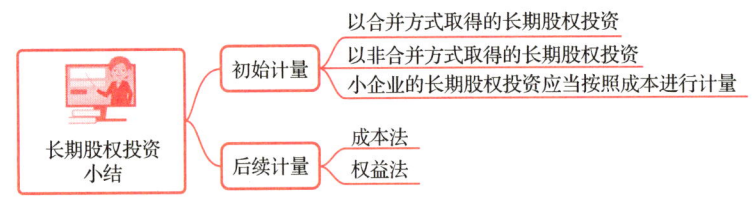

任务七　投资性房地产核算

任务导言

投资性房地产，是指为赚取租金或资本增值，或者两者兼有而持有的房地产。投资性房地产是企业的一种经营性活动，企业持有投资性房地产的目的主要有赚取租金和资本增值。资本增值是指资产负债表日投资性房地产的价值减去转作或购置时的价值或价格后增加或损失的价值。投资性房地产的租金和资本增值情况，与国内外市场供求、经济发展、房地产市场波动、国家对房地产市场的管控及其政策变化等众多经济、政治、法律等因素密切相关。加强投资性房地产的会计核算与监督管理，对于落实投资性房地产经管责任、提高管理效率和投资效益、防范投资风险等具有十分重要的作用和意义。

任务描述

华盛公司 2020 年 3 月 1 日与中天公司签订了经营租赁合同，约定自写字楼购买之日起将这栋写字楼出租给中天公司，为期 6 年。4 月 1 日，中天公司实际购入写字楼，买价 30 000 000 元，增值税 2 700 000 元。假设不考虑其他因素，华盛公司采用成本模式进行后续计量。请会计张红做出相关账务处理。

一、投资性房地产概述

投资性房地产的主要项目有：

① 已出租的土地使用权。已出租的土地使用权，是指企业通过出让或转让方式取得并以经营租赁方式出租的土地使用权。对以经营租赁方式租入土地使用权再转租给其他单位的，不能确认为投资性房地产。

② 持有并准备增值后转让的土地使用权。持有并准备增值后转让的土地使用权，是指企业通过出让或转让方式取得的并准备增值后转让的土地使用权。按照国家有关规定认定的闲置土地，不属于持有并准备增值后转让的土地使用权。

③ 已出租的建筑物。已出租的建筑物，是指企业拥有产权并以经营租赁方式出租的房屋等建筑物，包括自行建造或开发活动完成后用于出租的建筑物。企业以经营租赁方式租入建筑物再转租的建筑物不属于投资性房地产。企业将建筑物出租，按租赁协议向承租人提供的相关辅助服务在整个协议中不重大的，如企业将办公楼出租并向承租人提供保安、维修等辅助服务，应将该建筑物确认为投资性房地产。

如果某项房地产部分用于赚取租金或资本增值，部分用于生产商品、提供劳务或经营管理，能够单独计量和出售的、用于赚取租金或资本增值部分，应当确认为投资性房地产。

企业自用房地产和作为存货的房地产不属于投资性房地产。例如，企业拥有并自行经营的旅馆饭店，其经营目的主要是通过提供客房服务赚取服务收入的，该旅馆饭店不确认为投资性房地产。

二、投资性房地产核算的账户设置

为了核算和监督投资性房地产的取得、计提折旧或摊销、公允价值变动和处置等情况，企业应按照成本模式和公允价值模式分别设置"投资性房地产"等账户。"投资性房地产"账户属于资产类账户，具体账户结构如图2-32所示。

借方	投资性房地产	贷方
投资性房地产增加	投资性房地产减少	
反映企业投资性房地产的价值		

图2-32 "投资性房地产"账户结构

【请注意】"投资性房地产"账户应当设置"成本""公允价值变动"等明细账户进行核算。投资性房地产账户的设置如表2-10所示。

表2-10 投资性房地产账户设置

账户设置	成本模式	公允价值模式
初始核算	设置"投资性房地产"账户，核算其实际成本及其增减变化，按具体项目（如厂房、已出租土地使用权等）设置明细账户	设置"投资性房地产——成本"账户，核算其实际成本及其增减变化
后续核算	①设置"投资性房地产累计折旧"和"投资性房地产累计摊销"账户，分别核算计提折旧或计提摊销；②设置"投资性房地产减值准备"账户，核算计提的减值准备	①设置"投资性房地产——公允价值变动"账户，核算公允价值增减变动；②设置"公允价值变动损益"账户，核算投资性房地产公允价值变动损益；③设置"其他综合收益"账户，核算非投资性房地产转换为投资性房地产转换日的公允价值大于账面价值的差额
处置核算	设置"其他业务收入"和"其他业务成本"账户，核算处置收益和成本	设置"其他业务收入"和"其他业务成本"账户，核算处置收益和结转的成本

三、投资性房地产的确认与计量

（一）投资性房地产的确认

1. 投资性房地产的确认条件

投资性房地产在符合其定义的前提下，同时满足下列条件的予以确认：

① 与该投资性房地产有关的经济利益很可能流入企业，即有证据表明企业能够获取租金或资本增值，或两者兼而有之；

② 该投资性房地产的成本能够可靠计量。

2. 投资性房地产的确认时点

① 对已出租的土地使用权、已出租的建筑物，其作为投资性房地产的确认时点一般为租赁开始日，即土地使用权、建筑物进入出租状态、开始赚取租金的日期。但对企业持有以备经营出租的空置建筑物，董事会或类似机构做出书面决议，明确表明将其用于经营出租且持有意图短期内不再发生变化的，即使尚未签订租赁协议，也应视为投资性房地产。

② 对持有并准备增值后转让的土地使用权，其作为投资性房地产的确认时点为企业将自用土地使用权停止自用、准备增值后转让的日期。

（二）投资性房地产的计量

投资性房地产的计量分为成本模式和公允价值模式两种。

① 成本模式是指投资性房地产的初始计量和后续计量均采用实际成本进行核算，外购、自行建造等按照初始购置或自行建造的实际成本计量，后续发生符合资本化条件的支出计入账面成本，后续计量按照固定资产或无形资产的相关规定按期计提折旧或摊销，资产负债表日发生减值的计提减值准备。

② 公允价值模式是指投资性房地产初始计量采用实际成本核算，后续计量按照投资性房地产的公允价值进行计量。按准则规定，只有存在确凿证据表明投资性房地产的公允价值能够持续可靠取得的情况下，企业才可以采用公允价值进行后续计量。可靠证据是指投资性房地产所在地有活跃的房地产交易市场，企业能够从活跃的交易市场上取得同类或类似房地产的市场价格及其他相关信息，从而能对投资性房地产的公允价值做出合理的估计。企业一旦选择采用公允价值模式，就应当对其所有投资性房地产均采用公允价值模式进行后续计量。

两种模式的会计核算结果及其经济后果存在一定的差异。成本模式下会计核算结果的可靠性和可控性较高，会计处理比较简单，不同会计期间会计资料的可比性较强，便于监督管理；公允价值模式下取得公允价值的确凿证据相对较为困难，对会计职业判断的要求高，会计核算结果的可靠性和可控性较低，会计处理较为复杂，对会计监督管理的要求很高。准则规定，企业通常采用成本模式对投资性房地产进行后续计量，对采用公允价值模式的条件做了限制性规定，且同一企业只能采用一种模式对所有投资性房地产进行后续计量，不得同时采用两种计量模式。企业可以从成本模式变更为公允价值模式，已采用公允价值模式不得转为成本模式。

四、投资性房地产的账务处理

（一）取得投资性房地产

企业取得投资性房地产，在成本模式下或公允价值模式下均应按照取得时的实际成本核算。

1.外购的投资性房地产

企业外购的土地使用权和建筑物，按照取得时的实际成本进行初始计量，借记"投资性房地产"账户，贷记"银行存款"等账户。取得时的实际成本包括购买价款、相关税费和可直接归属于该资产的其他支出。

企业购入的房地产，部分用于出租（或资本增值）、部分自用，用于出租（或资本增值）的部分应当予以单独确认的，应按照不同部分的公允价值占公允价值总额的比例将成本在不同部分之间进行分配。

 2×21年1月，时达公司计划购入一栋写字楼用于对外出租。2月1日，时达公司与中天公司签订了经营租赁合同，约定自写字楼购买日起将该栋写字楼出租给中天公司，为期5年。3月1日，时达公司实际购入写字楼，支付价款共计1 200万元。不考虑相关税费及其他因素影响。时达公司应做如下会计分录：

借：投资性房地产——写字楼　　　　　　　　　　　　　　　　12 000 000
　　贷：银行存款　　　　　　　　　　　　　　　　　　　　　　　　12 000 000

2.自行建造的投资性房地产

在采用成本模式计量下，自行建造的投资性房地产，其成本由建造该项资产达到预定可使

用状态前发生的必要支出构成，包括土地开发费、建筑成本、安装成本、应予以资本化的借款费用、支付的其他费用和分摊的间接费用等。建造过程中发生的非正常性损失直接计入当期损益，不计入建造成本。按照建造过程中发生的成本，借记"投资性房地产"账户，贷记"银行存款"账户。

做中学 2-68 2×21年1月，时达公司从其他单位购入一块使用年限50年的土地，并在此土地上开始自行建造两栋厂房。2×21年11月，时达公司预计厂房即将完工，与新华公司签订了经营租赁合同，将其中的一栋厂房租赁给新华公司使用。合同约定于厂房完工交付使用时开始起租，租期6年，每年年末支付租金288万元。2×21年12月两栋厂房同时完工交付使用。该土地所有权的成本为900万元，至2×21年12月，该土地使用权已累计摊销16.5万元；两栋厂房的实际造价成本为1 200万元，能够单独出售。不考虑相关税费及其他因素影响。时达公司应做如下会计分录：

```
借：固定资产——厂房                              12 000 000
    投资性房地产——厂房                          12 000 000
    贷：在建工程——厂房                                      24 000 000
借：投资性房地产——已出租土地使用权               4 500 000
    累计摊销                                        82 500
    贷：无形资产——土地使用权                                 4 500 000
        投资性房地产累计摊销                                    82 500
```

3. 自用房地产或存货转换为采用公允价值模式计量的投资性房地产

自用房地产或存货转换为采用公允价值模式计量的投资性房地产，该项投资性房地产应当按照转换日的公允价值计量。转换日的公允价值小于原账面价值的，其差额计入当期损益（公允价值变动损益）；转换日的公允价值大于原账面价值的，其差额作为其他综合收益核算。处置该项投资性房地产时，原计入其他综合收益的部分应转入当期损益。

（二）投资性房地产后续核算的账务处理

1. 采用成本模式下的投资性房地产

成本模式下，应当按照投资性房地产的实际成本进行计量，在持有期间比照固定资产或无形资产的相关规定计提折旧或摊销；存在减值迹象的，应当按照资产减值的相关规定处理。

做中学 2-69 2×21年1月，时达公司一栋写字楼出租给中天公司使用，已确认为投资性房地产，采用成本模式计量。这栋写字楼成本36 000 000元，按照直线法计提折旧，使用寿命为20年，预计净残值为0。按照经营租赁合同，时达公司每月支付中天公司租金80 000元，增值税税率为9%。时达公司应做如下账务处理。

① 每月计提折旧：
```
借：其他业务成本                                    150 000
    贷：投资性房地产累计折旧                                   150 000
```
② 每月确认应收租金收入：
```
借：其他应收款（或银行存款）                         87 200
    贷：其他业务收入                                           80 000
        应交税费——应交增值税（销项税额）                         7 200
```

2. 公允价值模式下的投资性房地产

采用公允价值模式计量，企业应设置"投资性房地产——成本""投资性房地产——公允价值变动""公允价值变动损益——投资性房地产"等账户。采用公允价值模式进行后续计量，投资性房地产不应计提折旧或摊销。

做中学 2-70 2×21 年 1 月，中天公司购入一栋写字楼，支付价款共计 100 000 000 元，与公允价值金额相同，出租给新华公司使用。2×21 年 12 月 31 日，写字楼公允价值为 102 000 000 元。采用公允价值模式计量。中天公司应做如下账务处理。

① 购入写字楼：

借：投资性房地产——成本　　　　　　　　　　　　　　　　　　100 000 000

　　贷：银行存款　　　　　　　　　　　　　　　　　　　　　　　100 000 000

② 2×21 年 12 月 31 日，按照公允价值为基础调整其账面价值，公允价值与原账面价值之间的差额计入当期损益：

借：投资性房地产——公允价值变动　　　　　　　　　　　　　　2 000 000

　　贷：公允价值变动损益　　　　　　　　　　　　　　　　　　　2 000 000

（三）资性房地产处置的账务处理

企业出售、转让、报废投资性房地产或发生投资性房地产毁损，应当将处置收入扣除其账面价值和相关税费后的金额计入当期损益。（将实际收到的处置收入计入其他业务收入，所处置投资性房地产的账面价值计入其他业务成本。）

成本模式下，收到处置收入时，借记"银行存款"账户，贷记"其他业务收入""应交税费——应交增值税（销项税额）"账户；结转投资性房地产账面价值时，借记"其他业务成本""投资性房地产累计折旧（摊销）""投资性房地产减值准备"账户，贷记"投资性房地产"账户。

做中学 2-71 2×21 年 1 月，中天公司将其出租的写字楼采用成本模式计量。租赁期满后，中天公司将该写字楼出售给新华公司，合同价款为 400 000 000 元，增值税税率为 9%，新华公司已用银行存款付清。出售时，该栋写字楼成本为 340 000 000 元，已计提折旧 40 000 000 元。中天公司应做如下会计分录：

借：银行存款　　　　　　　　　　　　　　　　　　　　　　　　436 000 000

　　贷：其他业务收入　　　　　　　　　　　　　　　　　　　　　400 000 000

　　　　应交税费——应交增值税（销项税额）　　　　　　　　　　36 000 000

借：其他业务成本　　　　　　　　　　　　　　　　　　　　　　300 000 000

　　投资性房地产累计折旧（摊销）　　　　　　　　　　　　　　 40 000 000

　　贷：投资性房地产——写字楼　　　　　　　　　　　　　　　　340 000 000

公允价值模式下，按实际收到的款项，借记"银行存款"账户，贷记"其他业务收入""应交税费——应交增值税（销项税额）"账户；按当时投资性房地产的账面余额，借记"其他业务成本"账户，贷记"投资性房地产——成本""投资性房地产——公允价值变动"账户（也可能在借方）；将累计公允价值变动转入其他业务成本时，借记"公允价值变动损益"账户，贷记"其他业务成本"账户，或反之；将转换时原计入其他综合收益的部分转入其他业务成本时，借记"其他综合收益"账户，贷记"其他业务成本"账户。

【请注意】投资性房地产处置损益需关注公允价值模式下投资性房地产处置时"公允价值

变动损益"转"其他业务成本"不影响损益总额。

做中学 2-72 2×21 年 1 月 8 日，时达公司与华西公司签订租赁协议，将其开发的一栋写字楼出租给华西公司使用，租赁开始日为 2×21 年 1 月 10 日。该写字楼的账面余额为 350 000 000 元，公允价值为 370 000 000 元。2×21 年 12 月 31 日，该项投资性房地产的公允价值为 380 000 000 元。2×22 年 6 月租赁期满，时达公司收回该项投资性房地产，并以 480 000 000 元出售，出售款项已收讫。时达公司采用公允价值模式计量。假设不考虑其他相关税费。时达公司应做如下账务处理。

① 2×21 年 1 月 10 日，存货转换为投资性房地产：

借：投资性房地产——成本   370 000 000

  贷：开发产品   350 000 000

    其他综合收益   20 000 000

② 2×21 年 12 月 31 日，公允价值变动：

借：投资性房地产——公允价值变动   10 000 000

  贷：公允价值变动损益   10 000 000

③ 2×22 年 6 月，出售投资性房地产：

借：银行存款   523 200 000

  贷：其他业务收入   480 000 000

    应交税费——应交增值税（销项税额） 43 200 000

借：其他业务成本   380 000 000

  贷：投资性房地产——成本   370 000 000

        ——公允价值变动 10 000 000

同时：

借：公允价值变动损益   10 000 000

  其他综合收益   20 000 000

  贷：其他业务成本   30 000 000

任务实施

华盛公司会计张红应做如下会计分录：

借：投资性房地产——写字楼   30 000 000

  应交税费——应交增值税（进项税额） 2 700 000

  贷：银行存款   32 700 000

【任务小结】

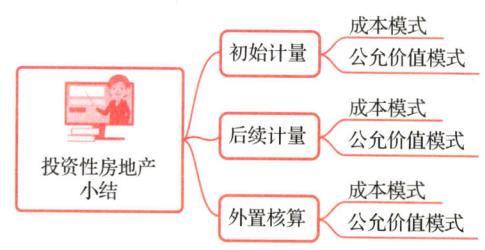

任务八　固定资产核算

任务导言

固定资产，是指为生产商品、提供劳务、出租或经营管理而持有且使用寿命超过一个会计年度的有形资产。

固定资产是企业的主要劳动手段，属于物质资料生产过程中用来改变或影响劳动对象的主要劳动资料，它是企业发展生产事业的物质技术基础。管好用好固定资产，促进固定资产不断增值和提高固定资产的使用效益，是会计工作的重要任务。

根据不同的管理需要和核算要求以及不同的分类标准，可以对固定资产进行分类，主要有以下几种分类方法。

（1）按经济用途分类

按固定资产的经济用途分类，可分为生产经营用固定资产和非生产经营用固定资产。

生产经营用固定资产，是指直接服务于企业生产、经营过程的各种固定资产，如生产经营用的房屋、建筑物、设备、器具、工具等。

非生产经营用固定资产，是指不直接服务于生产、经营过程的各种固定资产，如职工宿舍等使用的房屋、设备和其他固定资产等。

按照固定资产的经济用途分类，可以归类反映和监督企业生产经营用固定资产和非生产经营用固定资产之间，以及生产经营用各类固定资产之间的组成和变化情况，借以考核企业固定资产的利用情况，促使企业合理地配备固定资产，充分发挥其效用。

（2）综合分类

按固定资产的经济用途和使用情况等综合分类，可把企业的固定资产划分为七大类。

① 生产经营用固定资产：指直接用于企业生产、经营过程的各种固定资产，如生产经营用的房屋、建筑物、机器设备、器具、工具等。

② 非生产经营用固定资产：指不直接用于企业生产、经营过程的各种固定资产，如职工宿舍等使用的房屋、设备和其他固定资产等。

③ 租出固定资产：指企业在经营租赁方式下出租给外单位使用的固定资产。

④ 不需用固定资产。

⑤ 未使用固定资产。

⑥ 土地：指过去已经估价单独入账的土地（因征地而支付的补偿费，应计入与土地有关的房屋、建筑物的价值内，不单独作为土地价值入账。企业取得的土地使用权，应作为无形资产管理，不作为固定资产管理）。

⑦ 租入固定资产：指企业除短期租赁和低价值资产租入的固定资产（在租赁期内，应视同自有固定资产进行管理）。

由于企业的经营性质不同，经营规模各异，对固定资产的分类不可能完全一致。但实际工作中，企业大多采用综合分类的方法作为编制固定资产目录、进行固定资产核算的依据。

【小提示】土地的会计核算问题，在美国和国际会计准则中，土地就是固定资产。但是在我国，土地归国家所有，任何企业和个人只拥有土地的使用权而无所有权，企业取得的土地使用权应作为"无形资产"入账。

"计入固定资产的土地"是指特定情况下按国家规定允许入账的固定资产，这种情况目前相当少见。而作为"无形资产"核算的土地使用权，一旦土地对象化了以后，就应转为固定资产核算，计入附着物成本。另外，如购买电脑软件一般作为无形资产入账，但是如果企业在购买该软件的时候，该软件是附着于某种电脑硬件或者与电脑硬件一起购买，也就是对象化了以后，该电脑软件就与该电脑硬件一起构成固定资产。

任务描述

华盛公司为增值税一般纳税人，适用的增值税税率为13%。该公司在生产经营期间以自营方式建造一条生产线。2020年6月至10月发生的有关经济业务如下：

① 购入一批工程物资，收到的增值税专用发票上注明的价款为200万元、增值税税额为26万元，款项已通过银行转账支付。

② 工程领用工程物资180万元。

③ 工程领用生产用A原材料一批，实际成本为100万元；购入该批A原材料支付的增值税税额为13万元；未对该批A原材料计提存货跌价准备。

④ 应付工程人员职工薪酬114万元。

⑤ 工程建造过程中，由于非正常原因造成部分工程毁损，该部分工程实际成本为50万元，未计提在建工程减值准备；应从保险公司收取赔偿款5万元，该赔偿款尚未收到。

⑥ 以银行存款支付工程其他支出40万元。

⑦ 工程达到预定可使用状态前进行试运转，领用生产用B原材料实际成本为20万元；以银行存款支付其他支出5万元。未对该批B原材料计提货跌价准备。工程试运转生产的产品完工转为库存商品。该库存商品成本中耗用B原材料的增值税税额为2.6万元，经税务部门核定可以抵扣；该库存商品的估计售价（不含增值税）为38.3万元。

⑧ 工程达到预定可使用状态并交付使用。

⑨ 剩余工程物资转为生产用原材料，并办妥相关手续。

请会计张红做出相关账务处理。

一、固定资产概述

固定资产是指为生产商品、提供劳务、出租或经营管理而持有且使用寿命超过一个会计年度的有形资产。

（一）固定资产的确认

固定资产在符合其定义的前提下，同时满足下列条件的，才能予以确认：

① 与该固定资产有关的经济利益很可能流入企业；

② 该固定资产的成本能够可靠计量。

如果固定资产的各组成部分具有不同使用寿命或者以不同方式为企业提供经济利益，且适用不同折旧率或折旧方法，应当分别将各组成部分确认为单项固定资产。

企业由于安全或环保要求购入设备等，虽不能直接给企业带来未来经济利益，但有助于企

业从其他相关资产的使用获得未来经济利益，也应确认为固定资产。

（二）固定资产的计价标准

为了正确反映固定资产价值的增减变动，应按一定的标准对固定资产进行计价。固定资产的计价标准一般有以下三种。

1. 原价

原价也称为原值或原始价值，是指企业取得固定资产在达到预定可使用状态前所发生的全部合理支出。原价是固定资产取得时的实际成本，是客观真实、可以复核的，是固定资产的基本计价标准。

2. 重置成本

重置成本也称重置价值，是指企业在当前条件下，重新购置同样的固定资产所发生的全部合理支出。一般在购入旧的固定资产、固定资产盘盈、接受捐赠固定资产等无法确定其原价的情况下，或者在接受旧的固定资产投资的情况下，才采用重置成本计价。

3. 净值

净值也称折余价值，是指固定资产原价减去已提折旧后的余额。用净值与原价比较可反映企业固定资产的新旧程度。企业根据这个计价标准可以合理制订固定资产的更新计划，适时进行固定资产的更新等。

二、固定资产核算的账户设置

为了核算和监督固定资产取得、计提折旧、处置等业务，企业应当设置"固定资产""累计折旧""在建工程""工程物资""固定资产清理"等账户。

"固定资产"账户核算企业持有固定资产的原价。该账户属于资产类账户，具体账户结构如图2-33所示。

借方	固定资产	贷方
企业增加的固定资产原价		企业减少的固定资产原价
企业期末固定资产的账面原价		

图2-33 "固定资产"账户结构

【请注意】企业应当设置"固定资产登记簿"和"固定资产卡片"。该账户可按固定资产类别、使用部门和每项固定资产进行明细核算。

"累计折旧"账户属于"固定资产"账户的调整账户，核算企业固定资产的累计折旧。具体账户结构如图2-34所示。

借方	累计折旧	贷方
处置固定资产转出的累计折旧		企业计提的固定资产折旧
		企业固定资产的累计折旧额

图2-34 "累计折旧"账户结构

【请注意】该账户可按固定资产类别或项目进行明细核算。

"在建工程"账户核算企业基建、更新改造等在建工程发生的支出。该账户属于资产类账户，具体账户结构如图 2-35 所示。

借方	累计折旧	贷方
企业各项在建工程的实际支出	完工工程转出的成本	
尚未达到预定可使用状态的在建工程的成本		

图 2-35　"在建工程"账户结构

【请注意】该账户可按"建筑工程""安装工程""在安装设备"等进行明细核算。

"工程物资"账户核算企业为在建工程而准备的各种物资的实际成本。该账户属于资产类账户，具体账户结构如图 2-36 所示。

借方	固定资产	贷方
企业购入工程物资的成本	领用工程物资的成本	
企业为在建工程准备的各种物资的成本		

图 2-36　"工程物资"账户结构

【请注意】该账户可按"专用材料""专用设备""工器具"等进行明细核算。

"固定资产清理"账户核算企业因出售、报废、毁损、对外投资、非货币性资产交换、债务重组等原因转出的固定资产价值以及在清理过程中发生的费用等。该账户属于资产类账户，具体账户结构如图 2-37 所示。

借方	固定资产	贷方
①转出的固定资产账面价值 ②清理过程中应支付的相关税费及其他费用	固定资产清理完成的处理	
企业尚未清理完毕的固定资产清理损失	企业尚未清理完毕的固定资产清理净收益	

图 2-37　"固定资产清理"账户结构

【请注意】企业应当按照被清理的固定资产项目设置明细账，进行明细核算。

此外，企业固定资产、在建工程、工程物资发生减值的，还应当设置"固定资产减值准备""在建工程减值准备""工程物资减值准备"等账户进行核算。

三、固定资产业务的账务处理

（一）固定资产取得的会计处理

1. 外购固定资产

企业外购的固定资产，应按实际支付的购买价款、相关税费、使固定资产达到预定可使用状态前所发生的可归属于该项资产的运输费、装卸费、安装费和专业人员服务费等，作为固定资产的取得成本。

（1）购入不需要安装的固定资产

企业购入不需要安装的固定资产，应按实际支付的购买价款、运输费、装卸费和专业人员服务费和其他相关税费等作为固定资产成本，借记"固定资产""应交税费——应交增值税（进项税额）"账户，贷记"银行存款"等账户。

固定资产的取得和初始计量

做中学 2-73 2×21 年 1 月 10 日，时达公司购入一台不需要安装即可投入使用的设备，取得的增值税专用发票上注明的设备价款为 30 000 元、增值税税额为 3 900 元，另支付包装费并取得增值税专用发票，注明包装费 700 元、税率 6%、增值税税额 42 元，款项以银行存款支付。时达公司应做如下账务处理。

① 计算固定资产成本：

固定资产买价	30 000
加：包装费	700
	30 700

② 编制购入固定资产的会计分录：

借：固定资产 30 700
　　应交税费——应交增值税（进项税额） 3 942
　　贷：银行存款 34 642

（2）购入需要安装的固定资产

购入需要安装的固定资产，应在购入的固定资产取得成本的基础上加上安装调试成本等，作为购入固定资产的成本，先通过"在建工程"账户核算，待安装完毕达到预定可使用状态时，再由"在建工程"账户转入"固定资产"账户。

做中学 2-74 2×20 年 1 月 15 日，时达公司用银行存款购入一台需要安装的设备，取得的增值税专用发票上注明的价款为 200 000 元、增值税税额为 26 000 元，支付安装费并取得增值税专用发票，注明安装费 40 000 元、税率 9%、增值税税额 3 600 元。时达公司为增值税一般纳税人，应做如下账务处理。

① 购入进行安装：

借：在建工程 200 000
　　应交税费——应交增值税（进项税额） 26 000
　　贷：银行存款 226 000

② 支付安装费：

借：在建工程 40 000
　　应交税费——应交增值税（进项税额） 3 600
　　贷：银行存款 43 600

③ 设备安装完毕交付使用：

该设备的成本 =200 000+40 000=240 000（元）

借：固定资产 240 000
　　贷：在建工程 240 000

（3）购入多项固定资产

企业以一笔款项购入多项没有单独标价的固定资产，应将各项资产单独确认为固定资产，并按各项固定资产公允价值的比例对总成本进行分配，分别确定各项固定资产的成本。

做中学 2-75 2×20 年 1 月 16 日，时达公司向东海公司（增值税一般纳税人）一次购进了三台不同型号且具有不同生产能力的设备 A、B、C，取得的增值税专用发票上注明的价款为 10 000 万元、增值税税额为 1 300 万元，另支付包装费 75 万元，增值税税额 4.5 万元，全部以银行存款转账支付。假设设备 A、B、C 的公允价值分别为 4 500 万元、3 850 万元和 1 650 万元。

时达公司为增值税一般纳税人，应做如下账务处理。

①确定应计入固定资产成本的金额，包括购买价款、包装费：

应计入固定资产的成本 =10 000+75=10 075（万元）

②确定设备 A、B、C 的价值分配比例：

A 设备应分配的固定资产价值比例 =4 500÷（4 500+3 850+1 650）×100%=45%

B 设备应分配的固定资产价值比例 =3 850÷（4 500+3 850+1 650）×100%=38.5%

C 设备应分配的固定资产价值比例 =1 650÷（4 500+3 850+1 650）×100%=16.5%

③确定 A、B、C 设备各自的成本：

A 设备的成本 =10 075×45%=4 533.75（万元）

B 设备的成本 =10 075×38.5%=3 878.875（万元）

C 设备的成本 =10 075×16.5%=1 662.375（万元）

④时达公司应编制如下会计分录：（以下会计分录的金额单位为万元）

借：固定资产——A 设备	4 533.75
——B 设备	3 878.875
——C 设备	1 662.375
应交税费——应交增值税（进项税额）	1 304.5
贷：银行存款	11 379.5

2. 自行建造的固定资产

企业自行建造固定资产，应当按照建造该项资产达到预定可使用状态前所发生的必要支出，作为固定资产的成本，如图 2-38 所示。

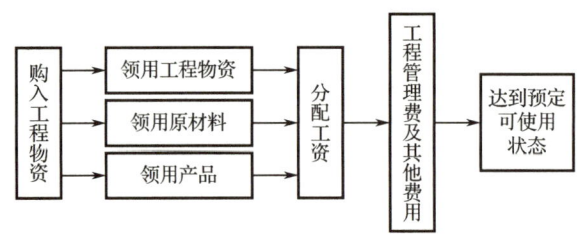

图 2-38　建造固定资产核算

自建固定资产应先通过"在建工程"账户核算，工程达到预定可使用状态时，再从"在建工程"账户转入"固定资产"账户。企业自建固定资产，主要有自营和出包两种方式，由于采用的建设方式不同，其账务处理也不同。

（1）自营工程

自营工程，是指企业自行组织工程物资采购、自行组织施工人员施工的建筑工程和安装工程。企业为建造固定资产准备的各种物资应当把实际支付的买价、运输费、保险费等相关税费作为实际成本。工程完工后，剩余的工程物资转为本企业存货的，按其实际成本或计划成本进行结转。建设期间发生的工程物资盘亏、报废及毁损，减去残料价值以及保险公司、过失人等赔款后的净损失，计入所建工程项目的成本；盘盈的工程物资或处置净收益，冲减所建工程项目的成本。工程完工后发生的工程物资盘盈、盘亏、毁损，计入当期营业外收支。

购入工程物资时，借记"工程物资"账户，按可抵扣的增值税进项税额，借记"应交税费——

应交增值税（进项税额）"账户，贷记"银行存款"等账户。领用工程物资时，借记"在建工程"账户，贷记"工程物资"账户。在建工程领用本企业原材料时，借记"在建工程"账户，贷记"原材料"等账户。在建工程领用本企业生产的商品时，借记"在建工程"账户，贷记"库存商品""应交税费——应交增值税（销项税额）"等账户。自营工程发生的其他费用（如分配工程人员工资等），借记"在建工程"账户，贷记"银行存款""应付职工薪酬"等账户。自营工程达到预定可使用状态时，按其成本，借记"固定资产"账户，贷记"在建工程"账户。

自营工程核算图

做中学 2-76 时达公司 2×21 年 1 月 18 日自行建造厂房一幢，购入为工程准备的各种物资 500 000 元，增值税专用发票上注明的增值税税额为 65 000 元，全部用于工程建设。领用本企业生产的水泥一批，实际成本为 400 000 元，应计工程人员工资 100 000 元。支付其他费用并取得增值税专用发票，注明安装费 30 000 元、税率 9%、增值税税额 2 700 元。工程完工并达到预定可使用状态，时达公司账务处理如下。

① 购入工程物资：

借：工程物资	500 000
应交税费——应交增值税（进项税额）	65 000
贷：银行存款	565 000

② 领用工程物资：

借：在建工程	500 000
贷：工程物资	500 000

③ 工程领用本企业生产的水泥：

借：在建工程	400 000
贷：库存商品	400 000

④ 分配工程人员薪酬：

借：在建工程	100 000
贷：应付职工薪酬	100 000

⑤ 支付工程发生的其他费用：

借：在建工程	30 000
应交税费——应交增值税（进项税额）	2 700
贷：银行存款	32 700

⑥ 工程完工：

在建工程转入固定资产的成本 =500 000+400 000+100 000+30 000=1 030 000（元）

借：固定资产	1 030 000
贷：在建工程	1 030 000

【小提示】 销售货物、提供劳务、提供有形动产租赁、进口货物增值税税率为 13%；交通、邮政、建筑、基础电信增值税税率为 9%。

（2）出包工程

出包工程，是指企业通过招标方式将工程项目发包给建造承包商，由建造承包商组织施工的建筑工程和安装工程。企业采用出包方式进行的固定资产工程，其工程的具体支出主要由建造承包商核算，在这种方式下，"在建工程"账户主要反映企业与建造承包商办理价款结算的情况。企业按合理估计的发包工程进度和合同规定向建造承包商结算的进度款，借记"在建工程——建筑工程（××工程）""应交税费——应交增值税（进项税额）"等账户，贷记"银行存款""预付账款"等账户；工程完成时按合同规定补付的工程款，借记"在建工程""应交税费——应交增值税（进项税额）"等账户，贷记"银行存款""预付账款"等账户；工程达到预定可使用状态时，按其成本，借记"固定资产"账户，贷记"在建工程"账户。

【请注意】企业为建造固定资产通过出让方式取得土地使用权而支付的土地出让金不计入在建工程成本，应确认为无形资产（土地使用权）。

3. 投资者投入的固定资产

投资者投入的固定资产，在办理固定资产移交手续之后，应当按照投资合同或协议约定的价值确定其入账价值，但合同或协议约定价值不公允的除外。

4. 接受捐赠的固定资产

接受捐赠的固定资产，应按以下方法确定其入账价值：

① 捐赠方提供了相关凭据的，按凭据上标明的金额加上相关税费，作为入账价值。

② 捐赠方没有提供凭据的，按以下顺序确定其入账价值：

1> 同类或类似固定资产存在活跃市场的，按同类或类似固定资产的市场价格估计的金额加上应当支付的相关税费，作为入账价值。

2> 同类或类似固定资产不存在活跃市场的，按接受捐赠的固定资产的预计未来现金流量现值，加上应当支付的相关税费，作为入账价值。

（二）固定资产持有期间的核算

1. 固定资产折旧概述

固定资产折旧，是指企业应当在固定资产的使用寿命内，按照确定的方法对应计折旧额进行系统分摊。所谓应计折旧额，是指应当计提折旧的固定资产原价扣除其预计净残值后的金额；已计提减值准备的固定资产，还应当扣除已计提的固定资产减值准备累计金额。企业应当根据固定资产的性质和使用情况，合理确定固定资产的使用寿命和预计净残值。固定资产的使用寿命、预计净残值一经确定，不得随意变更，但是符合《企业会计准则第4号——固定资产》第十九条规定的除外。上述事项在报经股东大会或董事会、经理（厂长）会议或类似机构批准后，作为计提折旧的依据，并按照法律、行政法规等的规定报送有关各方备案。

影响折旧的因素主要有以下几个方面：

① 固定资产原价，是指固定资产的成本。

② 预计净残值，是指假定固定资产预计使用寿命已满并处于使用寿命终了时的预期状态，企业目前从该项资产处置中获得的扣除预计处置费用后的金额。

③ 固定资产减值准备，是指固定资产已计提的固定资产减值准备累计金额。

④ 固定资产的使用寿命，是指企业使用固定资产的预计时间，或者该固定资产所能生产产品或提供劳务的数量。企业确定固定资产使用寿命时，应当考虑下列因素：该项资产预计生产能力或实物产量；该项资产预计有形损耗，如设备使用中发生磨损、房屋建筑物受到自然侵蚀等；该项资产预计无形损耗，如因新技术的出现而使现有的资产技术水平相对陈旧、市场需求变化使产品过时等；法律或类似规定对该项资产使用的限制。

除以下情况外，企业应当对所有固定资产计提折旧：

① 已提足折旧扔继续使用的固定资产；

②单独计价入账的土地；

③提前报废的固定资产；

④处于更新改造过程停止使用的固定资产。

在确定计提折旧的范围时，还应注意以下几点：

①固定资产应当按月计提折旧，当月增加的固定资产，当月不计提折旧，从下月起计提折旧；当月减少的固定资产，当月仍计提折旧，从下月起不再计提折旧。

②固定资产提足折旧后，不论能否继续使用，均不再计提折旧；提前报废的固定资产，也不再补提折旧。所谓提足折旧，是指已经提足该项固定资产的应计折旧额。

【请注意】提足不再提，报废不补提。

③已达到预定可使用状态但尚未办理竣工决算的固定资产，应当按照估计价值确定其成本，并计提折旧；待办理竣工决算后，再按实际成本调整原来的暂估价值，但不需要调整原已计提的折旧额。

【请注意】决算前按估计提，决算后按实际提，已提不改。

企业至少应当于每年年度终了，对固定资产的使用寿命、预计净残值和折旧方法进行复核。使用寿命预计数与原先估计数有差异的，应当调整固定资产使用寿命。预计净残值预计数与原先估计数有差异的，应当调整预计净残值。与固定资产有关的经济利益预期实现方式有重大改变的，应当改变固定资产折旧方法。固定资产使用寿命、预计净残值和折旧方法的改变应当作为会计估计变更进行会计处理。

计提折旧时间表

2.固定资产的折旧方法

固定资产的折旧方法，是指将应提折旧总额在固定资产使用期间进行分配时所采用的具体计算方法。企业应当根据与固定资产有关的经济利益的预期实现方式合理选择折旧方法。我国企业可选用的折旧方法包括：年限平均法（直线法）、工作量法、双倍余额递减法和年数总和法。固定资产折旧方法将直接影响应提折旧总额在固定资产各使用年限之间的分配结果，从而影响各年的净收益和所得税。因此，固定资产折旧方法一经确定，不得随意变更；如果变更，需在附注中予以说明。

（1）年限平均法

年限平均法，是指将固定资产的应提折旧总额均衡地分摊到固定资产预计使用寿命的一种方法。采用这种方法计算的每期折旧额均相等。

年限平均法的计算公式如下：

年折旧率＝（1－预计净残值率）÷预计使用寿命（年）

月折旧率＝年折旧率÷12

月折旧率＝固定资产原价×月折旧率

做中学 2-77 时达公司有一幢厂房，原价为 5 000 000 元，预计可使用 20 年，预计报废时的净残值率为 2%。该厂房的折旧率和折旧额的计算如下：

年折旧率＝（1－2%）÷20＝4.9%

月折旧率＝4.9%÷12＝0.41%

月折旧率＝5 000 000×0.41%＝20 500（元）

（2）工作量法

工作量法也可称为作业量法，是指根据实际工作量计算每期应提折旧额的一种方法。

工作量法的基本计算方式如下：

单位工作量折旧额 =[固定资产原价 ×（1- 预计净残值率）]÷ 预计总工作量

某项固定资产月折旧额 = 该项固定资产当月工作量 × 单位工作量折旧额

（3）双倍余额递减法

双倍余额递减法，是指在不考虑固定资产预计净残值的情况下，根据每期期初固定资产原价减去累计折旧后的余额和双倍的年限平均法折旧率计算固定资产折旧的一种方法。采用双倍余额递减法计提固定资产折旧，一般应在固定资产使用寿命到期前两年内，将固定资产账面净值扣除预计净残值后的余额平均摊销。

双倍余额递减法的计算公式如下：

年折旧率 =2÷ 预计使用寿命（年）×100%

月折旧率 = 年折旧率 ÷12

月折旧额 = 每月月初固定资产账面净值 × 月折旧率

做中学 2-78 时达公司一项固定资产的原价为 1 000 000 元，预计使用年限为 5 年，预计净残值为 4 000 元。按双倍余额递减法计提折旧，每年的折旧额计算如下：

年折旧率 =2÷5×100%=40%

第 1 年应计提的折旧额 =1 000 000×40%=400 000（元）

第 2 年应计提的折旧额 =（1 000 000-400 000）×40%=240 000（元）

第 3 年应计提的折旧额 =（1 000 000-400 000-240 000）×40%=144 000（元）

从第 4 年起改用年限平均法计提折旧：

第 4 年、第 5 年的年折旧额 =[（1 000 000-400 000-240 000-144 000）-4 000]÷2 =106 000（元）

每年各月折旧额根据年折旧额除以 12 来计算。

（4）年数总和法

年数总和法又称年限合计法，是指将固定资产的原价减去预计净残值后的余额，乘以一个逐年递减的分数计算每年的折旧额的一种方法。这个分数的分子代表固定资产尚可使用寿命，分母代表固定资产预计使用寿命逐年数字总和。

年数总和法的计算公式如下：

$$年折旧率 = \frac{预计使用寿命 - 已使用年限}{预计使用寿命 \times \dfrac{预计使用寿命 +1}{2}} \times 100\%$$

或者：

$$年折旧率 = \frac{尚可使用年限}{预计使用寿命的年数总和} \times 100\%$$

月折旧率 = 年折旧率 ÷12

月折旧额 =（固定资产原价 - 预计净残值）× 月折旧率

做中学 2-79 承"做中学 2-78"，若采用年数总和法，计算的各年折旧额如表 2-11 所示。

表 2-11 折旧计算   金额单位：元

年 份	尚可使用年限	原价 - 净残值	变动折旧率	年折旧额	累计折旧
1	5	996 000	5/15	332 000	332 000
2	4	996 000	4/15	265 600	597 600
3	3	996 000	3/15	199 200	796 800
4	2	996 000	2/15	132 800	929 600
5	1	996 000	1/15	66 400	996 000

3. 固定资产折旧的账务处理

固定资产应当按月计提折旧，计提的折旧应当记入"累计折旧"账户，并根据用途计入相关资产的成本或当期损益。企业自行建造固定资产过程中使用的固定资产，其计提的折旧应计入在建工程成本；基本生产车间所使用的固定资产，其计提的折旧应计入制造费用；管理部门所使用的固定资产，其计提的折旧应计入管理费用；销售部门所使用的固定资产，其计提的折旧应计入销售费用；经营租出的固定资产，其计提的折旧额应计入其他业务成本。研发过程中使用的固定资产应计入研发支出；自建固定资产过程中使用的固定资产应计入在建工程。企业计提固定资产折旧时，借记"制造费用""管理费用""销售费用""其他业务成本""研发支出""在建工程"等账户，贷记"累计折旧"账户。

做中学 (2-80) 时达公司 2×21 年 2 月管理部门、销售部门应分配的固定资产折旧额为：管理部门房屋建筑物计提折旧 14 800 000 元，运输工具计提折旧 2 400 000 元；销售部门房屋建筑物计提折旧 3 200 000 元，运输工具计提折旧 2 630 000 元。当月新购置管理部门用机器设备一台，成本为 5 400 000 元，预计使用寿命为 10 年，该公司同类设备计提折旧采用年限平均法。时达公司应编制如下会计分录：

借：管理费用   17 200 000
　　销售费用   5 830 000
　　贷：累计折旧   23 030 000

本例中，新购置的机器设备本月不计提折旧。本月计提的折旧费用中，对管理部门使用的固定资产计提的折旧额计入管理费用，对销售部门使用的固定资产计提的折旧额计入销售费用。

（三）固定资产减值

固定资产的初始入账价值是历史成本，由于固定资产使用年限较长，加上市场条件和经营环境的变化、科学技术的进步，以及企业经营管理不善等原因，固定资产创造未来经济利益的能力可能会大大下降，因此，固定资产的可收回金额有可能低于账面价值。当企业固定资产的可收回金额低于其账面价值时，即表明固定资产发生了减值，企业应当确认固定资产减值损失，并把固定资产的账面价值减记至可收回金额。

可收回金额，是指资产的公允价值减去处置费用后的净额与资产预计未来现金流量的现值两者之间的较高者。

固定资产在资产负债表日存在可能发生减值的迹象时，其可收回金额低于账面价值的，企业应当将该固定资产的账面价值减记至可收回金额，减记的金额确认为减值损失，计入当期损益，同时计提相应的资产减值准备，借记"资产减值损失——计提的固定资产减值准备"账户，贷记"固定资产减值准备"账户。固定资产减值损失一经确认，在以后会计期间就不得转回。

做中学 2-81 2×20 年 12 月 31 日，时达公司的某生产线存在可能发生减值的迹象。经计算，该机器的可收回金额合计为 1 230 000 元，账面价值为 1 400 000 元，以前年度未对该生产线计提过减值准备。由于该生产线的可收回金额低于账面价值，应按两者之间的差额 170 000（1 400 000-1 230 000）元计提固定资产减值准备。时达公司应编制如下会计分录：

借：资产减值损失——计提的固定资产减值准备　　　　　　　　　　170 000
　　贷：固定资产减值准备　　　　　　　　　　　　　　　　　　　　　170 000

【小提示】《企业会计准则第 8 号——资产减值》规定了减值政策，有效地防止了由于资产价值泡沫导致的利润虚增；同时，该准则规定资产减值损失不得转回，大幅度地挤掉了企业有关资产中的水分，为企业发展增强了后劲，也有效地遏制了某些企业利用资产减值损失转回操纵利润的行为。

（四）固定资产的后续支出

固定资产的后续支出，是指固定资产在使用过程中发生的更新改造支出、修理费用等。企业的固定资产投入使用后，由于各个组成部分耐用程度不同或者使用条件不同，往往会发生固定资产的局部破坏。为了保持固定资产的正常运转和使用，充分发挥其使用效能，就必然产生后续支出。

固定资产的更新改造等后续支出，满足固定资产确认条件的，应当计入固定资产成本，如有被替代的部分，应同时将被替换部分的账面价值从该固定资产原账面价值中扣除；不满足固定资产确认条件的固定资产修理费用等，应当在发生时计入当期损益。

1. 资本化的后续支出

固定资产发生的可资本化的后续支出，应当通过"在建工程"账户核算。固定资产发生可资本化的后续支出时，企业应将该固定资产的原价、已计提的累计折旧和减值准备转销，将固定资产的账面价值转入在建工程，借记"在建工程""累计折旧""固定资产减值准备"等账户，贷记"固定资产"账户；发生的可资本化的后续支出，借记"在建工程"账户，贷记"银行存款"等账户。在固定资产发生的后续支出完工并达到预定可使用状态时，借记"固定资产"账户，贷记"在建工程"账户。

做中学 2-82 时达公司有关固定资产业务的资料如下：

① 2×18 年 12 月，时达公司自行建成一条生产线并投入使用，建造成本为 1 000 000 元；采用年限平均法计提折旧；预计净残值为固定资产原价的 4%，预计使用年限为 6 年。该生产线在 2×19 年年末发生减值 50 000 元。

② 2×20 年 12 月 31 日，由于生产的产品销量好，现在这条生产线已难以满足公司生产需要，公司董事会决定对现有生产线进行改扩建，以提高其生产能力。

③ 至 2×21 年 4 月 30 日，公司完成了对这条生产线的改扩建工程，达到预定可使用状态。改扩建过程中发生以下支出：用银行存款购买工程物资一批，增值税专用发票上注明的价款为 210 000 元、增值税税额为 27 300 元，已全部用于改扩建工程；发生有关人员薪酬 120 000 元。

④ 该生产线改扩建工程达到预定可使用状态后，预计尚可使用年限为 7 年。假定改扩建后的生产线的预计净残值率为改扩建后其账面价值的 2%，折旧方法仍为年限平均法，在使用期间没有发生减值损失。

根据以上资料，时达公司应做如下账务处理。

① 计算改扩建前各年的累计折旧：

固定资产后续支出发生前，该生产线的应计折旧额 =1 000 000×（1-4%）=960 000（元）

年折旧额 =960 000÷6=160 000（元）

2×19 年 1 月 1 日至 2×20 年 12 月 31 日，各年计提折旧：

借：制造费用 160 000

　　贷：累计折旧 160 000

② 2×19 年 12 月 31 日，计提减值准备：

借：资产减值损失——计提的固定资产减值准备 50 000

　　贷：固定资产减值准备 50 000

③ 2×20 年 12 月 31 日，将该生产线的账面价值转入在建工程：

生产线的账面价值 =1 000 000-160 000×2-50 000=630 000（元）

借：在建工程——生产线 630 000

　　累计折旧 320 000

　　固定资产减值准备 50 000

　　贷：固定资产——生产线 1 000 000

④ 发生改建支出：

借：工程物资 210 000

　　应交税费——应交增值税（进项税额） 27 300

　　贷：银行存款 237 300

借：在建工程——生产线 330 000

　　贷：工程物资 210 000

　　　　应付职工薪酬 120 000

⑤ 2×21 年 4 月 30 日，生产线改扩建工程达到预定可使用状态，转为固定资产：

借：固定资产——生产线 960 000

　　贷：在建工程——生产线 960 000

⑥ 2×21 年 4 月 30 日，转为固定资产后，按新的使用寿命、预计净残值和折旧方法计提折旧：

应计折旧额 =960 000×（1-2%）=940 800（元）

月折旧额 =940 800÷（7×12）=11 200（元）

2×21 年应计提的折旧额 =11 200×8=89 600（元）

借：制造费用 89 600

　　贷：累计折旧 89 600

2×21 年至 2×27 年每年应计提的折旧额 =11 200×12=134 400（元）

借：制造费用 134 400

　　贷：累计折旧 134 400

2×28 年应计提的折旧额 =11 200×4=44 800（元）

借：制造费用 44 800

　　贷：累计折旧 44 800

【请注意】对于固定资产后续支出涉及替换原固定资产的某组成部分，当发生的后续支出符合固定资产确认条件时，应将其计入固定资产成本，同时将被替换部分的账面价值扣除。这样可以避免将替换部分的成本和被替换部分的成本同时计入固定资产成本，导致固定资产成本高估。

【小提示】新增的加进来，被替换的减出去，避免重复计算。

做中学（2-83）　1月10日，时达公司将原价100万元（包括发动机40万元）的吉利牌汽车更换新发动机。截至当前，汽车已计提折旧30万元，汽车更换的新发动机的不含税价款为60万元，出售旧发动机取得价款10万元、增值税1.3万元，款已收。用银行存款支付安装费1万元、增值税0.09万元。1月15日汽车达到预定可使用状态。

根据以上资料，时达公司应做如下财务处理。

① 旧设备转出：

借：在建工程	700 000	
累计折旧	300 000	
贷：固定资产		1 000 000

② 旧设备被替换部分：

旧发动机原价 =40（万元）

旧发动机折旧额 =40×30/100=12（万元）

旧发动机的账面价值 =40-12=28（万元）

借：营业外支出	280 000	
贷：在建工程		280 000

如果旧部件出售：

借：银行存款	113 000	
贷：营业外支出		100 000
应交税费——应交增值税（销项税额）		13 000

③ 可资本化（形成资产）的后续支出：

借：在建工程	600 000	
贷：工程物资		600 000

④ 支付安装费：

借：在建工程	10 000	
应交税费——应交增值税（进项税额）	900	
贷：银行存款		10 900

⑤ 达到预定可使用状态：

借：固定资产	1 030 000	
贷：在建工程（70-28+60+1）（万元）		1 030 000

2. 费用化的后续支出

企业生产车间（部门）和行政管理部门发生的不可资本化的后续支出，比如，发生的固定资产日常修理费用，借记"管理费用"账户，贷记"银行存款"等账户；企业专设销售机构发生的不可资本化的后续支出，比如，发生的固定资产日常修理费用，借记"销售费用"账户，贷记"银行存款"等账户。

（五）固定资产处置的核算

企业在生产经营过程中，可能将不适用或不需用的固定资产对外出售转让，或因磨损、技术进步等原因对固定资产进行报废，或因遭受自然灾害而对毁损的固定资产进行处理。对于上

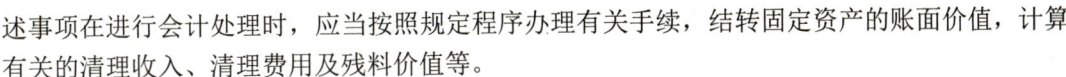

述事项在进行会计处理时，应当按照规定程序办理有关手续，结转固定资产的账面价值，计算有关的清理收入、清理费用及残料价值等。

固定资产处置包括固定资产的出售、报废、毁损、对外投资、非货币性资产交换、债务重组等。处置固定资产应通过"固定资产清理"账户核算。具体包括以下几个环节。

1. 固定资产转入清理

企业因出售、报废、毁损、对外投资、非货币性资产交换、债务重组等转出的固定资产，按该项固定资产的账面价值借记"固定资产清理"账户，按已计提的累计折旧借记"累计折旧"账户，按已计提的减值准备借记"固定资产减值准备"账户；按其账面原价，贷记"固定资产"账户。

2. 发生清理费用

对于固定资产在清理过程中发生的相关税费及其他费用，借记"固定资产清理""应交税费——应交增值税（进项税额）"账户，贷记"银行存款""应付职工薪酬"等账户。

3. 出售收入和残料价值等的处理

收回出售固定资产的价款、残料价值和变价收入等，借记"银行存款""原材料"等账户，贷记"固定资产清理""应交税费——应交增值税（销项税额）"等账户。

4. 保险赔偿的处理

应由保险公司或过失人赔偿的损失，借记"其他应收款"等账户，贷记"固定资产清理"账户。

5. 清理净损益的处理

固定资产清理完成后发生的净收益，借记"固定资产清理"账户；因固定资产已丧失使用功能或因自然灾害发生毁损等原因而报废清理产生的利得或损失应贷记"营业外收支"账户，因出售、转让等原因产生的固定资产处置利得或损失应贷记"资产处置损益"账户。

做中学 2-84　时达公司 2×20 年 12 月 30 日，出售一座建筑物（系 2×17 年 6 月 1 日自建完工），原价为 2 000 000 元，已计提折旧 1 500 000 元，未计提减值准备，实际出售价格为 1 200 000 元，增值税税率为 9%，增值税税额为 108 000 元，款项已存入银行。时达公司账务处理如下。

① 将出售固定资产转入清理：

借：固定资产清理	500 000	
累计折旧	1 500 000	
贷：固定资产		2 000 000

② 收到出售固定资产的价款和税款：

借：银行存款	1 308 000	
贷：固定资产清理		1 200 000
应交税费——应交增值税（销项税额）		108 000

③ 结转出售固定资产实现的利得：

借：固定资产清理	700 000	
贷：资产处置损益		700 000

（六）固定资产的清查

企业应当定期或至少每年年末对固定资产进行清查盘点，以保证固定资产核算的真实性，充分挖掘企业现有固定资产的潜力。在固定资产清查过程中，如果发现盘盈、盘亏的固定资产，应当填制"固定资产盘盈盘亏报告表"。清查固定资产的损溢,应当及时查明原因,并按照规定程序报批处理。

1. 固定资产的盘盈

企业在财产清查中盘盈的固定资产,作为前期差错处理。企业在财产清查中盘盈的固定资产,在按管理权限报经批准处理前应先通过"以前年度损益调整"账户核算。盘盈的固定资产,应按重置成本确定其入账价值,借记"固定资产"账户,贷记"以前年度损益调整"账户。

做中学 2-85 2×21 年 1 月 5 日,时达公司在财产清查过程中发现 2×20 年 12 月购入的一台设备尚未入账,重置成本为 30 000 元(假定与其计税基础不存在差异)。时达公司按净利润的 10% 提取法定盈余公积,不考虑相关税费及其他因素的影响。时达公司应做如下账务处理。

① 盘盈固定资产:

借:固定资产   30 000

 贷:以前年度损益调整   30 000

② 结转为留存收益:

借:以前年度损益调整   30 000

 贷:盈余公积——法定盈余公积   3 000

   利润分配——未分配利润   27 000

根据《企业会计准则第 28 号——会计政策、会计估计变更和差错更正》的规定,本例中盘盈固定资产作为前期差错进行处理,应通过"以前年度损益调整"账户进行核算。

2. 固定资产的盘亏

企业在财产清查中盘亏的固定资产,应按照盘亏固定资产的账面价值借记"待处理财产损溢"账户,按照已计提的累计折旧借记"累计折旧"账户,按照已计提的减值准备借记"固定资产减值准备"账户;按照固定资产的原价,贷记"固定资产"账户。企业按照管理权限报经批准后处理时,按照可收回的保险赔偿或过失人赔偿,借记"其他应收款"账户;按照应计入营业外支出的金额,借记"营业外支出——盘亏损失"账户,贷记"待处理财产损溢"账户。

做中学 2-86 时达公司 2×20 年 12 月 31 日进行财产清查时发现短缺一台笔记本电脑,原价为 10 000 元,已计提折旧 7 000 元,购入时增值税税额为 1 300 元。时达公司账务处理如下。

① 盘亏固定资产:

借:待处理财产损溢   3 000

  累计折旧   7 000

 贷:固定资产   10 000

② 转出不可抵扣的进项税额:

借:待处理财产损溢   390

 贷:应交税费——应交增值税(进项税额转出)(10 000-7 000)×13% 390

③ 报经批准转销:

借:营业外支出——盘亏损失   3 390

 贷:待处理财产损溢   3 390

任务实施

华盛公司会计张红应做如下账务处理。（以下会计分录的金额单位为万元）

① 购入一批工程物资，收到的增值税专用发票上注明的价款为 200 万元、增值税税额为 26 万元，款项已通过银行转账支付。

借：工程物资　　　　　　　　　　　　　　　　　　　　　200
　　应交税费——应交增值税（进项税额）　　　　　　　　　26
　　贷：银行存款　　　　　　　　　　　　　　　　　　　　　　226

② 工程领用工程物资 180 万元；

借：在建工程　　　　　　　　　　　　　　　　　　　　　180
　　贷：工程物资　　　　　　　　　　　　　　　　　　　　　　180

③ 工程领用生产用 A 原材料一批，实际成本为 100 万元；购入该批 A 原材料支付的增值税额为 13 万元；未对该批 A 原材料计提存货跌价准备。

借：在建工程　　　　　　　　　　　　　　　　　　　　　100
　　贷：原材料——A 原材料　　　　　　　　　　　　　　　　　100

④ 应付工程人员职工薪酬 114 万元；

借：在建工程　　　　　　　　　　　　　　　　　　　　　114
　　贷：应付职工薪酬　　　　　　　　　　　　　　　　　　　　114

⑤ 工程建造过程中，由于非正常原因造成部分毁损，该部分工程实际成本为 50 万元，未计提在建工程减值准备；应从保险公司收取赔偿款 5 万元，该赔偿款尚未收到。

借：营业外支出　　　　　　　　　　　　　　　　　　　　45
　　其他应收款　　　　　　　　　　　　　　　　　　　　　5
　　贷：在建工程　　　　　　　　　　　　　　　　　　　　　　50

⑥ 以银行存款支付工程其他支出 40 万元。

借：在建工程　　　　　　　　　　　　　　　　　　　　　40
　　贷：银行存款　　　　　　　　　　　　　　　　　　　　　　40

⑦ 工程达到预定可使用状态前进行试运转，领用生产用 B 原材料实际成本为 20 万元；以银行存款支付其他支出 5 万元。未对该批 B 原材料计提存货跌价准备。工程试运转生产的产品完工转为库存商品。该库存商品成本中耗用 B 原材料的增值税税额为 2.6 万元，经税务部门核定可以抵扣；该库存商品的估计售价（不含增值税）为 38.3 万元。

1> 借：在建工程　　　　　　　　　　　　　　　　　　　　25
　　　贷：原材料——B 原材料　　　　　　　　　　　　　　　　20
　　　　　银行存款　　　　　　　　　　　　　　　　　　　　　5

2> 借：库存商品　　　　　　　　　　　　　　　　　　　　38.3
　　　贷：在建工程　　　　　　　　　　　　　　　　　　　　　38.3

3> 将库存商品销售时：

借：银行存款［38.3×（1+13%）］　　　　　　　　　　　　43.279
　　贷：主营业务收入　　　　　　　　　　　　　　　　　　　　38.3
　　　　应交税费——应交增值税（销项税额）（38.3×13%）　　　4.979

4> 结转成本：

借：主营业务成本   38.3

  贷：库存商品   38.3

⑧ 工程达到预定可使用状态并交付使用：

借：固定资产   370.7

  贷：在建工程（180+100+114-50+40+25-38.3） 370.7

⑨ 剩余工程物资转为生产用原材料，并办妥相关手续：

借：原材料   20

  贷：工程物资   20

【任务小结】

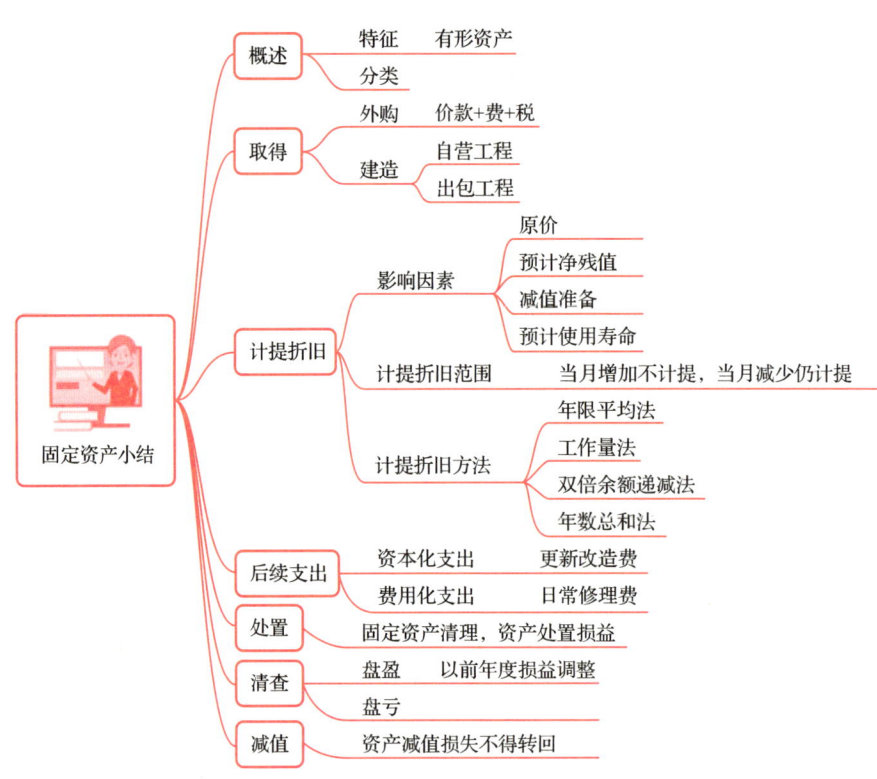

任务九　使用权资产核算

任务导言

使用权资产，是指承租人可在租赁期内使用租赁资产的权利。租赁作为企业融资的一种方式，具有还款方式灵活、融资期限长等特点，对于期望尽快实现技术更新升级要求的企业，可在一定程度上缓解其短期资金压力，防范和化解资金链断裂风险等。但是租赁期承租人通常面临租赁负债本金和高利息压力，以及租赁资产所引进的技术和设备的先进性、成熟度、成熟的技术是否存在法律侵权等因素将引发风险。因此加强使用权资产的核算与监督，具有重要意义。

任务描述

华盛公司 2020 年 3 月 1 日与出租人天新公司签订了一份为期 10 年的不动产租赁合同，租入资产作为华盛公司的办公大楼，每年的租赁付款额为 300 万元，于每年年末支付。合同规定，租赁付款额在租赁期开始日后每两年基于过去 24 个月消费者价格指数的上涨进行上调。租赁期开始日的消费者价格指数为 120。假设在 2021 年 1 月 1 日的消费者价格指数为 125。在租赁开始日，华盛公司无法确定租赁内含利率，其承租人的增量借款年利率为 6%。华盛公司对该类使用权资产按直线法计提折旧。不考虑相关税费等其他因素。已知：(P/A,6%,8)=6.209 8；(P/A,6%,10)=7.360 1，请会计张红做出 3 月的账务处理。

一、使用权资产概述

使用权资产核算承租人除采用简化处理的短期租赁和低价值资产租赁外的所有租赁业务取得的使用权资产。短期租赁是指在租赁开始日，租赁期不超过 12 个月的租赁。包含购买选择权的租赁不属于短期租赁。低价值资产租赁是指单项租赁资产为全新资产时价值较低的租赁。原租赁不属于低价值资产租赁而承租人转租或预期转租租赁资产的不属于低价值租赁。对于短期租赁和低价值资产租赁，承租人可以选择不确认使用权资产和租赁负债。

二、使用权资产核算的账户设置

为了反映和监督使用权资产的取得、计提折旧和租赁期满处置等交易或事项，企业应分别设置"使用权资产""租赁负债""使用权资产累计折旧""使用权资产减值准备"等账户。"使用权资产"账户属于资产类账户，具体账户结构如图 2-39 所示。

借方	使用权资产	贷方
企业增加的使用权资产的成本	企业减少的使用权资产的成本	
反映企业期末使用权资产的成本余额		

图 2-39　"投资性房地产"账户结构

【请注意】"使用权资产"账户应当按类别、使用部门和每项使用权资产进行明细核算。

为核算企业使用权资产的累计折旧，应设置"使用权资产累计折旧"账户。该账户是"使用权资产"账户的调整账户，具体账户结构如图 2-40 所示。

借方	使用权资产累计折旧	贷方
租赁合约到期日行使购买选择权转作固定资产的累计折旧	企业计提的使用权资产的累计折旧	
	反映企业使用权资产的累计折旧额	

图 2-40　"使用权资产累计折旧"账户结构

为核算企业租赁使用权资产形成的尚未偿付的负债，应设置"租赁负债"账户。具体账户结构如图 2-41 所示。

借方	租赁负债	贷方
租赁负债的减少额	尚未偿付的租赁负债额	

图 2-41 "租赁负债"账户结构

【请注意】"租赁负债"账户应当设置"租赁付款额""未确认融资费用"明细账户进行核算。

三、使用权资产的账务处理

（一）使用权资产的初始计量

使用权资产应当按照成本进行初始计量。其成本包括：

① 租赁负债的初始计量金额。

② 在租赁开始日或之前支付的租赁付款额，存在租赁激励的，扣除已享受的租赁激励相关金额。租赁激励，是指出租人为达成租赁向承租人提供的优惠，包括出租人向承租人支付的与租赁有关的款项、出租人为承租人偿付或承担的成本等。

③ 承租人发生的初始直接费用。初始直接费用，是指为达成租赁所发生的增量成本。增量成本是指若企业不取得该租赁，则不会发生的成本。

④ 承租人为拆卸及移除租赁资产、复原租赁资产所在场地或将租赁资产恢复至租赁条款约定状态预计将发生的成本。

做中学 2-87 2×21 年 1 月 8 日，时达公司与出租人中天公司签订了一份办公楼租赁合同，约定每年的租赁付款额为 50 000 元，于每年年末支付；不可撤销租赁期为 5 年，合同约定在第 5 年年末，时达公司有权选择以每年 50 000 元租金续租 5 年，也有权选择以 1 000 000 元的价格购买该办公楼。时达公司无法确定租赁内含利率，可以确定其增量借款利率为 5%。时达公司在租赁开始时选择续租 5 年，即实际租赁期为 10 年。不考虑税费等相关因素。时达公司应做如下账务处理。

租赁付款额 =50 000×10=500 000（元）

使用权资产的成本 = 租赁付款额的现值 =50 000×(P/A,5%,10)=50 000×7.72=386 000（元）

未确认融资费用 =500 000-386 000=114 000（元）

借：使用权资产 386 000

　租赁负债——未确认融资费用 114 000

　贷：租赁负债——租赁付款额 500 000

做中学 2-88 承 "做中学 2-87"，时达公司为获得该办公楼向前任租户支付款项 15 000 元，向促成此项租赁交易的房地产中介支付佣金 5 000 元。作为对时达公司的激励，中天公司同意补偿 5 000 元佣金。时达公司应做如下账务处理。

① 将初始费用 20 000 元计入使用权资产的初始成本：

借：使用权资产 20 000

　贷：银行存款 20 000

② 将收到的租赁激励从使用权资产入账价值中扣除：

借：银行存款 5 000

　贷：使用权资产 5 000

（二）使用权资产的后续计量

在租赁期开始日后，承租人应当采用成本模式对使用权资产进行后续计量。承租人应当参照固定资产的有关折旧规定，对使用权资产计提折旧。承租人能够合理确定租赁期届满时取得租赁资产所有权的，应当在租赁资产剩余使用寿命内计提折旧。无法合理确定租赁期届满时能够取得租赁资产所有权的，应当在租赁期与租赁资产剩余使用寿命两者孰短的期间计提折旧。承租人应当按照资产减值的规定，确定使用权资产是否发生减值，并对已识别的减值损失进行会计处理。

承租人应当按照固定的周期性利率计算租赁负债在租赁期内各期间的利息费用，并计入当期损益或相关资产成本。周期性利率，是指承租人对租赁负债进行初始计量时所采用的折现率或租赁合同发生变更而修订后的折现率。周期性利率的确定原则为，在计算租赁付款额的现值时，承租人应当采用租赁内含利率作为折现率；无法确定租赁内含利率的，应当采用承租人增量借款利率作为折现率；无法确定租赁内含利率的,应当采用承租人增量借款利率作为折现率。租赁内含利率，是指使出租人的租赁收款额的现值与未担保余值的现值之和等于租赁资产公允价值与出租人的初始直接费用之和的利率。承租人增量借款利率，是指承租人在类似经济环境下为获得与使用权资产价值接近的资产，在类似期间以类似抵押条件借入资金需支付的利率。未担保余值，是指租赁资产余值中，出租人无法保证能够实现或仅由与出租人有关的一方予以担保的部分。

 承"做中学 2-88"，时达公司采用实际利率法计算各年的实际利息费用，如表 2-12 所示。采用年限平均法对使用权资产计提折旧。

表 2-12　各年租赁实际利息费用　　　　　　　　　　　　单位：元

年　度	租赁负债 年初金额	利　息	租赁付款额	租赁负债 年末金额
	①	② = ① ×5%	③	④ = ① + ② − ③
1	386 000	19 300	50 000	355 300
2	355 300	17 765	50 000	323 065
3	323 065	16 153	50 000	289 218
4	289 218	14 461	50 000	253 679
5	253 679	12 684	50 000	216 363
6	216 363	10 818	50 000	177 181
7	177 181	8 859	50 000	136 040
8	136 040	6 802	50 000	92 842
9	92 842	4 642	50 000	47 484
10	47 484	2 516	50 000	—

说明：表中各年利息四舍五入取整数。第 10 年利息为 2 516（50 000−47 484）元。

时达公司应做如下账务处理。

支付第 1 年年末的租金：

借：租赁负债——租赁付款额　　　　　　　　　　　　　　　　　50 000

贷：银行存款		50 000
借：财务费用（38 600×5%）		19 300
贷：租赁负债——未确认融资费用		19 300

年折旧额=386 000÷10=38 600（元）

借：管理费用		38 600
贷：使用权资产累计折旧		38 600

做中学 2-90 承"做中学2-87""做中学2-89"，时达公司在第5年年末，支付当年租金后选择行使购买权。相关账户余额分别为："使用权资产"借方余额386 000元，"使用权资产累计折旧"贷方余额193 000（386 000÷10×5）元，"租赁负债——租赁付款额"贷方余额250 000（50 000×5）元，"租赁负债——未确认融资费用"借方余额33 636元。时达公司应编制如下会计分录：

借：固定资产——办公楼	976 636
使用权资产累计折旧	193 000
租赁负债——租赁付款额	250 000
贷：使用权资产	386 000
租赁负债——未确认融资费用	33 636
银行存款	1 000 000

任务实施

华盛公司会计张红应做如下会计分录：

借：使用权资产	2 208.03
租赁负债——未确认融资费用	791.97
贷：租赁负债——租赁付款额	3 000

【任务小结】

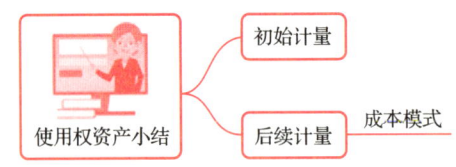

任务十　无形资产和其他资产核算

任务导言

无形资产，是指企业拥有或控制的没有实物形态的可辨认非货币性资产。 无形资产不具有实物形态，但它具有一种综合能力，通过与其他资产相结合能在超过一个经营周期内为企业创造经济利益，但它又存在较大的不确定性，因此，其核算内容与其他资产有所不同。无形资产具有以下特征：

第一，不具有实物形态。无形资产是不具有实物形态的非货币性资产，它不像固定资产、存货等有形资产一样具有实物形体。

第二，具有可辨认性。商誉的存在无法与企业自身分离，不具有可辨认性，不在本任务讲述。

第三，属于非货币性长期资产。无形资产的使用年限在一年以上，其价值将在各个受益期间逐渐摊销。

 **任务描述**

华盛公司 2020 年年初购买了一项提升产品品质的专利权，初始成本为 203 万元，法定年限为 10 年，预计有效使用期限为 8 年。2020 年年初中天公司与华盛公司签订协议，约定 5 年后，即 2025 年年初交易这项专利权，交易价为 53 万元。华盛公司应当如何摊销此专利权，请会计张红做出相关账务处理。

一、无形资产的内容

无形资产主要包括专利权、非专利权、商标权、著作权、土地使用权和特许权等。

① 专利权。专利权，是指国家专利主管机关依法授权发明创造的专利申请人对其发明创造在法定期限内享有的专有权利，包括发明专利权、实用新型专利权和外观设计专利权。它给予持有者独家使用或控制某项发明的特殊专利。《中华人民共和国专利法》明确规定，专利人拥有的专利权受到国家法律保护。一般而言，只有从外单位购入的专利或自行开发并按法律程序申请取得的专利，才能作为无形资产管理与核算。这种专利可以降低成本，或者提高产品质量，或者将其转让出去能获得转让收入。

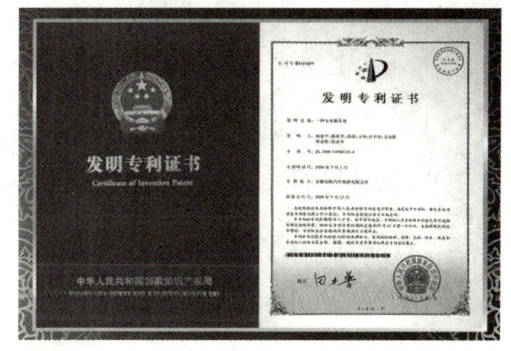

② 非专利技术。非专利技术即专有技术，或技术秘密、技术诀窍，是指先进未公开的、未申请专利、可能带来经济效益的技术及诀窍。企业的非专利技术，有些是自己开发研制的，有些是根据合同规定从外部购入的。如果是企业自己开发研制的，符合《企业会计准则第 6 号——无形资产》规定的开发支出资本化条件的，应该确认为无形资产。对于从外部购入的非专利技术，应将实际发生的支出予以资本化，作为无形资产入账。

【请注意】 非专利技术是唯一无法定期限、不受法律保护的无形资产。

③ 商标权。商标是用来辨认特定的商品或劳务的标记。商标权，是指专门在某指定的商品或产品上使用特定的名称或图案的专利。商标经过注册登记，就获得了法律上的保护。《中华人民共和国商标法》明确规定，经商标局核

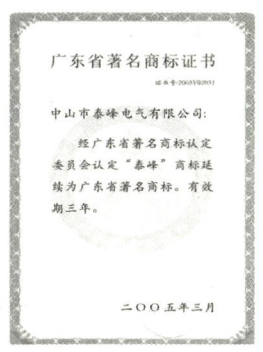

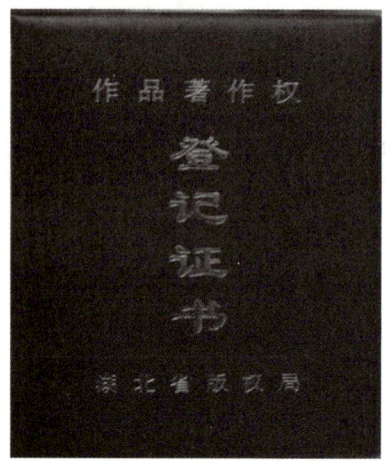

准注册的商标为注册商标，商标注册人享有商标专用权，受法律的保护。

按照《中华人民共和国商标法》的规定，商标可以转让，但受让人应保证使用该注册商标的产品质量。如果企业购入他人的商标，一次性支付费用较大的，可以将其资本化，作为无形资产管理，这时，应根据购入商标的价款、支付的手续费及有关费用作为商标的成本。

④ 著作权。著作权又称版权，指作者对其创作的文学、科学和艺术作品依法享有的某些特殊权利。著作权包括两方面的权利，即精神权利（人身权利）和经济权利（财产权利）。前者指作品署名、发表作品、确认作者身份、保护作品的完整性、修改已经发表的作品和各项权利，包括作品署名权、发表权、修改权和保护作品完整权；后者是指出版、表演、广播、展览、录制唱片、设置影片等方式使用作品以及授权他人使用作品而获得的经济利益的权利。

⑤ 土地使用权。土地使用权，是指国家准许某一企业或单位在一定期间内对国有土地享有开发、利用、经营的权利。根据《中华人民共和国商标法》的规定，我国使用土地的社会主义公有制，即全民所有制和劳动群众集体所有制。任何单位和个人不得侵占、买卖或以其他形式非法转让土地。土地转让权可以依法转让。企业取得土地使用权，应将取得时发生的支出资本化，作为土地使用权的成本，记入"无形资产"账户。因征地而支付的补偿费，应计入与土地有关的房屋、建筑物的价值内，不单独作为土地价值入账。

【请注意】企业应按实际支付的价款加上相关税费认定土地使用权的成本。如果此土地使用权用于自行开发厂房则与建筑物分开核算。

下列情况下土地使用权必须与房产合并反映：

① 房地产开发企业取得的土地使用权用于开发对外出售的房产，相应的土地使用权应并入房产的成本；

② 企业外购房屋建筑物，如果能够合理地分割土地和地上建筑物，则分开核算，否则，应当全部作为固定资产核算。

⑥ 特许权。特许权又称经营特许权、专营权，指企业在某一地区经营或销售某特定商品的权利或者是一家企业接受另一家企业使用商标、商号、技术秘密等的权利。前者一般由政府机构授权，准许企业使用或在一定地区享有经营某种业务的特权，如水、电、邮电通信等专营权、烟草专卖权等；后者指企业间依照签订的合同，有期限或无期限使用另一家企业的某些权利，如连锁店分店使用总店的名称等。

【请注意】某些无形资产的存在有赖于实物载体。确定一项包含无形和有形要素的资产是属于固定资产还是属于无形资产时，需要通过判断来加以确定。通常以哪个要素更重要作为判断的依据。例如，计算机控制的机械工具没有特定计算机软件就不能运行时，则说明该软件是构成相关硬件不可缺少的组成部分，该软件应作为固定资产处理；如果计算机软件不是相关硬件不可缺少的组成部分，则该软件应作为无形资产核算。

二、无形资产核算的账户设置

为了反映和监督无形资产的取得、摊销和处置等情况，企业应当设置"无形资产""累计摊销"等账户进行核算。

"无形资产"账户属于资产类账户，具体账户结构如图 2-42 所示。

借方	无形资产	贷方
取得无形资产的成本		出售无形资产转出的无形资产账面余额
企业无形资产的成本		

图 2-42　"无形资产"账户结构

【请注意】该账户应当按照无形资产的项目设置明细科目进行核算。

"累计摊销"账户属于资产类账户，是"无形资产"账户的备抵账户，核算企业对使用寿命有限的无形资产计提的累计摊销。其具体账户结构如图 2-43 所示。

借方	累计摊销	贷方
处置无形资产转出的累计摊销额		企业计提的无形资产摊销额
企业无形资产的累计摊销额		

图 2-43　"累计摊销"账户结构

【请注意】该账户可按无形资产的项目设置明细科目进行核算。

此外，无形资产发生减值的，还应当设置"无形资产减值准备"账户进行核算。

三、无形资产业务的账务处理

（一）无形资产取得

无形资产应当按照成本进行初始计量。企业取得无形资产的主要方式有外购、自行研究开发等。取得的方式不同，其会计处理也有所差别。

无形资产

① 外购无形资产。外购无形资产的成本包括购买价款、相关税费以及直接归属于使该项资产达到预定用途所发生的其他支出。

② 自行研究开发无形资产。企业内部研究开发项目所发生的支出应区分研究阶段支出和开发阶段支出。研究阶段是指为获取并理解新的科学或技术知识而进行的独创性的有计划调查。开发阶段是指在进行商业性生产或使用前，将研究成果或其他知识应用于某项计划或设计，以生产出新的或具有实质性改进的材料、装置、产品等。如图 2-44 所示，企业自行开发无形资产发生的研发支出，不满足资本化条件的，借记"研发支出——费用化支出"账户，满足资本化条件的，借记"研发支出——资本化支出"账户；贷记"原材料""银行存款""应付职工薪

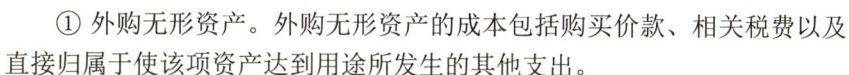

酬"等账户。研究开发项目达到预定用途形成无形资产的，应当按照"研发支出——资本化支出"账户的余额，借记"无形资产"账户，贷记"研发支出——资本化支出"账户。期（月）末，应将"研发支出——费用化支出"账户归集的金额转入"管理费用"账户，借记"管理费用"账户，贷记"研发支出——费用化支出"账户。

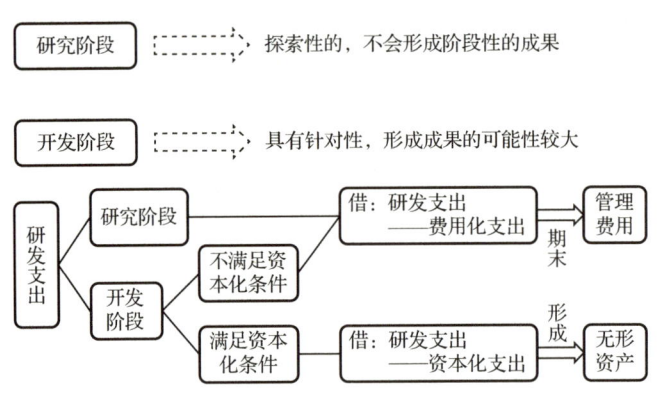

图 2-44　研发支出账务处理

【请注意】无法可靠区分研究阶段的支出和开发阶段的支出，应将发生的研发支出全部费用化，计入当期损益，记入"管理费用"账户的借方。

做中学 2-91　时达公司自行研究、开发一项技术，截至 2×19 年 12 月 31 日，发生研发支出合计 2 000 000 元，经测试，该项研发活动完成了研究阶段。2×20 年 1 月 1 日进入开发阶段。2×20 年 4 月至 9 月共发生开发支出 300 000 元，假定符合《企业会计准则第 6 号——无形资产》规定的开发支出资本化的条件，取得的增值税专用发票上注明的增值税税额为 39 000 元。2×20 年 9 月 30 日，该项研发活动结束，最终开发出一项非专利技术。时达公司应做如下账务处理。

① 2×19 年发生的研发支出：

借：研发支出——费用化支出　　　　　　　　　　　　　　　　　2 000 000
　　贷：银行存款等　　　　　　　　　　　　　　　　　　　　　　　2 000 000

② 2×19 年 12 月 31 日，结转研究阶段的支出：

借：管理费用　　　　　　　　　　　　　　　　　　　　　　　　2 000 000
　　贷：研发支出——费用化支出　　　　　　　　　　　　　　　　　2 000 000

③ 2×20 年，确认符合资本化条件的开发支出：

借：研发支出——资本化支出　　　　　　　　　　　　　　　　　　300 000
　　应交税费——应交增值税（进项税额）　　　　　　　　　　　　　39 000
　　贷：银行存款等　　　　　　　　　　　　　　　　　　　　　　　339 000

④ 2×20 年 9 月 30 日，该技术研发完成并形成无形资产：

借：无形资产　　　　　　　　　　　　　　　　　　　　　　　　　300 000
　　贷：研发支出——资本化支出　　　　　　　　　　　　　　　　　300 000

【请注意】企业内部研究开发项目开发阶段的支出，能够证明下列各项时，应确认为无形资产：

一是从技术上来讲，完成该无形资产以使其能够使用或出售具有可行性；

二是具有完成该无形资产并使用或出售的意图；

三是无形资产产生未来经济利益的方式，包括能够证明运用该无形资产生产的产品存在市场或无形资产自身存在市场，无形资产将在内部使用时，应当证明其有用性；

四是有足够的技术、财务资源和其他资源支持，以完成该无形资产的开发，并有能力使用或出售该无形资产；

五是归属于该无形资产开发阶段的支出能够可靠计量。

（二）无形资产持有期间的核算

企业应当在取得无形资产时分析判断其使用寿命。使用寿命有限的无形资产应进行摊销，使用寿命不确定的无形资产不应摊销。使用寿命有限的无形资产，通常其残值视为零。对于使用寿命有限的无形资产应当自可供使用（其达到预定用途）当月开始摊销，处置当月不再摊销。

无形资产摊销方法包括年限平均法、生产总量法等。企业选择的无形资产的摊销方法，应当反映该项资产有关的经济利益的预期实现方式。无法可靠确定预期实现方式的，应当采用年限平均法摊销。

企业应当按月对无形资产进行摊销。无形资产的摊销额一般应当计入当期损益。企业管理用的无形资产，其摊销金额计入管理费用；出租的无形资产，其摊销金额计入其他业务成本；某项无形资产包含的经济利益通过所产生的产品或其他资产实现的，其摊销金额应当计入相关资产成本。

对于使用寿命不确定的无形资产，在持有期间内不需要进行摊销，但至少应于每一会计期末进行减值测试。其减值测试的方法按照《企业会计准则第 8 号——资产减值》的有关规定处理，如经减值测试发生减值的，应计提相应的减值准备，借记"资产减值损失"账户，贷记"无形资产减值准备"账户。

做中学 2-92 时达公司购买了一项管理费用特许权，成本为 4 800 000 元，合同规定受益年限 10 年，时达公司每月摊销 40 000（4 800 000÷10÷12）元。每月摊销时，时达公司应编制如下会计分录：

借：管理费用 40 000

　　贷：累计摊销 40 000

（三）无形资产减值的核算

无形资产在资产负债表日存在可能发生减值的迹象时，其可回收金额低于账面价值的，企业应当将无形资产的账面价值减记至可回收金额，减记的金额确认为减值损失，计入当期损益，同时计提相应的资产减值准备，按照应减记的金额，借记"资产减值损失——计提的无形资产减值准备"科目，贷记"无形资产减值准备"科目。无形资产减值损失一经确认，在以后会计期间不得转回。

做中学 2-93 2×20 年 12 月 31 日，市场上某项新技术生产的产品销售势头较好，已对时达公司产品的销售产生重大不利影响。时达公司外购的类似专利技术的账面价值为 800 000 元，剩余摊销年限为 4 年，经减值测试，该专利技术的可回收金额为 750 000 元。由于时达公司该专利技术在资产负债表日的账面价值为 800 000 元，可回收金额为 750 000 元，可回收金额低于账面价值，应按其差额 50 000（800 000-750 000）元计提减值准备。时达公司应编制如下会计分录：

借：资产减值损失——计提的无形资产减值准备　　　　　　　　　　50 000

　　贷：无形资产减值准备　　　　　　　　　　　　　　　　　　　　　　50 000

（四）无形资产处置的核算

无形资产的处置包括无形资产的出售、对外出租、对外捐赠、报废等，或者无法为企业带来未来经济利益时，应予转销并终止确认。

1. 无形资产出售

企业无形资产出售，是指企业转让无形资产的所有权，即将无形资产占用权、使用权、收益权和处置权全部出让。企业出售无形资产，应当将取得的价款扣除该无形资产账面价值以及出售相关税费后的差额作为资产处置损益进行会计处理。

企业出售无形资产，应当按照实际收到的金额等借记"银行存款"等账户，按照已计提的累计摊销借记"累计摊销"账户；按照应支付的相关税费及其他费用贷记"应交税费——应交增值税（销项税额）""银行存款"等账户，按其账面余额贷记"无形资产"账户；按照其差额，因出售、转让等原因产生的无形资产处置利得或损失应计入资产处置损益。已计提减值准备的，还应同时结转减值准备。

做中学 2-94 时达公司将其购买的一项专利权转让给中天公司，开具增值税专用发票，注明价款 500 000 元、税率 6%、增值税税额 30 000 元，款项 530 000 元已存入银行。该项专利权的成本为 600 000 元，已摊销 220 000 元。时达公司应编制如下会计分录：

借：银行存款　　　　　　　　　　　　　　　　　　　　　　　　530 000

　　累计摊销　　　　　　　　　　　　　　　　　　　　　　　　220 000

　　贷：无形资产　　　　　　　　　　　　　　　　　　　　　　　　600 000

　　　　应交税费——应交增值税（销项税额）　　　　　　　　　　　 30 000

　　　　资产处置损益　　　　　　　　　　　　　　　　　　　　　　120 000

2. 无形资产报废

无形资产预期不能为企业带来经济利益时，企业应将其报废并予以转销，其账面价值转入当期损益"营业外支出"。无形资产报废时，应借记"营业外支出""累计摊销""无形资产减值准备"账户，贷记"无形资产"账户。

做中学 2-95 2×20 年 12 月初，时达公司经批准将内部研发成功的 M 非专利技术替代现有的 N 专利技术，并将其予以转销。转销时，N 专利技术的成本为 2 000 000 元，已累计摊销 1 600 000 元，未计提减值准备，该专利技术的残值为 0。假定不考虑其他相关因素。时达公司应编制如下会计分录：

借：营业外支出　　　　　　　　　　　　　　　　　　　　　　　400 000

　　累计摊销　　　　　　　　　　　　　　　　　　　　　　　1 600 000

　　贷：无形资产　　　　　　　　　　　　　　　　　　　　　　2 000 000

四、其他资产

其他资产，是指除货币资金、交易性金融资产、应收及预付款项、存货、长期股权投资、持有至到期投资、可供出售金融资产、固定资产、无形资产等以外的资产，如长期待摊费用等。

　　长期待摊费用是指企业已经发生但应由本期和以后各期负担的分摊期限在一年以上的各项费用（如装修），如以租赁方式租入使用权的资产发生的改良支出等。企业应设置"长期待摊费用"账户对此类项目进行核算：企业发生的长期待摊费用，借记"长期待摊费用"账户，贷记"原材料""银行存款"等账户；摊销长期待摊费用，借记"管理费用""销售费用"等账户，贷记"长期待摊费用"账户；"长期待摊费用"账户期末借方余额，反映企业尚未摊销完毕的长期待摊费用。"长期待摊费用"账户可按费用项目进行明细核算。

做中学（2-96）　2×20 年 6 月 1 日，时达公司对以租赁方式新租入的办公楼进行装修，发生以下有关支出：以银行存款支付全部工程款，取得的增值税专用发票上注明的价款为 80 000 元、增值税税额为 7 200 元。领用生产用材料 720 000 元，有关人员工资等职工薪酬 400 000 元。

　　2×20 年 11 月 30 日，该办公楼装修完工，达到预定可使用状态并交付使用，按租赁期 10 年开始进行摊销。假定不考虑其他因素。时达公司应做如下账务处理。

　　① 支付工程款：

借：长期待摊费用	80 000
应交税费——应交增值税（进项税额）	7 200
贷：银行存款	87 200

　　② 装修领用原材料：

借：长期待摊费用	720 000
贷：原材料	720 000

　　③ 确认工程人员职工薪酬：

借：长期待摊费用	400 000
贷：应付职工薪酬	400 000

　　④ 2×20 年 12 月摊销装修支出：

借：管理费用（120 万元 /10 年 /12 月）	10 000
贷：长期待摊费用	10 000

任务实施

会计张红应做如下账务处理。

　　① 该专利权的摊销年限应选择法定期限 10 年、有效使用期限 8 年及合同约定期限 5 年中的较低者，即 5 年摊销期。

　　② 专利权 5 年后的交易价 53 万元应界定为残值。

　　③ 每年的摊销额 =（203-53）÷5=30（万元）。

　　④ 2020 年的会计分录如下：

借：制造费用	300 000
贷：累计摊销	300 000

【任务小结】

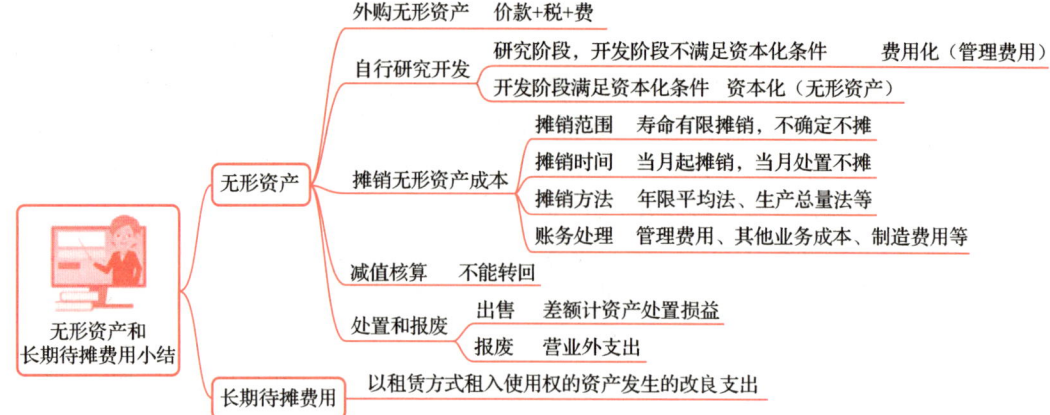

无形资产和长期待摊费用小结
- 无形资产
  - 外购无形资产　价款+税+费
  - 自行研究开发
    - 研究阶段，开发阶段不满足资本化条件　　费用化（管理费用）
    - 开发阶段满足资本化条件　资本化（无形资产）
  - 摊销无形资产成本
    - 摊销范围　寿命有限摊销，不确定不摊
    - 摊销时间　当月起摊销，当月处置不摊
    - 摊销方法　年限平均法、生产总量法等
    - 账务处理　管理费用、其他业务成本、制造费用等
  - 减值核算　不能转回
  - 处置和报废
    - 出售　差额计资产处置损益
    - 报废　营业外支出
- 长期待摊费用　以租赁方式租入使用权的资产发生的改良支出

项目三

负债

↘ 职业能力与素养目标

◆ 身心健康并具有劳模精神、工匠精神和诚实守信的职业素养；

◆ 掌握短期借款、应付票据、应付账款和预收账款的核算；

◆ 掌握职工薪酬的内容及短期薪酬和设定提存计划的核算；

◆ 掌握应交增值税、应交消费税的核算；

◆ 熟悉应付利息、应付股利、其他应付款和其他应交税费的核算；

◆ 初步具有相应的会计职业判断意识。

↘ 引导案例

华为"借钱"刷屏：手握近 2 500 亿元现金 为何要发债 60 亿元？

华为，中华民族的科技脊梁！2019 年 10 月，华为首次要在境内发行债券。此次华为共发行两期中期票据，金额均为 30 亿元，共 60 亿元，期限为 3 年。发债原因主要是"预计公司各项业务未来保持稳定增长态势，资金支持也将进一步增加"。

如今华为在 150 多个国家拥有 500 多个客户，超过 20 亿人每天使用华为的通信设备，也就是说，全世界有三分之一的人口在使用华为的服务。在全球即将开跑的 5G 竞赛中，华为也被视作目前唯一真正的 5G 供应商。华为，中华民族的科技脊梁！

（资料来源：2019 年 09 月 12 日 17：50，新浪财经综合）

案例解答

【请思考】 我们为华为的成绩自豪，华为今天的成就离不开公司团队成员的拼搏与奋斗，想想华为公司为什么要发行债券？负债对企业设计筹资结构有什么作用？欢迎学习项目三。

任务一 短期借款核算

任务导言

短期借款一般是企业为了满足正常生产经营所需的资金或抵偿某项债务而借入的。短期借款的债权人不仅是银行，还包括其他非银行金融机构或其他单位和个人。

任务描述

华盛公司 2020 年 3 月 1 日向银行借入一笔生产经营用短期借款，共计 1 200 000 元，期限为 9 个月，年利率为 4%。根据与银行签署的借款协议，该项借款的本金、利息到期后一次归还，利息采用不预提的方法。请会计张红做出相关账务处理。

一、短期借款概述

短期借款，是指企业向银行或其他金融机构等借入的期限在一年以下（含一年）的各种款项。短期借款与长期借款相比，具有金额小、时间短、利息低、取得容易等特点。无论短期借款用在何处，都需要到期归还本金和支付利息。

二、短期借款核算的账户设置

为了核算短期借款的发生、偿还及其利息的计提和支付等情况，企业应设置"短期借款""应付利息""财务费用"等账户。"短期借款"账户用来核算短期借款本金的借入和偿还情况，属于负债类账户，具体账户结构如图 3-1 所示。 短期借款利息不通过该账户核算。

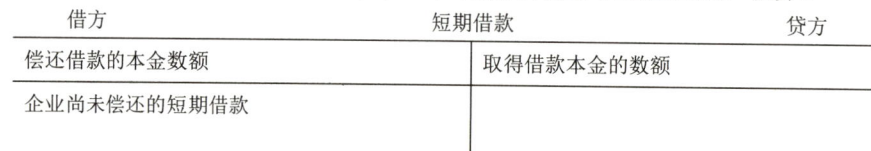

借方	短期借款	贷方
偿还借款的本金数额	取得借款本金的数额	
企业尚未偿还的短期借款		

图 3-1 "短期借款"账户结构

【请注意】该账户可按照债权人，借款种类和币种设置明细核算。

三、短期借款业务的账务处理

短期借款的核算一般分为三个部分：借款取得、计息、归还本金及利息。

企业从银行或其他金融机构取得短期借款时，借记"银行存款"账户，贷记"短期借款"账户。

企业借入短期借款应支付利息。在实际工作中，短期借款利息是按期支付的，如按季度支付利息，或者在借款到期时连同本金一起归还利息，并且其数额较大的，企业应采用月末预提方式进行短期借款利息的核算。短期借款利息属于筹资费用，应当在发生时直接计入当期财务费用。在资产负债表日，企业应当按照计算确定的短期借款利息费用，借记"财务费用"账户，贷记"应付利息"账户；实际支付利息时，借记"应付利息"账户，贷记"银行存款"账户。

短期借款到期偿还本金时，企业应借记"短期借款"账户，贷记"银行存款"账户。

1. 利息按月预提、季末支付

做中学 3-1 2×21 年 1 月 1 日，时达公司向银行借入一笔生产经营用短期借款，共计 1 200 000 元，期限为 9 个月，年利率为 4%。根据与银行签署的借款协议，该项借款的本金到期后一次归还，利息按季支付。

① 1 月 1 日借入短期借款：

借：银行存款   1 200 000

  贷：短期借款   1 200 000

②1月末计提1月份应付利息（2月末相同）：

本月应计提的利息金额 =1 200 000×4%÷12=4 000（元）

借：财务费用　　　　　　　　　　　　　　　　　　　　　　　　4 000

　　贷：应付利息　　　　　　　　　　　　　　　　　　　　　　　　　4 000

③3月末支付第一季度银行借款利息：

借：应付利息　　　　　　　　　　　　　　　　　　　　　　　　8 000

　　财务费用　　　　　　　　　　　　　　　　　　　　　　　　4 000

　　贷：银行存款　　　　　　　　　　　　　　　　　　　　　　　12 000

第二、三季度会计处理同上。

④10月1日偿还银行借款本金：

借：短期借款　　　　　　　　　　　　　　　　　　　　　　1 200 000

　　贷：银行存款　　　　　　　　　　　　　　　　　　　　　1 200 000

2. 利息计入支付期的财务费用

如果企业的短期借款利息按月支付，或者在借款到期时连同本金一起归还，数额不大的可以不采用预提的方法，而在实际支付或收到银行的计息通知时，直接计入当期损益，借记"财务费用"账户，贷记"银行存款"账户。

任务实施

①华盛会计张红根据审核无误的借款借据，确认借入的短期借款存入银行账户。

借：银行存款　　　　　　　　　　　　　　　　　　　　　1 200 000

　　贷：短期借款　　　　　　　　　　　　　　　　　　　　　1 200 000

②偿还银行借款本金和利息：

财务费用 =1 200 000×4%÷12×9=36 000（元）

借：短期借款　　　　　　　　　　　　　　　　　　　　　1 200 000

　　财务费用　　　　　　　　　　　　　　　　　　　　　　　36 000

　　贷：银行存款　　　　　　　　　　　　　　　　　　　　　1 236 000

【任务小结】

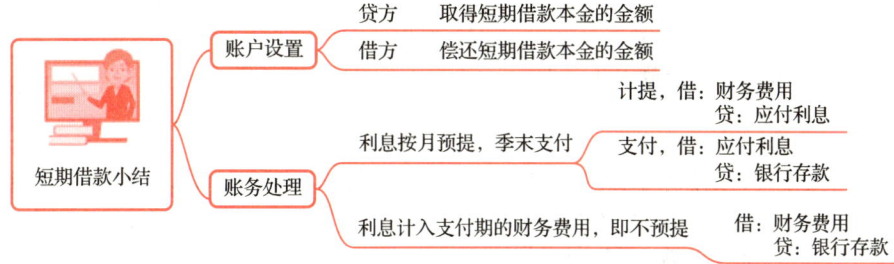

任务二　应付及预收款项核算

任务导言

应付及预收款项一般包括应付票据、应付账款、预收账款、应付股利、应付利息及其他应付款等项目。

任务描述

华盛公司 2020 年 3 月 2 日预收中山公司的预付购货款 10 万元。5 日华盛公司向中山公司发货，发票注明价款 20 万元、销项税额 2.6 万元、销售商品成本 16 万元。7 日收到余款及增值税，开具增值税专用发票。请会计张红做出相关账务处理。

一、应付票据

（一）应付票据概述

应付票据是指企业购买材料、商品和接受劳务供应等开出、承兑的商业汇票，包括商业承兑汇票和银行承兑汇票。由于应付票据的偿付时间较短，在会计实务中，应付票据不论是否带息，一般均按照开出、承兑的应付票据的面值入账。企业对于带息票据，期末应对尚未支付的应付票据计提利息，计入当期财务费用；票据到期支付票款时，尚未计提的利息直接计入当期财务费用。

（二）应付票据核算的账户设置

为了核算和监督应付票据的发生、偿付等业务，企业应当设置"应付票据"账户。该账户属于负债类账户，具体账户结构如图 3-2 所示。

借方	应付票据	贷方
到期承兑支付的票款或转出金额	开出承兑汇票的票面金额	
	企业尚未到期的商业汇票的票面金额	

图 3-2　"应付票据"账户结构

【请注意】该账户可按债权人进行明细核算。

（三）应付票据业务的账务处理

企业因购买材料、商品和接受劳务供应等而开出、承兑的商业汇票，应当按其票面金额作为应付票据的入账金额，借记"材料采购""原材料""库存商品""应付账款""应交税费——应交增值税（进项税额）"等账户，贷记"应付票据"账户。企业向银行申请签发银行承兑汇票时，银行在按规定审查后同意承兑的，购货单位还须按面值的 5‰ 向银行支付承兑手续费，应当计入当期财务费用。计提利息时，借记"财务费用"账户，贷记"应付利息"账户。

做中学 3-2　时达公司原材料按实际成本核算。2×21 年 1 月 6 日从中天公司购入原材料，增值税发票上注明价款为 60 000 元、增值税税额为 7 800 元，原材料验收入库。该企业开出并经银行承兑的商业汇票，面值为 67 800 元、期限为 5 个月。缴纳银行承兑汇票手续费 33.9 元，其中增值税 1.92 元。

6 月 6 日商业汇票到期，时达公司通知其开户银行以银行存款支付票款。

① 开出并承兑商业汇票购入材料：

借：原材料	60 000
应交税费——应交增值税（进项税额）	7 800
贷：应付票据	67 800

② 支付银行承兑汇票的手续费：

借：财务费用	31.98
应交税费——应交增值税（进项税额）	1.92
贷：银行存款	33.9

③ 支付商业汇票款：

借：应付票据	67 800
贷：银行存款	67 800

应付商业承兑汇票到期，如企业无力支付票款，应将应付票据按账面余额转作应付账款，借记"应付票据"账户，贷记"应付账款"账户。应付银行承兑汇票到期，如企业无力支付票款，应将应付票据的账面余额转作短期借款，借记"应付票据"账户，贷记"短期借款"账户，并按每天万分之五计收利息。

做中学 3-3　承"做中学 3-2"，假设上述商业承兑汇票到期时，时达公司无力支付票款。时达公司应编制如下会计分录：

借：应付票据——中天公司	67 800
贷：应付账款——中天公司	67 800

二、应付账款

（一）应付账款概述

应付账款，是指企业因购买材料、商品或接受劳务供应等经营活动而应付给供应单位的款项。应付账款一般应在与所购买物资所有权相关的主要风险和报酬已经转移，或者所购买的劳务已经接受时确认。实务中，在物资和发票账单同时到达的情况下，一般在所购物资验收入库后，根据发票账单登记入账，确认应付账款。若在物资和发票账单未能同时到达的情况下，企业应付物资供应单位的债务已经成立，在会计期末，为了反映企业的负债情况，需要将所购物资和相关的应付账款暂估入账，待下月初做方向相反的分录，将上月末暂估入账的应付账款予以冲销（详见本书项目二任务四子任务一"原材料核算"相关内容）。应付账款的入账金额应为扣除商业折扣后发票记载金额。发生现金折扣时，按总价法以总额入账，实际支付时发生的现金折扣作为一项理财收益，直接冲减财务费用。

（二）应付账款核算的账户设置

为了核算和监督企业应付账款的发生、偿还、转销等情况，企业应当设置"应付账款"账户。该账户属于负债类账户，具体账户结构如图 3-3 所示。

借方	应付账款	贷方
① 偿还的应付账款 ② 开出商业汇票抵付应付账款的款项 ③ 冲销无法支付的应付账款		企业购买材料、商品和接受劳务等而发生的应付账款
期末企业实际持有的库存现金的金额		企业尚未支付的应付账款余额

图 3-3　"应付账款"账户结构

【请注意】 本账户应按照债权人设置明细账户进行明细核算，不单独设置"预付账款"账户的企业，预付的账款也在"应付账款"账户核算。

（三）应付账款业务的账务处理

企业购入材料、商品或接受劳务等产生的应付账款，应按应付金额入账。购入材料、商品等验收入库，但货款尚未支付时，应根据有关凭证（发票账单、随货同行发票上记载的实际价款或暂估价值），借记"材料采购"、"在途物资"等账户；按照可抵扣的增值税进项税额，借记"应交税费——应交增值税（进项税额）"账户；按照应付的款项，贷记"应付账款"账户。企业接受供应单位提供劳务而发生的应付未付款项，应根据供应单位的发票账单，借记"生产成本""管理费用"等账户，贷记"应付账款"账户。

商业折扣与现金折扣比较

企业偿还应付账款或开出商业汇票抵付应付账款时，应借记"应付账款"账户，贷记"银行存款""应付票据"等账户。

做中学 3-4 2×21 年 1 月 2 日，万达百货商场从苏泰公司购入一批家电产品并已验收入库。增值税专用发票上注明：该批家电的价款为 200 万元，税率为 13%，苏泰公司给予购货方 50% 的商业折扣。按照购货协议的规定，万达百货商场如在 15 天内付清货款，将获得 1% 的现金折扣（假定计算现金折扣时需考虑增值税）。1 月 10 日，万达百货商场用银行存款付清了所欠苏泰公司的货款。万达百货商场（采购方）的账务处理如下。

应付账款附有现金折扣的，应按照扣除现金折扣前的应付款总额入账。因在折扣期限内付款而获得的现金折扣，应在偿付应付账款时冲减财务费用。（扣商不扣现：按扣除商业折扣的售价计算应付账款；以下会计分录的金额单位为万元）

① 1 月 2 日，采购日按照扣除商业折扣后的金额入账：

借：库存商品　　　　　　　　　　　　　　　　　　　　　　100
　　应交税费——应交增值税（进项税额）　　　　　　　　　　13
　　　贷：应付账款——苏泰公司　　　　　　　　　　　　　　　　113

② 1 月 10 日，折扣期限内付款而获得的现金折扣（即少付款项），在偿付应付账款时冲减财务费用。

计算现金折扣时考虑增值税：113×1%=1.13（万元）

借：应付账款——苏泰公司　　　　　　　　　　　　　　　　113
　　　贷：银行存款　　　　　　　　　　　　　　　　　　　　111.87
　　　　　财务费用　　　　　　　　　　　　　　　　　　　　1.13

计算现金折扣时不考虑增值税：100×1%=1（万元）

借：应付账款——苏泰公司　　　　　　　　　　　　　　　　113

贷：银行存款　　　　　　　　　　　　　　　　　　　　112
　　　　财务费用　　　　　　　　　　　　　　　　　　　　　1

现金折扣会计处理

　　【小提示】实务中，企业外购电力、燃气等动力一般通过"应付账款"账户核算，即在每月付款时先做暂付款处理，借记"应付账款""应交税费——应交增值税（进项税额）"账户，贷记"银行存款"等账户，月末按照外购动力的用途，借记"生产成本""制造费用""管理费用"等账户，贷记"应付账款"账户。

　　应付账款一般在较短期限内支付，但有时由于债权单位撤销或其他原因而使应付账款无法清偿，企业应将确实无法支付的应付账款予以转销，按其账面余额计入营业外收入，借记"应付账款"账户，贷记"营业外收入"账户。

三、预收账款

（一）预收账款概述

　　在非收入准则核算范围内（如租赁准则），预收账款是指企业按照合同规定向购货单位预收的款项。预收账款与应付账款同为企业短期债务，但与应付账款不同的是，预收账款所形成的负债不是以货币偿付，而是以货物清偿。

（二）预收账款核算的账户设置

　　为了核算和监督预收货款、补收和退回多余货款等业务，企业应当设置"预收账款"账户。该账户属于负债类账户，具体账户结构如图3-4所示。

借方	预收账款	贷方
① 企业向购货方发货后冲销的预收账款数额		① 发生的预收账款数额
② 退回购货方多付账款的数额		② 购货单位补付账款的数额
企业尚未转销的款项		企业预收的款项

图3-4　"预收账款"账户结构

　　【请注意】本账户应按照购货单位设置明细账户进行明细核算。

（三）预收账款业务的账务处理

　　企业预收购货单位的款项时，借记"银行存款"账户，贷记"预收账款"账户；销售实现时，按实现的收入和应交的增值税销项税额借记"预收账款"账户，按照实现的营业收入贷记"主营业务收入"账户，按照增值税专用发票上注明的增值税税额贷记"应交税费——应交增值税（销项税额）"等账户；企业收到购货单位补付的款项，借记"银行存款"账户，贷记"预收账款"账户；向购货单位退回其多付的款项，借记"预收账款"账户，贷记"银行存款"账户。

　　【小提示】预收货款业务不多的企业，可以不单独设置"预收账款"账户，其所发生的预收货款，可通过"应收账款"账户核算。在期末编制资产负债表时，"预收款项"项目应当根据"应收账款"和"预收账款"明细账的借方余额合计数减去"坏账准备"的明细账贷方余额计算填列。

　　做中学 3-5　时达公司为增值税一般纳税人，适用的增值税税率为13%。2×21年1月1日，时达公司与海派公司签订经营租赁（非主营业务）吊车合同，向海派公司出租吊车3台，期限为 6 个月，3 台吊车租金（含税）共计 67 800 元。合同约定，合同签订日预付租金（含税）22 600 元，合同到期结清全部租金余款。

合同签订日，时达公司收到租金并存入银行，开具的增值税专用发票注明租金 20 000 元、增值税 2 600 元。租赁期满日，时达公司收到租金余款及相应的增值税。应做账务处理如下。

① 收到海派公司预付租金（开具发票）：

借：银行存款   22 600

  贷：预收账款——海派公司   20 000

    应交税费——应交增值税（销项税额） 2 600

企业预收款项时，按实际收到的全部预收款，借记"银行存款"账户；涉及增值税的，按照预收款计算的应交增值税贷记"应交税费——应交增值税（销项税额）"账户，全部预收款扣除应交增值税的差额贷记"预收账款"账户。

② 每月月末确认租金收入：

借：预收账款——海派公司   10 000

  贷：其他业务收入   10 000

③ 租赁期满收到租金余款及增值税：

借：银行存款   45 200

  贷：预收账款——海派公司   40 000

    应交税费——应交增值税（销项税额） 5 200

四、应付股利

（一）应付股利概述

应付股利，是指企业根据股东大会或类似机构审议批准的利润分配方案确定分配给投资者的现金股利或利润。企业董事会或类似机构通过的利润分配方案中拟分配的现金股利或利润，不应确认负债（应付股利），但应在附注中披露。

（二）应付股利核算的账户设置

为了核算企业确定或宣告支付但尚未实际支付的现金股利或利润，企业应设置"应付股利"账户。该账户属于负债类账户，具体账户结构如图 3-5 所示。

借方	应付股利	贷方
实际支付的现金股利或利润		确定或宣告发放但尚未实际支付的现金股利或利润
企业应付未付的现金股利或利润		

图 3-5 "应付股利"账户结构

【请注意】本账户可按投资者设置明细账户进行明细核算。

（三）应付股利业务的账务处理

企业根据股东大会或类似机构审议批准的利润分配方案，确认应付给投资者的现金股利或利润时，借记"利润分配——应付现金股利或利润"账户，贷记"应付股利"账户；向投资者实际支付现金股利或利润时，借记"应付股利"账户，贷记"银行存款"等账户。有关账务处理参见本书项目四"做中学 4-16""做中学 4-17"等相关内容。

五、应付利息

（一）应付利息概述

应付利息是指企业按照合同约定应支付的利息，包括短期借款、分期付息到期还本的长期借款、企业债券等应支付的利息。

（二）应付利息核算的账户设置

为了核算应付利息的发生、支付情况，企业应设置"应付利息"账户。该账户属于负债类账户，具体账户结构如图 3-6 所示。

借方	应付利息	贷方
实际支付的利息	按照合同约定计算的应付利息	
企业应付未付的利息		

图 3-6 "应付利息"账户结构

【请注意】该账户可按存款人或债权人设置明细账户进行明细核算。

（三）应付利息业务的账务处理

企业计提利息时，借记"在建工程""财务费用""研发支出"等账户，贷记"应付利息"账户；实际支付利息时，借记"应付利息"账户，贷记"银行存款"等账户。

六、其他应付款

（一）其他应付款概述

其他应付款是指企业除应付票据、应付账款、预付账款、应付职工薪酬、应交税费、应付股利等经营活动以外的其他各项应付、暂收的款项，如短期租赁固定资产租金、租入包装物租金、存入保证金（如收取的出租、出借包装物押金）、职工未按时领取的工资等。

（二）其他应付款核算的账户设置

为了核算其他应付款的增减变动及结存情况，企业应设置"其他应付款"账户。该账户属于负债类账户，具体账户结构如图 3-7 所示。

借方	其他应付款	贷方
偿还或转销的各种应付、暂收款项	发生的各种应付、暂收款项	
	企业应付未付的其他应付款项	

图 3-7 "其他应付款"账户结构

【请注意】该账户可按照其他应付款的项目和对方单位（或个人）设置明细账户进行明细核算。

（三）其他应付款业务的账务处理

企业发生其他各种应付、暂收款项时，借记"管理费用"等账户，贷记"其他应付款"账户；支付或退回其他各种应付、暂收款项时，借记"其他应付款"账户，贷记"银行存款"等账户。详见本书项目二"做中学2-45"。

任务实施

会计张红应做的账务处理如下。（以下会计分录的金额单位为万元）

① 预收：

借：银行存款   10

 贷：合同负债   10

② 实现收入：

借：合同负债   22.6

 贷：主营业务收入   20

   应交税费——应交增值税（销项税额）   2.6

同时，

借：主营业务成本   16

 贷：库存商品   16

③ 多退少补：

借：银行存款   12.6

 贷：合同负债   12.6

【任务小结】

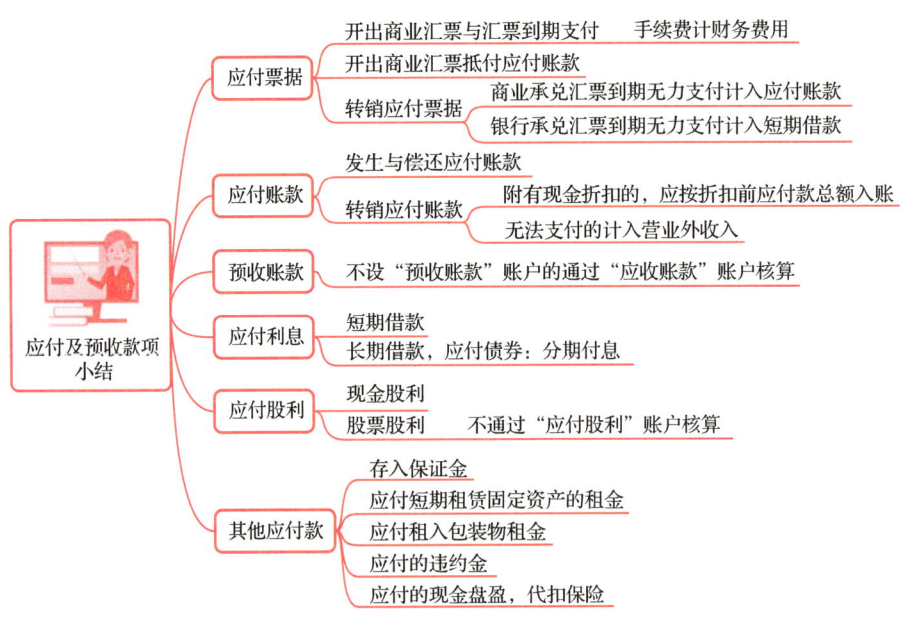

任务三　应付职工薪酬核算

任务导言

职工，是指与企业订立劳动合同的所有人员，含全职、兼职和临时职工，也包括虽未与企业订立劳动合同但由企业正式任命的人员。具体包括：

① 与企业订立劳动合同的所有人员，含全职、兼职和临时职工。

② 未与企业订立劳动合同但由企业正式任命的人员，如董事会成员、监事会成员等。

③ 在企业的计划和控制下，虽未与企业订立劳动合同或未由其正式任命，但向企业所提供服务与职工所提供服务类似的人员，也属于职工范畴，包括通过企业与劳务中介公司签订用工合同而向企业提供服务的人员。

任务描述

华盛公司 2020 年 3 月将 500 台自产加湿器作为福利发放给基本生产车间工人，每台的成本为 100 元，每台不含税市场售价为 200 元，销售商品适用的增值税税率为 13%。请会计张红做出相关账务处理。

一、应付职工薪酬概述

应付职工薪酬，是指企业为获得职工提供的服务或解除劳动关系而给予的各种形式的报酬或补偿。职工薪酬包括短期薪酬、离职后福利、辞退福利和其他长期职工福利。企业提供给职工配偶、子女、受赡养人、已故员工遗属及其他受益人等的福利，也属于职工薪酬。

短期薪酬，是指企业在职工提供相关服务的年度报告期间结束后 12 个月内需要全部予以支付的职工薪酬，因解除与职工的劳动关系给予的补偿除外。短期薪酬具体包括：

① 职工工资、奖金、津贴和补贴；

② 职工福利费；

③ 医疗保险费、工伤保险费和生育保险费等社会保险费；

④ 住房公积金；

⑤ 工会经费和职工教育经费；

⑥ 短期带薪缺勤，指职工虽然缺勤但企业仍向其支付工资或提供补偿的职工缺勤，包括年休假、病假、短期伤残假、婚假、产假、丧假、探亲假等；

⑦ 短期利润分享计划，指因职工提供服务而与职工达成的基于利润或其他经营成果提供薪酬的协议；

⑧ 非货币性福利；

⑨ 其他短期薪酬。

离职后福利，是指企业为获得职工提供的服务而在职工退休或与企业解除劳动关系后，提供的各种形式的报酬和福利，短期薪酬和辞退福利除外。（养老保险及失业保险归为此类）

辞退福利，是指企业在职工劳动合同到期之前解除与职工的劳动关系，或者为鼓励职工自愿接受裁减而给予职工的补偿。

其他长期职工福利，是指除短期薪酬、离职后福利、辞退福利之外所有的职工薪酬，包括长期带薪缺勤、长期残疾福利、长期利润分享计划等。

二、应付职工薪酬核算的账户设置

为了核算应付职工薪酬的计提、结算、使用等情况，企业应当设置"应付职工薪酬"账户。该账户属于负债类账户，具体账户结构如图3-8所示。

借方	应付职工薪酬	贷方
实际发放职工薪酬的数额，包括扣还的款项		已分配计入有关成本费用项目的职工薪酬的数额
		企业应付未付的职工薪酬

图3-8 "应付职工薪酬"账户结构

【请注意】"应付职工薪酬"账户应当按照"工资、奖金、津贴和补贴""职工福利费""非货币性福利""社会保险费""住房公积金""工会经费和职工教育经费""设定提存计划""辞退福利"等项目设置明细账。

三、应付职工薪酬业务的账务处理

（一）短期薪酬的账务处理

企业应当在职工为其提供服务的会计期间，将实际发生的短期薪酬确认为负债，并计入当期损益，其他会计准则要求或允许计入资产成本的除外。

短期薪酬的确认与计量

1. 货币性职工薪酬的账务处理

（1）计提、结转职工工资、奖金、津贴和补贴

对于职工工资、奖金、津贴和补贴等货币性职工薪酬，企业应当在职工为其提供服务的会计期间，将实际发生的职工工资、奖金、津贴和补贴等，根据职工提供服务的受益对象，将应确认的职工薪酬，借记"生产成本""制造费用""管理费用""销售费用"等账户，贷记"应付职工薪酬——工资、奖金、津贴和补贴"账户。

做中学 3-6 2×21年1月30日，时达公司应付工资总额为693 000元，"工资费用分配汇总表"中列示的产品生产人员工资为480 000元、车间管理人员工资为105 000元、企业行政管理人员工资为90 600元、专设销售机构人员工资为17 400元。时达公司应编制如下会计分录：

借：生产成本——基本生产成本　　　　　　　　　　　　　　　　480 000
　　　制造费用　　　　　　　　　　　　　　　　　　　　　　　105 000
　　　管理费用　　　　　　　　　　　　　　　　　　　　　　　 90 600
　　　销售费用　　　　　　　　　　　　　　　　　　　　　　　 17 400
　　贷：应付职工薪酬——工资、奖金、津贴和补贴（应发）　　　　693 000

企业按照规定向职工支付工资、奖金、津贴、补贴等，借记"应付职工薪酬——工资、奖金、津贴和补贴"账户，贷记"银行存款"等账户；企业从应付职工薪酬中扣还的各种款项（代垫的家属医药费、房租等），借记"应付职工薪酬——工资、奖金、津贴和补贴"账户，贷记"银行存款""其他应收款""应交税费——应交个人所得税"等账户。

做中学 3-7 承"做中学 3-6"，2×21 年 1 月 30 日时达公司根据"工资费用分配汇总表"结算本月应付职工工资总额 693 000 元，其中代垫职工房租 32 000 元，企业代垫职工家属医药费 8 000 元，代扣个人所得税 53 000 元，代扣个人负担的社会保险费和住房公积金 97 020 元，实发工资 502 980 元。时达公司应做如下账务处理。

① 结转代垫、代扣款项：

借：应付职工薪酬——工资、奖金、津补　　　　　　　　　　　　190 020
　　贷：其他应收款——职工房租　　　　　　　　　　　　　　　　32 000
　　　　其他应收款——代垫医药费　　　　　　　　　　　　　　　8 000
　　　　应交税费——应交个人所得税　　　　　　　　　　　　　　53 000
　　　　其他应付款——社会保险费　　　　　　　　　　　　　　　20 790
　　　　其他应付款——住房公积金　　　　　　　　　　　　　　　76 230

② 通过银行发放工资：

借：应付职工薪酬——工资、奖金、津补（实发）　　　　　　　　502 980
　　贷：银行存款　　　　　　　　　　　　　　　　　　　　　　502 980

（2）按国家规定计提标准的职工薪酬

1）社会保险费和住房公积金

做中学 3-8 承"做中学 3-6"，2×21 年 1 月，时达公司按工资总额的 12% 计提应由公司负担的向社会保险经办机构缴纳的社会保险费 83 160 元，按照工资总额的 11% 计提应由时达公司负担的住房公积金 76 230 元（假设以本月工资总额为计提标准）。

该企业从应付职工薪酬中代扣个人应缴纳的社会保险费 20 790 元、住房公积金为 76 230 元，共计 97 020 元。时达公司应做如下账务处理。

① 企业负担部分：

借：生产成本　　　　　　　　　　　　　　　　　　　　　　　110 400
　　制造费用　　　　　　　　　　　　　　　　　　　　　　　24 150
　　管理费用　　　　　　　　　　　　　　　　　　　　　　　20 838
　　销售费用　　　　　　　　　　　　　　　　　　　　　　　4 002
　　贷：应付职工薪酬——社会保险费　　　　　　　　　　　　　83 160
　　　　　　　　　　　——住房公积金　　　　　　　　　　　　76 230

② 个人负担部分：

借：应付职工薪酬——工资、奖金、津补　　　　　　　　　　　　97 020
　　贷：其他应付款——社会保险费　　　　　　　　　　　　　　20 790
　　　　　　　　　　——住房公积金　　　　　　　　　　　　　76 230

做中学 3-9 时达公司以银行存款缴纳本月社会保险费和住房公积金共计 256 410 元。时达公司应编如下会计分录：

借：应付职工薪酬——社会保险费　　　　　　　　　　　　　　　83 160
　　　　　　　　　　——住房公积金　　　　　　　　　　　　　76 230
　　其他应付款——社会保险费　　　　　　　　　　　　　　　　20 790
　　　　　　　　——住房公积金　　　　　　　　　　　　　　　76 230
　　贷：银行存款　　　　　　　　　　　　　　　　　　　　　　256 410

2）工会经费和职工教育经费

企业按每月全部职工工资总额的 2% 向工会拨缴经费，职工教育经费一般由企业按照每月工资总额的 8% 计提。期末，企业根据规定的计提基础和比例计算确定应付工会经费、职工教育经费，借记"生产成本""制造费用""管理费用""销售费用"等，贷记"应付职工薪酬——工会经费""应付职工薪酬——职工教育经费"。

做中学 3-10 承"做中学 3-6"，2×21 年 1 月 30 日，时达公司根据相关规定，分别按照职工工资总额的 2% 和 8% 的计提标准，确认应付工会经费和职工教育经费。时达公司应编制如下会计分录：

借：生产成本——基本生产成本   48 000
      制造费用   10 500
      管理费用   9 060
      销售费用   1 740
    贷：应付职工薪酬——工会经费   13 860
            ——职工教育经费   55 440

（3）职工福利费

对于职工福利费，企业应当在实际发生时根据实际发生额，借记"生产成本""制造费用""管理费用""销售费用"等账户，贷记"应付职工薪酬——职工福利费"账户。

做中学 3-11 时达公司下设一所职工食堂，每月根据在岗职工数量及岗位分布情况、相关历史经验数据等计算需要补贴食堂的金额，从而确定企业每期因补贴职工食堂需要承担的福利费金额。2×21 年 1 月时达公司在岗职工共计 200 人，其中管理部门 30 人，生产车间 170 人，每个职工每月需补贴食堂 150 元。时达公司应编制如下会计分录：

借：生产成本   25 500
      管理费用   4 500
    贷：应付职工薪酬——职工福利费   30 000

本例中，时达公司应当计提的职工福利费 =150×200=30 000（元）

（4）短期带薪缺勤

短期带薪缺勤，是指职工虽然缺勤但企业仍向其支付报酬的安排，包括年休假、病假、婚假、产假、丧假、探亲假等。对于职工带薪缺勤，企业应当根据其性质及职工享有的权利，分为累积带薪缺勤和非累积带薪缺勤两类。

1）累积带薪缺勤

累积带薪缺勤，是指带薪缺勤权利可以结转下期的带薪缺勤，本期尚未用完的带薪缺勤权利可以在未来期间使用。

企业应当在职工提供服务从而增加了其未来享有的带薪缺勤权利时，确认与累积带薪缺勤相关的职工薪酬，并以累积未行使权利而增加的预期支付金额计量。确认累积带薪缺勤时，借记"管理费用"等账户，贷记"应付职工薪酬——带薪缺勤——短期带薪缺勤——累积带薪缺勤"账户。

2）非累积带薪缺勤

非累积带薪缺勤，是指带薪缺勤权利不能结转下期的带薪缺勤，本期尚未用完的带薪缺勤权利将予以取消，并且职工离开企业时也无权获得现金支付。企业应当在职工实际发生缺勤的会计期间确认与非累积带薪缺勤相关的职工薪酬。

【小提示】我国企业职工休婚假、产假、丧假、探亲假、病假期间的工资通常属于非累积带薪缺勤。

企业确认职工享有的与非累积带薪缺勤权利相关的薪酬，视同职工出勤确认的当期损益或相关资产成本。通常情况下，与非累积带薪缺勤相关的职工薪酬已经包括在企业每期向职工发放的工资等薪酬中，因此，不必额外做相关的账务处理。由于职工提供服务本身不能增加其能够享受的福利金额，企业在职工未缺勤时不应当计提相关费用和负债。

（5）短期利润分享计划

短期利润分享计划，是指因职工提供服务而与职工达成的基于利润或其他经营成果提供薪酬的协议。短期利润分享计划同时满足特定条件的，企业应当确认相关的应付职工薪酬，应根据计算确定的短期利润分享计划的金额，借记"生产成本""制造费用""管理费用""销售费用"等账户，贷记"应付职工薪酬——利润分享计划——短期利润分享计划"账户。

2.非货币性职工薪酬的账务处理

企业以其自产产品作为非货币性福利发放给职工的，应当根据受益对象，按照该产品的含税公允价值，计入相关资产成本或当期损益，同时确认应付职工薪酬。

① 企业以其自产产品作为非货币性福利发放给职工的，应当根据受益对象，按照该产品的含税公允价值，计入相关资产成本或当期损益，同时确认应付职工薪酬，相关收入、成本的处理与正常商品销售相同。借记"××费用（以产品的价税合计认定）"账户，贷记"应付职工薪酬"账户；借记"应付职工薪酬"账户，贷记"主营业务收入""应交税费——应交增值税（销项税额）"账户，借记"主营业务成本"账户，贷记"库存商品"账户。

② 企业以外购的商品作为非货币性福利提供给职工的，应当按照该商品的公允价值和相关税费确定职工薪酬的金额，并计入当期损益或相关资产成本。外购商品时，借记"库存商品"账户（含增值税，不可抵扣）[外购商品的成本＝价＋费＋税（不可抵扣）]，贷记"银行存款"等账户；计提时，借记"管理费用"等账户，贷记"应付职工薪酬——非货币性福利"账户；发放时，借记"应付职工薪酬——非货币性福利"账户，贷记"库存商品"账户（含增值税）。

【小提示】根据相关税法规定，外购商品用于职工福利其进项税额不得抵扣，所以应将其计入商品成本中。

③ 企业将拥有的房屋等资产无偿提供给职工使用的，应当根据受益对象，将该住房每期应计提的折旧计入相关资产成本或当期损益，同时确认应付职工薪酬。租赁住房等资产供职工无偿使用的，应当根据受益对象，将每期应付的租金计入相关资产成本或当期损益，并确认应付职工薪酬。借记"××费用"账户（如为企业自有资产则以折旧费用认定费用标准；如为企业短期租赁的，则以租金认定费用标准），贷记"应付职工薪酬"账户；借记"应付职工薪酬"账户，贷记"累计折旧"账户（企业自有资产的折旧计提）、"银行存款"或"其他应付款"账户（企业短期租赁租入房屋等资产支付或应付的租金）。

④ 难以认定受益对象的非货币性福利，直接计入当期损益和应付职工薪酬。

做中学 3-12 时达公司共有职工200名，其中170名为直接参加生产的职工，30名为总部管理人员。2×21年1月20日，时达公司以其生产的每台成本为900元的电暖器作为春节福利发放给职工。该型号的电暖器市场售价为每台1 000元，时达公司适用的增值税税率为13%。时达公司应做如下账务处理。

① 分配费用：

借：生产成本（含税售价：1 000×1.13×170）　　　　　　　　192 100

　　管理费用（含税售价：1 000×1.13× 30）　　　　　　　　 33 900

　　　贷：应付职工薪酬——非货币性福利　　　　　　　　　　　　226 000

② 确认收入和结转成本：

借：应付职工薪酬——非货币性福利（发放时）/ 银行存款　　226 000

　　　贷：主营业务收入（1 000 元 / 台 ×200 台）　　　　　　　　200 000

　　　　　应交税费——应交增值税（销项税额）　　　　　　　　 26 000

借：主营业务成本（900 元 / 台 ×200 台）　　　　　　　　　180 000

　　　贷：库存商品　　　　　　　　　　　　　　　　　　　　　　180 000

（二）离职后福利的账务处理

企业应当将离职后福利计划分类为设定提存计划和设定受益计划。其中，设定提存计划，是指向独立的基金缴存固定费用后，企业不再承担进一步支付义务的离职后福利计划；设定受益计划，是指除设定提存计划以外的离职后福利计划。

1. 设定提存计划的确认、计量和账务处理

企业应当根据在资产负债表日为换取职工在会计期间提供的服务而应向单独主体缴存的提存金（养老保险等），确认为应付职工薪酬，并计入当期损益或相关资产成本，借记"生产成本""制造费用""管理费用""销售费用"等账户，贷记"应付职工薪酬——设定提存计划"账户。

2. 设定受益计划的确认、计量和账务处理

设定提存计划和设定受益计划的区分，取决于离职后福利计划的主要条款和条件所包含的经济实质。在设定受益计划下，企业的义务是为现在及以前的职工提供约定的福利，并且年金缴费风险和投资风险实质上由企业来承担。

（三）辞退福利的账务处理

① 对于职工没有选择权的辞退计划，应当根据辞退计划条款规定的拟解除劳动关系的职工数量、每一职位的辞退补偿标准等，计提应付职工薪酬。

② 对于自愿接受裁减建议的，应当预计将会接受裁减建议的职工数量，根据预计的职工数量和每一职位的辞退补偿标准等，计提应付职工薪酬，借记"管理费用"账户，贷记"应付职工薪酬——辞退福利"账户。

③ 对于职工虽然没有与企业解除劳动合同，但未来不再为企业提供服务，不能为企业带来经济利益，企业承诺提供实质上具有辞退福利性质的经济补偿的，如发生"内退"的情况，在其正式退休日期之前应当按照辞退福利处理，在其正式退休日期之后应当按照离职后福利处理。

（四）其他长期职工福利的账务处理

其他长期职工福利，是指除短期薪酬、离职后福利、辞退福利之外所有的职工薪酬，包括长期带薪缺勤、长期残疾福利、长期利润分享计划等。

【小提示】其他长期职工福利是对员工长期福利的一个补充，囊括实务中可能存在的其他职工薪酬，使职工薪酬的结构更加完整、合理。

任务实施

会计张红应做的会计分录如下：

借：生产成本   113 000
    贷：应付职工薪酬   113 000
借：应付职工薪酬   113 000
    贷：主营业务收入（200×500）   100 000
        应交税费——应交增值税（销项税额）   13 000
借：主营业务成本（100×500）   50 000
    贷：库存商品   50 000

【任务小结】

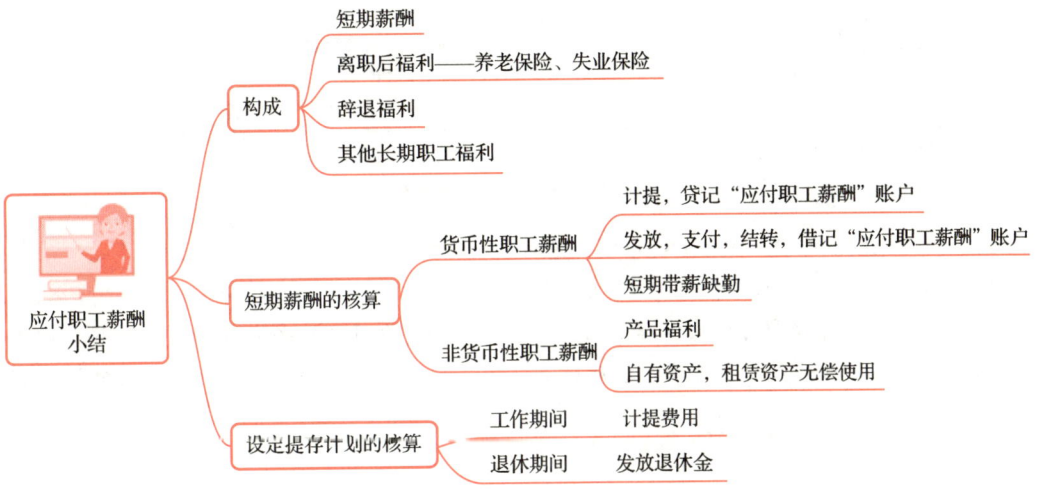

任务四 应交税费核算

任务导言

企业必须按照国家税法的要求，对于在一定时期内取得的营业收入、实现的利润以及从事的其他应税项目，按照强制性、无偿性、固定性原则缴纳各种税金。但纳税义务的发生和完成并不是同步的，纳税是定期进行的，应交税费正是企业应交而未交的债务。

任务描述

华盛公司 2020 年 3 月发生如下事项，请会计张红做出相关账务处理。

① 4 日，公司销售产品（原材料）100 万元，增值税税率为 13%，税法规定 5 月份确认增值税纳税义务。

② 6 日，公司销售产品 100 万元，商品成本 80 万元，经济利益不是很可能流入，增值税

专用发票已经开出，税率 13%，4 月份购买方经营情况好转，承诺近期付款。

一、应交税费概述

我国现行征收税费包括：增值税、消费税、城市维护建设税、教育费附加、地方教育费附加、企业所得税、个人所得税、车辆购置税、车船税、城镇土地使用税、土地增值税、房产税、印花税、资源税、耕地占用税、契税、关税、烟叶税、船舶吨税、环境保护税、矿产资源补偿费等。

二、应交税费核算的账户设置

为了核算各种应交税费的发生和缴纳情况，企业应设置"应交税费"账户。该账户属于负债类账户，具体账户结构如图 3-9 所示。

借方	应交税费	贷方
实际缴纳的各种税费	① 应缴纳的各种税费 ② 出口退税 ③ 税务机关退还多交的税金	
表示企业多交或尚未抵扣的税费	企业尚未缴纳的各种税费	

图 3-9　"应交税费"账户结构

【请注意】该账户可按照应交税费项目进行明细核算。

【小提示】企业缴纳的印花税、耕地占用税等不需要预计应交数的税金，不通过"应交税费"账户核算。由于各种税费的征收依据不同，具体金额的计算及其账务处理也存在差异。对所得税费用的核算集中在项目五任务三"利润核算"中介绍，本任务的重点是流转税的核算。

三、应交税费业务的账务处理

（一）应交增值税

1. 增值税概述

增值税，是以销售货物，提供加工修理修配劳务，销售服务、无形资产或不动产过程中产生的增值额作为计税依据而征收的一种流转税。

国家税务总局：　一图了解增值税的前世今生

2. 增值税征税范围和纳税义务人

（1）范围

按照我国现行增值税制度的规定，在我国境内销售货物，提供加工修理修配劳务，销售服务、无形资产和不动产以及进口货物的企业、单位和个人为增值税的纳税人。其中，"服务"是指提供交通运输服务、建筑服务、邮政服务、电信服务、金融服务、现代服务、生活服务。

（2）纳税人

根据经营规模大小及会计核算水平的健全程度，增值税纳税人分为一般纳税人和小规模纳税人。

（3）增值税的计税方法

计算增值税的方法分为一般计税方法和简易计税方法，如表 3-1 所示。

表 3-1 增值税的计税方法

计税方法	应纳税额计算	适用对象
一般计税方法	应纳税额 = 当期销项税额 - 当期进项税额 销项税额 = 销售额（不含税）× 增值税税率 不含税销售额 = 含税销售额 ÷（1+ 增值税税率） 【小提示】当期销项税额小于当期进项税额不足抵扣时，其不足部分可以结转下期继续抵扣	大多数一般纳税人
简易计税方法	应纳税额 = 销售额（不含税）× 征收率 不含税销售额 = 含税销售额 ÷（1+ 征收率）	小规模纳税人和一般纳税人销售服务、无形资产或不动产符合规定的

【请注意】不是所有的一般纳税人都用一般计税方法。

【小提示】增值税是"价外税"，价外税的特点是其缴纳多少并不会影响企业当期损益。其与消费税计税依据相同：谁消费谁买单。

（4）一般计税方法相关问题说明

① 一般纳税人可以抵扣增值税进项税额的法定凭证如表 3-2 所示。

表 3-2 增值税抵扣法定凭证

① 增值税专用发票注明的增值税税额
② 海关进口增值税专用缴款书上注明的增值税税额
③ 购进农产品，除取得①、②外，按照农产品收购发票或销售发票上注明的农产品买价和 9% 的扣除率计算的进项税额；如用于生产销售或委托加工 13% 税率的农产品，按照农产品收购发票或销售发票上注明的农产品买价和 10% 的扣除率计算的进项税额
④ 从境外单位或个人购入服务、无形资产或不动产，自税务机关或扣缴义务人取得的解缴税款的完税凭证上注明的增值税税额
⑤ 一般纳税人支付的道路、桥、闸通行费，凭取得的通行费发票上注明的收费金额和规定的方法计算的可抵扣的增值税进项税额

② 一般纳税人增值税采用的税率分为 13%、9%、6% 和零税率，如表 3-3 所示。

3. 一般纳税人的账户设置

为了核算企业应交增值税的发生、抵扣、缴纳、退税及转出等情况，增值税一般纳税人应在"应交税费"账户下设置"应交增值税""未交增值税""预交增值税""待抵扣进项税额""待认证进项税额""待转销项税额""增值税留抵税额""简易计税""转让金融商品应交增值税""代扣代交增值税"等明细账户。

增值税税率图

增值税一般纳税人应在"应交增值税"明细账户下设置"进项税额""销项税额""进项税额转出""出口退税""出口抵减内销产品应纳税额""减免税款""销项税额抵减""已交税金""转出未交增值税""转出多交增值税"等专栏。

一般纳税人核算应交增值税的账户设置如表 3-4 所示。

表 3-3　增值税税率表

	一般税率 13%		
1. 货物税率	低税率 9%	① 生活必需品类	A. 粮食、食用植物油、食用盐 B. 自来水、热水、暖气、冷气、煤气、石油液化气、天然气、沼气、居民用煤炭制品
		② 文化用品类	A. 图书、报纸、杂志 B. 音像制品、电子出版物
		③ 农业生产资料类	饲料、化肥、农机（不包括农机零部件）、农药、农膜、农产品、二甲醚
		④ 国务院规定的其他货物	
	零税率	纳税人出口货物（特殊货物除外）	
2. 应税劳务税率	13%	纳税人提供加工修理修配劳务	
3. 销售服务、无形资产或不动产的税率	一般税率 6%		
	9%	纳税人销售交通运输、邮政、基础电信、建筑、不动产租赁服务，销售不动产，转让土地使用权	
	13%	提供有形动产租赁服务	
	零税率	境内单位和个人发生的跨境销售国务院规定范围内的服务、无形资产	

表 3-4　一般纳税人核算应交增值税的账户设置

一级账户	二级账户	三级账户	说　　明
应交税费	应交增值税	进项税额	记录一般纳税人购进货物、加工修理修配劳务、服务、无形资产或不动产而支付或负担的、准予从当期销项税额中抵扣的增值税税额
		销项税额	记录一般纳税人按照现行增值税制度规定因扣减销售额而减少的销项税额
		进项税额转出	记录一般纳税人购进货物、加工修理修配劳务、服务、无形资产或不动产等发生非正常损失以及其他原因而不应从销项税额中抵扣、按规定转出的进项税额
		出口退税	记录一般纳税人出口货物、加工修理修配劳务、服务、无形资产按规定退回的增值税税额
		出口抵减内销产品应纳税额	记录实行"免、抵、退"办法的一般纳税人按规定计算的出口货物的进项税抵减内销产品的应纳税额
		减免税款	记录一般纳税人按现行增值税制度规定准予减免的增值税税额
		销项税额抵减	记录一般纳税人按照现行增值税制度规定因扣减销售额而减少的销项税额
		已交税金	记录一般纳税人当月已交的应交增值税税额
		转出未交增值税	记录一般纳税人月度终了转出当月应交未交的增值税税额
		转出多交增值税	记录一般纳税人月度终了转出当月多交的增值税税额

（续表）

一级账户	二级账户	三级账户	说　明
		未交增值税	核算一般纳税人月度终了从"应交增值税"或"预交增值税"明细账户转入当月应交未交、多交或预交的增值税税额，以及当月缴纳以前期间未缴纳的增值税税额
		预交增值税	核算一般纳税人转让不动产、提供不动产经营租赁服务、提供建筑服务、采用预收款方式销售自行开发的房地产项目等，以及其他按现行增值税制度规定应预交的增值税税额
		待抵扣进项税额	核算一般纳税人已取得增值税扣税凭证并经税务机关认证，按照现行增值税制度规定准予以后期间从销项税额中抵扣的进项税额，包括：一般纳税人自2016年5月1日后取得并按固定资产核算的不动产或者2016年5月1日后取得的不动产在建工程，按现行增值税制度规定准予以后期间从销项税额中抵扣的进项税额；实行纳税辅导期管理的一般纳税人取得的尚未交叉稽核比对的增值税扣税凭证上注明或计算的进项税额
		待认证进项税额	核算一般纳税人由于未经税务机关认证而不得从当期销项税额中抵扣的进项税额，包括：一般纳税人已取得增值税扣税凭证、按照现行增值税制度规定准予从销项税额中抵扣，但尚未经税务机关认证的进项税额；一般纳税人已申请稽核但尚未取得稽核相符结果的海关缴款书进项税额
		待转销项税额	核算一般纳税人销售货物、加工修理修配劳务、服务、无形资产或不动产，已确认相关收入（或利得），但尚未发生增值税纳税义务而需于以后期间确认为销项税额的增值税税额
		增值税留抵税额	核算兼有销售服务、无形资产或不动产的原增值税一般纳税人，截止到纳入营改增试点之日前的增值税期末留抵税额按照现行增值税制度规定不得从销售服务、无形资产或不动产的销项税额中抵扣的增值税留抵税额
		简易计税	核算一般纳税人采用简易计税方法发生的增值税计提、扣减、预交、缴纳等业务
		转让金融商品应交增值税	核算增值税纳税人转让金融商品发生的增值税税额
		代扣代交增值税	核算纳税人购进在境内未设经营机构的境外单位或个人在境内的应税行为代扣代交的增值税

【请注意】"应交税费"账户下的"应交增值税""未交增值税""待抵扣进项税额""待认证进项税额""增值税留抵税额"等明细账户期末借方余额应根据情况，在资产负债表中的"其他流动资产"或"其他非流动资产"项目列示；"应交税费——待转销项税额"等账户期末贷方余额应根据情况，在资产负债表中的"其他流动负债"或"其他非流动负债"项目列示；"应交税费"账户下的"未交增值税""简易计税""转让金融商品应交增值税""代扣代交增值税"等账户期末贷方余额应在资产负债表中的"应交税费"项目列示。

4. 一般纳税人的账务处理

（1）取得资产、接受应税劳务或服务

1）一般纳税人购进货物、加工修理修配劳务、服务、无形资产或不动产

按应计入相关成本费用或资产的金额，借记"材料采购""在途物资""原材料""库存商品""生产成本""无形资产""固定资产""管理费用"等账户；按当月已认证的可抵扣的增值税税额，借记"应交税费——应交增值税（进项税额）"账户，贷记"银行存款"

等账户。

【小提示】

①如果企业销售货物或提供应税劳务采用销售额和销项税额合并定价方法的，应按公式"不含税销售额＝含税销售额÷（1＋税率）"还原为不含税销售额。

②对于购入的农产品可以按收购金额的一定比率（扣除率9%或10%）计算进项税额，并准予从销项税额中抵扣。

③企业购进货物中支付的运费以取得的增值税专用发票上注明的税额作为进项税额。

④属于购进货物时即能认定进项税额不能抵扣的，直接将增值税专用发票上注明的增值税税额计入购入货物或接受劳务的成本。

做中学 3-13 时达公司为增值税一般纳税人，适用的增值税税率为13%，原材料按实际成本核算，销售商品价格为不含增值税的公允价格。2×21年1月发生的交易或事项及相关的会计分录如下。

①5日，购入原材料一批，增值税专用发票上注明的价款为120 000元、增值税税额为15 600元，材料尚未到达，全部款项已用银行存款支付。

借：在途物资	120 000
应交税费——应交增值税（进项税额）	15 600
贷：银行存款	135 600

②10日，收到5日购入的原材料并验收入库，实际成本总额为120 000元。同日，与运输公司结清运输费用，增值税专用发票上注明的运输费用为5 000元、增值税税额为450元，运输费用和增值税税额已用转账支票付讫。

借：原材料	125 000
应交税费——应交增值税（进项税额）	450
贷：银行存款	5 450
在途物资	120 000

③15日，购入不需要安装的生产设备一台，增值税专用发票上注明的价款为30 000元、增值税税额为3 900元，款项尚未支付。

借：固定资产	30 000
应交税费——应交增值税（进项税额）	3 900
贷：应付账款	33 900

④20日，购入农产品一批，农产品收购发票上注明的买价为200 000元，规定的扣除率为9%，货物尚未到达，价款已用银行存款支付。

借：在途物资	182 000
应交税费——应交增值税（进项税额）	18 000
贷：银行存款	200 000

⑤25日，企业管理部门委托外单位修理机器设备，取得对方开具的增值税专用发票上注明的修理费用为20 000元、增值税税额为2 600元，款项已用银行存款支付。

借：管理费用	20 000
应交税费——应交增值税（进项税额）	2 600
贷：银行存款	22 600

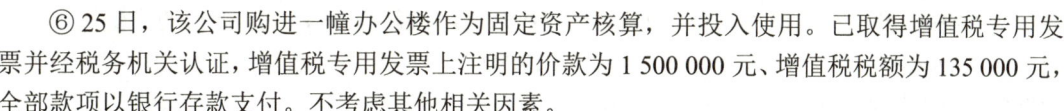

⑥ 25 日，该公司购进一幢办公楼作为固定资产核算，并投入使用。已取得增值税专用发票并经税务机关认证，增值税专用发票上注明的价款为 1 500 000 元、增值税税额为 135 000 元，全部款项以银行存款支付。不考虑其他相关因素。

　　借：固定资产　　　　　　　　　　　　　　　　　　　　　　1 500 000
　　　　应交税费——应交增值税（进项税额）　　　　　　　　　　135 000
　　　　贷：银行存款　　　　　　　　　　　　　　　　　　　　　　　　1 635 000

　　2）货物等已验收入库但尚未取得增值税扣税凭证

　　企业购进的货物等已到达并验收入库，但尚未收到增值税扣税凭证并未付款的，应在月末按货物清单或相关合同协议上的价格暂估入账，不需要将增值税的进项税额暂估入账。下月初，用红字冲销原暂估入账金额，待取得相关增值税扣税凭证并经认证后，按应计入相关成本费用或资产的金额，进行确认。

　　3）进项税额转出

　　企业已单独确认进项税额的购进货物、加工修理修配劳务、服务、无形资产或不动产改变用途（如用于简易计税方法计税项目、免征增值税项目、非增值税应税项目等），或者购进的货物由于管理不善原因造成的非正常损失（如被盗、丢失、霉烂变质，以及因违反法律法规造成货物或不动产被依法没收、销毁、拆除的情形等)，其进项税额不能再抵扣,转入"应交税费——应交增值税（进项税额转出）"账户。

　　① 管理不善导致进项税额转出，借记"待处理财产损溢"账户，贷记"原材料""应交税费——应交增值税（进项税额转出）"账户。

　　② 外购原材料或商品用于集体福利,借记"应付职工薪酬——非货币性福利"账户,贷记"应交税费——应交增值税（进项税额转出）""原材料"等账户。

　　③ 一般纳税人已取得增值税扣税凭证、按照现行增值税制度规定准予从销项税额中抵扣，但尚未经税务机关认证的进项税额，一般纳税人已申请稽核但尚未取得稽核相符结果的海关缴款书进项税额，借记"原材料""固定资产""应付职工薪酬""应交税费——待认证进项税额"等账户，贷记"应付账款"等账户。经认证后准予抵扣时，借记"应交税费——应交增值税（进项税额）"账户，贷记"应交税费——待认证进项税额"账户；若进项税额不准抵扣时，应同时借记"原材料""固定资产""应付职工薪酬"等账户，贷记"应交税费——应交增值税（进项税额转出）"账户。

　　做中学 3-14　承"做中学 3-13"，2×21 年 1 月时达公司发生的事项以及相关的会计分录如下。

　　① 10 日，库存材料因管理不善发生火灾损失，材料实际成本为 20 000 元，增值税专用发票确认的增值税税额为 2 600 元。

　　借：待处理财产损溢（20 000+2 600）　　　　　　　　　　　　　22 600
　　　　贷：原材料　　　　　　　　　　　　　　　　　　　　　　　　20 000
　　　　　　应交税费——应交增值税（进项税额转出）　　　　　　　　　2 600

　　② 18 日，领用一批外购材料用于集体福利，该批原材料的成本为 60 000 元，增值税专用发票注明的进项税额为 7 800 元。

　　借：应付职工薪酬——职工福利费　　　　　　　　　　　　　　　67 800
　　　　贷：原材料　　　　　　　　　　　　　　　　　　　　　　　　60 000
　　　　　　应交税费——应交增值税（进项税额转出）　　　　　　　　　7 800

③ 20 日，外购空调扇 300 台作为福利发放给直接从事生产的职工，取得的增值税专用发票上注明的价款为 150 000 元、增值税税额为 19 500 元，以银行存款支付了购买空调扇的价款和增值税进项税额，增值税专用发票尚未经税务机关认证。

1> 购入时，增值税专用发票尚未经税务机关认证：

借：库存商品——空调扇	150 000
应交税费——待认证进项税额	19 500
贷：银行存款	169 500

2> 经税务机关认证不可抵扣时：

借：应交税费——应交增值税（进项税额）	19 500
贷：应交税费——待认证进项税额	19 500

同时，

借：库存商品——空调扇	19 500
贷：应交税费——应交增值税（进项税额转出）	19 500

3> 实际发放时：

借：应付职工薪酬——非货币性福利	169 500
贷：库存商品——空调扇	169 500

（2）销售等

① 企业销售货物，提供加工修理修配劳务，销售服务、无形资产或不动产时，按照不含税销售额和增值税税率计算确认"应交税费——应交增值税（销项税额）"。

会计上收入或利得确认时点先于增值税纳税义务发生时点的，应将相关销项税额记入"应交税费——待转销项税额"账户，待实际发生纳税义务时再转入"应交税费——应交增值税（销项税额）"账户。

【小提示】发生销售退回的，应根据开具的红字增值税专用发票做相反的会计分录。

② 视同销售。企业将自产或委托加工的货物用于集体福利或个人消费，将自产、委托加工或购买的货物作为投资、提供给其他单位或个体工商户、分配给股东或投资者、对外捐赠等，按照现行增值税制度规定，应视同销售处理，计算应交增值税。

1> 对外捐赠。借记"营业外支出"账户（成本＋视同销售增值税），贷记"库存商品"账户（成本价）、"应交税费——应交增值税（销项税额）"账户（计税价或公允价或市场价×税率）。

2> 对外投资。借记"长期股权投资"账户等，贷记"其他业务收入"账户（一般为双方协商不含税价值）、"应交税费——应交增值税（销项税额）"账户；同时借记"其他业务成本"账户，贷记"库存商品"等账户。

3> 支付股利。借记"应付股利"账户，贷记"主营业务收入"账户（市场价或计税价格）、"应交税费——应交增值税（销项税额）"账户，同时借记"主营业务成本"账户，贷记"库存商品"账户。

4> 集体福利。借记"应付职工薪酬"账户（公允价值＋视同销售增值税），贷记"主营业务收入"账户（公允价值、售价或计税价格）、"应交税费——应交增值税（销项税额）"账户，同时借记"主营业务成本"账户，贷记"库存商品"（成本）账户。

【请注意】仅"捐赠"不确认收入，而是以成本＋视同销售增值税计入营业外支出。

做中学 3-15 承"做中学 3-13"，2×21 年 1 月时达公司发生与销售有关的交易及相关的会计分录如下。

① 15 日，销售产品一批，开具的增值税专用发票上注明的价款为 3 000 000 元、增值税税额为 390 000 元，提货单和增值税专用发票已交给买方，款项尚未收到，成本为 2 400 000 元。

借：应收账款   3 390 000
  贷：主营业务收入   3 000 000
    应交税费——应交增值税（销项税额） 390 000
借：主营业务成本   2 400 000
  贷：库存商品   2 400 000

② 28 日，为外单位代加工电脑桌 500 个，每个收取加工费 80 元，加工完成，开具的增值税专用发票上注明的价款为 40 000 元、增值税税额为 5 200 元，款项已收到并存入银行。（假定劳务成本 30 000 元）

借：银行存款   45 200
  贷：主营业务收入   40 000
    应交税费——应交增值税（销项税额）   5 200
借：主营业务成本   30 000
  贷：合同履约成本   30 000

做中学 3－16 承"做中学 3-13"，2×21 年 1 月时达公司发生与销售有关的交易及相关的会计分录如下。

① 10 日，以公司生产的产品对外捐赠，该批产品的实际成本为 200 000 元，市场不含税售价为 250 000 元，开具的增值税专用发票上注明的增值税税额为 32 500 元。

借：营业外支出   232 500
  贷：库存商品   200 000
    应交税费——应交增值税（销项税额） 32 500

② 25 日，时达公司用一批原材料对外进行长期股权投资。该批原材料实际成本为 600 000 元，双方协商不含税价格为 750 000 元，开具的增值税专用发票上注明的增值税税额为 97 500 元。

借：长期股权投资   847 500
  贷：其他业务收入   750 000
    应交税费——应交增值税（销项税额） 97 500
同时，
借：其他业务成本   600 000
  贷：原材料   600 000

（3）缴纳增值税

对企业来说，增值税的纳税期限一般为一个月，应纳税额于月终后 10 天内上缴。一般纳税人缴纳增值税的相关账务处理如表 3-5 所示。

表 3-5 一般纳税人缴纳增值税的相关账务处理

内　　容	账务处理
企业缴纳当月应交的增值税	借：应交税费——应交增值税（已交税金） 贷：银行存款
企业缴纳以前期间未交的增值税	借：应交税费——未交增值税 贷：银行存款

做中学 3-17 2×21 年 1 月时达公司当月发生增值税销项税额合计为 525 200 元、增值税进项税额转出合计为 29 900 元、增值税进项税额合计为 195 050 元。时达公司应做如下账务处理。

应交增值税 =525 200+29 900-195 050=360 050（元）

1 月 30 日，时达公司当月实际缴纳增值税 310 050 元：

借：应交税费——应交增值税（已交税金）　　　　　　　　　　310 050
　　贷：银行存款　　　　　　　　　　　　　　　　　　　　　　310 050

（4）月末转出多交增值税和未交增值税

月度终了，企业应当将当月应交未交或多交的增值税自"应交增值税"明细账户转入"未交增值税"明细账户。

① 对于当月应交未交的增值税（未交增值税增加），应借记"应交税费——应交增值税（转出未交增值税）"账户，贷记"应交税费——未交增值税"账户。

② 对于当月多交的增值税（未交增值税减少），应借记"应交税费——未交增值税"账户，贷记"应交税费——应交增值税（转出多交增值税）"账户。

做中学 3-18 2×21 年 1 月末，时达公司将尚未缴纳的其余增值税税款 50 000 元转账。应编制如下会计分录：

借：应交税费——应交增值税（转出未交增值税）　　　　　　　50 000
　　贷：应交税费——未交增值税　　　　　　　　　　　　　　　50 000

做中学 3-19 2×21 年 2 月，时达公司缴纳 1 月未交增值税。应编制如下会计分录：

借：应交税费——未交增值税　　　　　　　　　　　　　　　　50 000
　　贷：银行存款　　　　　　　　　　　　　　　　　　　　　　50 000

5. 小规模纳税人的账务处理

小规模纳税人不享有进项税额的抵扣权，其购进货物或接受应税劳务和应税服务支付的增值税直接计入有关货物或劳务成本。因此，小规模纳税人只需在"应交税费"账户下设置"应交增值税"明细账户，不需要在"应交增值税"明细账户中设置专栏。小规模纳税人销售服务、转让无形资产的征收率为 3%。小规模纳税人销售不动产、出租不动产的征收率为 5%。

购进：购进货物、接受应税劳务（服务），取得的增值税专用发票上注明的增值税一律不予抵扣，直接计入相关成本费用或资产。

销售：应当按照不含税销售额和规定的增值税征收率计算缴纳增值税，但不得开具增值税专用发票。

小规模纳税人购入材料时，借记"原材料"等账户（含税，增值税计入成本），贷记"银行存款"等账户；销售货物（服务）时，借记"银行存款"等账户，贷记"主营业务收入""应交税费——应交增值税"账户；缴纳增值税时，借记"应交税费——应交增值税"账户，贷记"银行存款"账户。

小规模纳税人的账务处理

做中学 3-20 2×21 年 2 月，远大公司为增值税小规模纳税人，适用增值税征收率为 3%。

① 购入原材料一批，取得的增值税专用发票中注明价款 30 000 元、增值税 3 900 元，款项以银行存款支付，材料已验收入库。远大公司应编制如下会计分录：

借：原材料　　　　　　　　　　　　　　　　　　　　　　　　33 900

　　　　贷：银行存款　　　　　　　　　　　　　　　　　　　　　　　　　　　　　　33 900

　　② 销售产品一批，开具的增值税普通发票上注明的价款（含税）为 51 500 元，款项已存入银行。远大公司应做如下账务处理。

　　不含税销售额 =51 500÷（1+3%）=50 000（元）

　　应纳增值税 =50 000×3%=1 500（元）

　　借：银行存款　　　　　　　　　　　　　　　　　　　　　　　　　　　　　　　　51 500

　　　　贷：主营业务收入　　　　　　　　　　　　　　　　　　　　　　　　　　　　50 000

　　　　　　应交税费——应交增值税　　　　　　　　　　　　　　　　　　　　　　　 1 500

　　③ 远大公司下月以银行存款上缴增值税 1 500 元。应编制如下会计分录：

　　借：应交税费——应交增值税　　　　　　　　　　　　　　　　　　　　　　　　　 1 500

　　　　贷：银行存款　　　　　　　　　　　　　　　　　　　　　　　　　　　　　　 1 500

6. 差额征税的账务处理

　　根据财政部和国家税务总局营改增试点政策的规定，对于企业发生的某些业务（金融商品转让、经纪代理服务、融资租赁和融资性售后回租业务、一般纳税人提供客运场站服务、试点纳税人提供旅游服务、选择简易计税方法提供建筑服务等）无法通过抵扣机制避免重复征税的，应采用差额征税方式计算缴纳增值税。

　　（1）企业按规定相关成本费用允许扣减销售额的账务处理

　　发生费用支出时，借记"主营业务成本"等账户，贷记"银行存款"等账户。根据增值税扣税凭证抵减销项税额时，借记"应交税费——应交增值税（销项税额抵减）"账户或"应交税费——简易计税""应交税费——应交增值税（小规模纳税人）"账户，贷记"主营业务成本"等账户。

　　（2）企业转让金融商品按规定以盈亏相抵后的余额作为销售额

　　月末产生转让收益时，借记"投资收益"等账户，贷记"应交税费——转让金融商品应交增值税"账户。月末产生转让损失，则按可结转下月抵扣税额，借记"应交税费——转让金融商品应交增值税"账户，贷记"投资收益"等账户。缴纳增值税时，借记"应交税费——转让金融商品应交增值税"账户，贷记"银行存款"账户。年末，"应交税费——转让金融商品应交增值税"账户如有借方余额，则借记"投资收益"等账户，贷记"应交税费——转让金融商品应交增值税"账户。

做中学 3-21 黄河旅行社为增值税一般纳税人，应交增值税采用差额征税方式核算。2×21年 2 月，该旅行社为东海公司提供职工境内旅游服务，向东海公司收取含税价款 318 000 元，其中增值税 18 000 元，全部款项已收妥入账。该旅行社以银行存款支付其他接团旅游企业的旅游费用和其他单位相关费用共计 254 400 元，其中，因允许扣减销售额而减少的销项税额为 14 400 元。该旅行社应做如下账务处理。

　　① 确认旅游服务收入：

　　借：银行存款　　　　　　　　　　　　　　　　　　　　　　　　　　　　　　　 318 000

　　　　贷：主营业务收入　　　　　　　　　　　　　　　　　　　　　　　　　　　 300 000

　　　　　　应交税费——应交增值税（销项税额）　　　　　　　　　　　　　　　　　 18 000

　　② 支付旅游费用等：

　　借：主营业务成本　　　　　　　　　　　　　　　　　　　　　　　　　　　　　 254 400

　　贷：银行存款　　　　　　　　　　　　　　　　　　　　　　254 400

③根据增值税扣税凭证抵减销项税额，并调整成本：

借：应交税费——应交增值税（销项税额抵减）　　　　　　　　14 400

　　贷：主营业务成本　　　　　　　　　　　　　　　　　　　　14 400

7. 增值税税控系统专用设备和技术维护费用抵减增值税账务处理

　　企业初次购买增值税税控系统专用设备支付的费用及缴纳的技术维护费允许在增值税应纳税额中全额抵减。

做中学 3-22 天华公司为增值税一般纳税人，初次购买数台增值税税控系统专用设备作为固定资产核算，取得的增值税专用发票上注明的价款为 38 000 元、增值税税额为 4 940 元，价款和税款以银行存款支付。天华公司应做如下账务处理。

①取得设备，支付价款和税款：

借：固定资产　　　　　　　　　　　　　　　　　　　　　　　42 940

　　贷：银行存款　　　　　　　　　　　　　　　　　　　　　　42 940

②按规定抵减增值税应纳税额：

借：应交税费——应交增值税（减免税款）　　　　　　　　　　42 940

　　贷：管理费用　　　　　　　　　　　　　　　　　　　　　　42 940

（二）应交消费税

1. 消费税概述

　　消费税，是指在我国境内生产、委托加工和进口应税消费品的单位和个人，按其流转额缴纳的一种税。消费税有从价定率和从量定额两种征收方法。

其计算公式为：

从价定率下的应交消费税＝应税消费品销售额（不含税）×适用税率

从量定率下的应交消费税＝应税消费品销售数量×适用税额标准

复合计税下的应交消费税＝不含增值税售价×税率＋数量×单位税额

不含税销售额＝含增值税销售额÷（1+13% 或 9% 等）

【小提示】消费税是一种"价内税"，价内税的特点是会影响企业当期的损益。

2. 征税范围

消费税征税范围如表 3-6 所示。

表 3-6　消费税征税范围

应税消费品
烟、酒
鞭炮、焰火，木制一次性筷子，实木地板，电池，涂料
摩托车、小汽车、游艇、成品油、高尔夫球及球具、高档手表、贵重首饰及珠宝玉石
高档化妆品

3. 应交消费税的账务处理

　　企业为了正确核算应交消费税的发生和缴纳情况，应在"应交税费"账户下设置"应交消费税"明细账户。该账户贷方登记按规定应缴纳的消费税，借方登记企业实际缴纳的消费税，

期末贷方余额表示企业尚未缴纳的消费税，期末借方余额表示多缴纳的消费税。

（1）进口应税消费品——为取得资产而发生

企业进口应税物资在进口环节应交的消费税，计入该项物资的成本。

做中学 3-23 时达公司从国外进口一批需要缴纳消费税的商品，已知该商品关税完税价格540 000 元，按规定应缴纳关税 108 000 元，假定进口的应税消费品的消费税税率为 10%、增值税税率为 13%，则消费税为 72 000 元、增值税为 93 600 元。进口商品已经验收入库，货款和税款已经用银行存款支付。时达公司应编制如下会计分录：

借：库存商品 720 000
　　应交税费——应交增值税（进项税额） 93 600
　　贷：银行存款 813 600

（2）委托加工应税消费品

委托加工应税消费品在做会计处理时，需要缴纳消费税的委托加工物资，于委托方提货时，由受托方代收代缴税款。（个人除外）

受托方代收代缴消费税的账务处理，借记"应收账款""银行存款"等账户，贷记"应交税费——应交消费税"账户。

委托加工物资收回后，视具体情形进行相应的账务处理，如表 3-7 所示。具体账务处理详见项目二任务四子任务三"委托加工物资核算"。

表 3-7　委托加工物资收回后的账务处理

委托加工物资收回后	账务处理
直接用于销售的	委托方应将受托方代收代缴的消费税计入委托加工物资的成本
用于连续生产应税消费品	按规定准予抵扣的， 借：应交税费——应交消费税 　　贷：应付账款、银行存款等

（3）销售应税消费品——为取得日常收入缴纳

企业将生产的产品直接对外销售的，按规定计算出应缴纳的消费税，借记"税金及附加"账户，贷记"应交税费——应交消费税"账户。

做中学 3-24 时达公司销售所生产的化妆品，价款 100 万元（不含增值税），增值税专用发票上注明的增值税税额为 13 万元，适用的消费税税率为 30%，款项已存入银行。时达公司应做如下账务处理。

① 取得价款和税款：

借：银行存款 1 130 000
　　贷：主营业务收入 1 000 000
　　　　应交税费——应交增值税（销项税额） 130 000

② 计算应交的消费税 =100×30%=30（万元）

借：税金及附加 300 000
　　贷：应交税费——应交消费税 300 000

（4）自产自用应税消费品

企业将生产的应税消费品用于在建工程、职工集体福利等时，应借记"在建工程""应付职工薪酬——职工福利"等账户，贷记"应交税费——应交消费税"等账户。

做中学 3-25 时达公司在建工程领用自产柴油，成本为 50 000 元，应纳消费税 6 000 元，产品售价 60 000 元，增值税税率 13%。不考虑其他相关税费。时达公司应编制如下会计分录：

借：在建工程　　　　　　　　　　　　　　　　　　　　　　　　56 000
　　贷：库存商品　　　　　　　　　　　　　　　　　　　　　　　50 000
　　　　应交税费——应交消费税　　　　　　　　　　　　　　　　6 000

（三）其他应交税费

其他应交税费，是指上述应交税费以外的其他各种应上缴国家的税费，包括应交资源税、应交城市维护建设税、应交土地增值税、应交所得税、应交房产税、应交土地使用税、应交车船税、应交教育费附加、应交矿产资源补偿费、应交个人所得税等。企业应当在"应交税费"账户下设置相应的明细账户进行核算，贷方登记应缴纳的有关税费，借方登记已缴纳的有关税费，期末贷方余额反映尚未缴纳的有关费用。

1. 应交资源税

资源税，是对在我国境内开采矿产品或生产盐的单位和个人征收的税。对外销售应税产品应缴纳的资源税应借记"税金及附加"账户，贷记"应交税费——应交资源税"账户；自产自用应税产品应缴纳的资源税应借记"生产成本""制造费用"等账户，贷记"应交税费——应交资源税"账户。缴纳资源税时，应借记"应交税费——应交资源税"账户，贷记"银行存款"账户。

2. 应交城市维护建设税

城市维护建设税，是以增值税、消费税为计税依据的一种税。其纳税人为缴纳增值税、消费税的单位和个人，以纳税人实际缴纳的增值税、消费税为依据，并分别与二项税金同时缴纳。税率因纳税人所在地不同为 1% ~ 7%。公式为：

应纳税额＝（应交增值税＋应交消费税）×适用税率

【小提示】税率：市区 7%；县城、镇 5%；不在市区、县城或镇的，1%。

企业按规定计算出应交城市维护建设税时，借记"税金及附加"等账户，贷记"应交税费——应交城市建设维护税"账户；实际缴纳时，按实际支付的金额借记"应交税费——应交城市建设维护税"账户，贷记"银行存款"账户。

3. 应交教育费附加

教育费附加，是指为了发展教育事业而向企业征收的附加费用。企业按应交流转税的一定比例计算缴纳教育费附加。企业按规定计算出应交教育费附加，借记"税金及附加"等账户，贷记"应交税费——应交教育费附加"账户。

【小提示】教育费附加税率为 3%。

做中学 3-26 2×21 年 1 月，时达公司实际缴纳增值税 510 000 元、消费税 240 000 元，城市维护建设税税率为 7%、教育费附加税率为 3%。时达公司应做如下账务处理。

① 计算应交城市维护建设税、应交教育费附加：

应交城市维护建设税＝（510 000+240 000）×7%=52 500（元）

应交教育费附加＝（510 000+240 000）×3%=22 500（元）

借：税金及附加　　　　　　　　　　　　　　　　　　　　　　　75 000

  贷：应交税费——应交城市维护建设税   52 500

       ——应交教育费附加   22 500

  ②用银行存款缴纳城市维护建设税和教育费附加：

  借：应交税费——应交城市维护建设税   52 500

       ——应交教育费附加   22 500

    贷：银行存款   75 000

4. 应交土地增值税

  土地增值税，是指对转让国有土地使用权、地上的建筑物及其附着物（以下简称转让房地产）并取得增值性收入的单位和个人所征收的一种税。

  转让房地产的增值额是转让收入减去税法规定扣除项目金额后的余额。其中，转让收入包括货币收入、实物收入和其他收入；扣除项目主要包括取得土地使用权所支付的金额、房地产开发成本及费用、与转让房地产有关的税金、旧房及建筑物的评估价格、财政部确定的其他扣除项目等。我国对土地使用税税率采取的是四级超率累进税率。

  企业应交的土地增值税视情况记入不同账户。企业转让的土地使用权同地上的建筑物及其附属物一并在"固定资产"账户核算的，转让时按应交的土地增值税，借记"固定资产清理"账户，贷记"应交税费——应交土地增值税"账户。土地使用权在"无形资产"账户核算的：按实际收到的金额，借记"银行存款""累计摊销""无形资产减值准备"账户；按应交的土地增值税，贷记"应交税费——应交土地增值税"账户，同时冲销土地使用权的账面价值，贷记"无形资产"账户；按其差额，借记或贷记"资产处置损益"账户。房地产开发经营企业销售房地产应缴纳的土地增值税，借记"税金及附加"账户，贷记"应交税费——应交土地增值税"账户；实际缴纳土地增值税时，借记"应交税费——应交土地增值税"账户，贷记"银行存款"账户。

5. 应交房产税、城镇土地使用税、车船税和矿产资源补偿费

  房产税，是国家在对城市、县城、建制镇和工矿区征收的由产权所有人缴纳的一种税。房产税依照房产原值一次减除10%～30%后的余额计算缴纳。没有房产原值为依据的，由房地产所在地税务机关参考同类房产核定；房产出租的，以房产租金收入为房产税的计税依据。房产税采用比例税率，从价计征。依照房产余值计算缴纳的，年税率为1.2%；依照房产租金收入计算缴纳的，年税率为12%。

  城镇土地使用税，是以城镇、县城、建制镇、工矿区范围内使用土地的单位和个人为纳税人，以其实际占用土地面积和规定税额征收的一种税。城镇土地使用税适用地区幅度差别定额税率。城镇土地使用税每平方米年税额标准的具体规定：大城市1.5～30元；中等城市1.2～24元；小城市0.9～18元；县城、建制镇、工矿区0.6～12元。

  车船税是以车辆、船舶（简称车船）为课征对象，向车船所有人或管理人征收的一种税。采用与车辆在价值上存在正相关关系的"排气量"作为计税依据，对乘用车按"排气量"划分为七个档次征收。

  矿产资源补偿费是对在我国邻域和管辖海域开采矿产资源的采矿人征收的费用。矿产资源补偿费按照矿产品销售收入的一定比例计征。

  企业应交的房产税、城镇土地使用税、车船税、矿产资源补偿费，借记"管理费用"账户，贷记"应交增值税——应交房产税（或应交城镇土地使用税、应交车船税、应交矿产资源补偿费）"账户。

【请注意】印花税、耕地占用税等不通过"应交税费"账户核算。印花税，借记"税金及附加"账户，贷记"银行存款"账户；耕地占用税，借记"无形资产等（购买土地）""在建工程（购建固定资产）"等账户，贷记"银行存款"账户。

6. 应交个人所得税

企业职工按规定应缴纳的个人所得税通常由单位代扣代缴。企业按规定计算的代扣代缴的职工个人所得税，借记"应付职工薪酬"账户，贷记"应交税费——应交个人所得税"账户；企业缴纳个人所得税时，借记"应交税费——应交个人所得税"账户，贷记"银行存款"等账户。详见本项目"做中学3-7"。

其他应交税费小结

任务实施

华盛公司会计张红根据任务资料，应做如下账务处理。（以下会计分录的金额单位为万元）

① 4日，公司销售产品（原材料）100万元，增值税税率为13%，税法规定5月确认增值税纳税义务。

第一步，3月确认收入，增值税待转：

借：应收账款　　　　　　　　　　　　　　　　　　　　113
　　贷：主营业务收入（其他业务收入）　　　　　　　　　　100
　　　　应交税费——待转销项税额　　　　　　　　　　　　　13

第二步，5月实际发生纳税义务：

借：应交税费——待转销项税额　　　　　　　　　　　　　13
　　贷：应交税费——应交增值税（销项税额）　　　　　　　　13

② 6日，公司销售产品100万元，商品成本80万元，经济利益不是很可能流入，增值税专用发票已经开出，税率13%，4月购买方经营情况好转，承诺近期付款。

第一步，3月发出商品，发生增值税纳税义务：

借：发出商品　　　　　　　　　　　　　　　　　　　　　80
　　贷：库存商品　　　　　　　　　　　　　　　　　　　　80
借：应收账款　　　　　　　　　　　　　　　　　　　　　13
　　贷：应交税费——应交增值税（销项税额）　　　　　　　　13

第二步，4月确认收入，结转成本：

借：应收账款　　　　　　　　　　　　　　　　　　　　　100
　　贷：主营业务收入　　　　　　　　　　　　　　　　　　100
借：主营业务成本　　　　　　　　　　　　　　　　　　　80
　　贷：发出商品　　　　　　　　　　　　　　　　　　　　80

【任务小结】

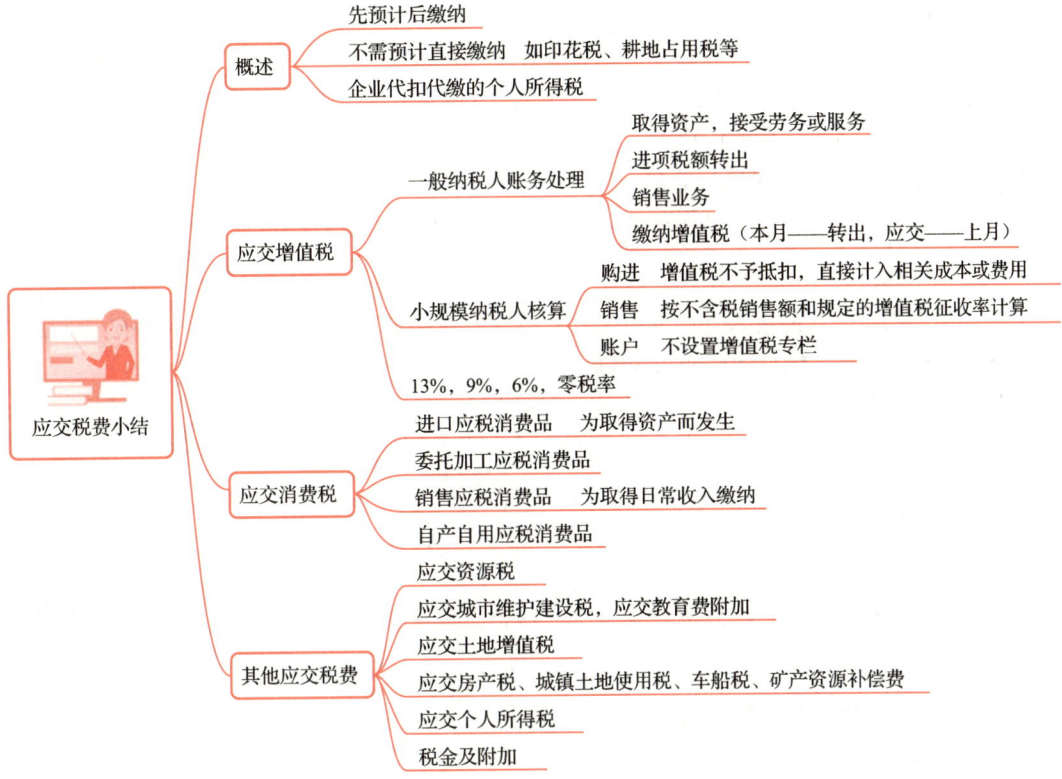

应交税费小结
- 概述
  - 先预计后缴纳
  - 不需预计直接缴纳 如印花税、耕地占用税等
  - 企业代扣代缴的个人所得税
- 应交增值税
  - 一般纳税人账务处理
    - 取得资产，接受劳务或服务
    - 进项税额转出
    - 销售业务
    - 缴纳增值税（本月——转出，应交——上月）
  - 小规模纳税人核算
    - 购进 增值税不予抵扣，直接计入相关成本或费用
    - 销售 按不含税销售额和规定的增值税征收率计算
    - 账户 不设置增值税专栏
  - 13%，9%，6%，零税率
- 应交消费税
  - 进口应税消费品 为取得资产而发生
  - 委托加工应税消费品
  - 销售应税消费品 为取得日常收入缴纳
  - 自产自用应税消费品
- 其他应交税费
  - 应交资源税
  - 应交城市维护建设税，应交教育费附加
  - 应交土地增值税
  - 应交房产税、城镇土地使用税、车船税、矿产资源补偿费
  - 应交个人所得税
  - 税金及附加

任务五　非流动负债核算

任务导言

流动负债以外的负债应当归类为非流动负债。非流动负债，是指偿还期在一年或超过一年的一个营业周期以上的债务，包括长期借款、应付债券、长期应付款等。与流动负债相比，它具有债务金额较大、偿还期限较长、可以分期偿还等特点。

任务描述

华盛公司 2020 年 1 月 1 日为建造一栋厂房，借入期限为 2 年的长期专门借款 1 500 000 元，款项已存入银行。借款利率按市场利率确定为 7%，每年付息一次，期满后一次还本。2020 年 1 月，该公司以银行存款支付工程价款共计 900 000 元，2021 年 1 月，又以银行存款支付工程费用 600 000 元。该厂房于 2021 年 6 月 30 日完工，达到预定可使用状态。假定不考虑闲置专门借款资金存款的利息收入或投资收益。请会计张红做出相关账务处理。

一、长期借款

（一）长期借款概述

长期借款是指企业向银行或其他金融机构借入的期限在一年以上（不含一年）的各种借款。按照付息方式与本金的偿还方式，可将长期借款分为分期付息到期还本、到期一次还本付息、分期偿还本息长期借款；按所借币种，可分为人民币长期借款和外币长期借款。长期借款的使用关系到企业的生产经营规模和效益，一般用于固定资产的购建、改扩建工程、大修理工程、对外投资及为保持长期经营能力等方面。因此必须加强长期借款的核算与管理。

（二）长期借款核算的账户设置

为了核算长期借款的借入、归还情况，企业应设置"长期借款"账户。"长期借款"账户属于负债类账户，具体账户结构如图 3-11 所示。

借方	长期借款	贷方
本息减少额		企业向银行或其他金融机构借入的本息增加额
反映企业尚未偿还的长期借款		

图 3-11 "长期借款"账户结构

【请注意】"长期借款"账户应当按贷款单位和贷款种类，设置"本金""利息调整"等明细账户进行核算。

（三）长期借款的账务处理

1. 取得长期借款

企业借入长期借款，应按实际收到的金额，借记"银行存款"账户，贷记"长期借款——本金"账户；按其差额，借记"长期借款——利息调整"账户。

做中学 3-27 时达公司于 2×21 年 1 月 1 日从银行借入资金 3 000 000 元，借款期限为 3 年，年利率为 4.8%（到期一次还本付息，不计复利）。所借款项已存入银行。时达公司用该借款于当日购买不需要安装的设备一台，价款 2 000 000 元，增值税 260 000 元，另支付保险等费用 100 000 元，设备已于当日投入使用。时达公司应做如下账务处理。

① 取得借款：

借：银行存款　　　　　　　　　　　　　　　　　　　3 000 000

　　贷：长期借款——本金　　　　　　　　　　　　　　　　3 000 000

② 支付设备款及保险费用：

借：固定资产　　　　　　　　　　　　　　　　　　　2 100 000

　　应交税费——应交增值税（进项税额）　　　　　　　260 000

　　贷：银行存款　　　　　　　　　　　　　　　　　　　2 360 000

2. 发生长期借款利息

长期借款利息费用应当在资产负债表日按照实际利率法确定，实际利率与合同利率差异较小的，也可采用合同利率计算确定利息费用。长期借款利息费用，应当按以下原则计入有关成本、费用：属于筹建期间的，计入管理费用；属于生产经营期间的，计入财务费用；如果长期

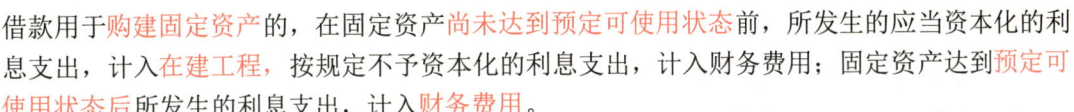

借款用于购建固定资产的，在固定资产尚未达到预定可使用状态前，所发生的应当资本化的利息支出，计入在建工程，按规定不予资本化的利息支出，计入财务费用；固定资产达到预定可使用状态后所发生的利息支出，计入财务费用。

企业计提利息时，借记"在建工程""制造费用""财务费用""研发支出"等账户；分期付息、一次还本的借款按合同利率计算确定的应付未付利息，贷记"应付利息"账户（到期一次还本付息的借款按合同利率计算确定的应付未付利息，贷记"长期借款——应计利息"账户）；按其差额，贷记"长期借款——利息调整"账户。

做中学 3-28 承"做中学 3-27"，时达公司于 2×21 年 12 月 30 日计提长期借款利息。时达公司应做如下账务处理。

2×21 年 12 月 30 日计提的长期借款利息 =3 000 000×4.8%÷12=12 000（元）

借：财务费用   12 000

    贷：长期借款——应计利息   12 000

（三）偿还长期借款

企业偿还长期借款本金时，借记"长期借款——本金"账户，贷记"银行存款"账户。同时，存在利息调整余额的，借或贷记"在建工程""制造费用""财务费用""研发支出"等账户，贷或借记"长期借款——利息调整""长期借款——应计利息"账户。

做中学 3-29 承"做中学 3-28""做中学 3-27"，时达公司于 2×24 年偿还该笔银行借款本息，应做如下会计分录：

借：财务费用   12 000

    长期借款——本金   3 000 000

        ——应计利息   420 000

    贷：银行存款   3 432 000

二、长期应付款

长期应付款，是指企业除长期借款和应付债券外的其他各种长期应付款项，如应付融资租入固定资产的租赁费、以分期付款方式购入固定资产发生的应付款项等。

为了核算和监督企业长期应付款的发生和归还等业务，企业应设置"长期应付款"账户。该账户属于负债类，贷方登记企业发生的长期应付款，借方登记企业归还的长期应付款，期末贷方余额反映企业尚未归还的各种长期应付款。该账户可按长期应付款的种类和债权人进行明细核算。

企业购买资产有可能延期支付有关价款。如果延期支付的购买价款超过正常信用条件，实质上具有融资性质的，所购资产的成本不能以各期付款额之和确定，应当以延期支付购买价款的现值为基础确认。固定资产购买价款的现值，应当按照各期支付的价款选择适当的折现率进行折现后的金额加以确定。折现率是反映当期市场货币时间价值和延期付款债务特定风险的利率，应当在信用期间内采用实际利率法进行摊销，计入相关资产成本或当期损益。具体来说，企业购入资产超过正常信用条件延期付款实质上具有融资性质时，应按购买价款的现值，借记"固定资产""在建工程""财务费用"等账户；按应支付的价款总额，贷记"长期应付款"账户；按其差额，借记"未确认融资费用"账户。

任务实施

华盛公司会计张红应做如下账务处理。

① 2020 年 1 月，取得借款：

借：银行存款   1 500 000

　　贷：长期借款——本金   1 500 000

② 2020 年年初，支付工程款：

借：在建工程——厂房   900 000

　　贷：银行存款   900 000

③ 2020 年 12 月，计算应计入工程成本的利息费用：

借：在建工程——厂房   63 000

　　财务费用   42 000

　　贷：应付利息   105 000

④ 2020 年 12 月，支付借款利息：

借：应付利息   105 000

　　贷：银行存款   105 000

请各位同学思考还需要做哪些账务处理？

【任务小结】

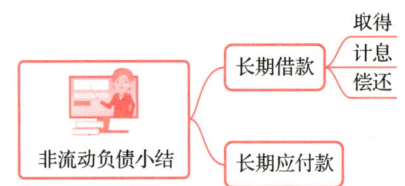

项目四

所有者权益

↘ 职业能力与素养目标

◆ 身心健康并具有劳模精神、工匠精神和诚实守信的职业素养；

◆ 掌握实收资本的核算；

◆ 掌握资本公积的来源及核算；

◆ 掌握留存收益的核算；

◆ 熟悉利润分配的内容；

◆ 熟悉盈余公积和未分配利润的概念及内容；

◆ 初步具有相应的会计职业判断意识。

↘ 引导案例

年内 327 家 A 股公司耗资近 440 亿元回购股份

9 月底刚刚完成超 50 亿元回购方案之后，近日，格力电器又抛出了年内第二轮回购计划，拟使用不低于 30 亿元不超过 60 亿元自有资金、以集中竞价交易方式回购公司 A 股股份。

实际上，实施二轮回购的 A 股上市公司并不罕见。《证券日报》记者根据同花顺数据整理，截至 10 月 15 日，年内 327 家上市公司耗资 439.93 亿元实施回购，12 家已经开启第二轮回购。从回购目的来看，超七成公司用于实施股权激励计划。

（资料来源：2020 年 10 月 16 日，经济日报）

案例解答

【请思考】上市公司回购股票的意义在哪里？股份回购会对公司的股份产生什么影响？欢迎学习项目四。

任务一　实收资本核算

任务导言

所有者权益，是指企业资产扣除负债后所有者享有的剩余权益。它在数量上等于资产减去负债后的余额（通常被称为净资产）。所有者权益的表现形式取决于企业的组织形式。对于独资企业和合作企业来说，所有者权益可以称为业主权益和合作人权益；对股份公司而言，则通常称为股东权益。

企业为了进行正常的生产经营活动，必须拥有一定数量的资金。企业取得资金的渠道主要有两个：一是债务资本筹资；二是权益资本筹资。企业所有者权益的来源包括所有者投入的资本、资产增值和经营中获得的利润。具体而言，所有者权益包括实收资本（股本）、其他权益工具、资本公积、其他综合收益、盈余公积和未分配利润等项目。

任务描述

华盛公司 2015 年采取发起设立的方式成立公司，由发起人 A、B、C 一次性认购全部普通股 3 000 万股，每股面值 1 元，其中，A 公司认购 900 万股，B 公司认购 1 200 万股，C 公司认购 900 万股。股款已足额缴至专用账户。请会计张红做出相关账务处理。

一、实收资本概述

实收资本，是指投资者按照公司章程，或者合同、协议的约定，实际投入企业的资本。对于股份公司，投入资本表现为实际发行的股票的面值总额，称为股本；对于有限责任公司，投入资本表现为投资实际出资额，称为实收资本。我国《民典法》规定，股东可以用货币出资，也可以用实物、知识产权、土地使用权等可以用货币估价并可以依法转让的非货币财产作价出资；但是，法律、行政法规规定不得作为出资的财产除外。企业应当对作为出资的非货币财产评估作价，核实财产，不得高估或低估作价。法律、行政法规对评估作价有规定的，从其规定。不论以何种方式出资，投资者如在投资过程中违反投资合约或协议约定，不按规定如期缴足出资额，企业可以依法追究投资者的违约责任。

二、实收资本核算的账户设置

为了核算和监督投资者投入资本的增减变动情况，真实反映所有者投入企业资本的状况，维护所有者各方面在企业的权益，除股份有限公司以外，其他各类企业应设置"实收资本"账户。该账户属于所有者权益类账户，具体账户结构如图 4-1 所示。

借方	实收资本	贷方
本期企业按照法定程序报经批准减少的资本数额	企业实际收到的投资者的出资额 资本公积、盈余公积转增的资本额	
	企业尚未偿还的长期借款	

图 4-1 "实收资本"账户结构

【请注意】该账户可按照投资者设置明细账进行明细核算。

三、实收资本业务的账务处理

实收资本业务的账务处理内容主要包括接受现金资产投资、接受非现金资产投资、实收资本（或股本）的增减变动。

（一）接受现金资产投资

1. 股份有限公司以外的企业接受现金资产投资

股份有限公司以外的企业接受现金资产投资，借记"银行存款"账户；按投资合同或协议约定的投资者在企业注册资本中所占份额的部分，贷记"实收资本"账户；按实际收到的金额与企业投资者在企业注册资本中所占份额的差额，贷记"资本公积"账户。

 **4-1** 2×21 年 1 月 1 日，长天、中信、华成共同投资设立时达公司，注册资本为 2 000 000 元，长天、中信、华成持股比例分别为 60%、25% 和 15%。按照章程规定，长天、中信、华成投入资本分别为 1 200 000 元、500 000 元和 300 000 元。时达公司已如期收到各投资者一次缴足的款项。时达公司应编制如下会计分录：

```
借：银行存款                              2 000 000
    贷：实收资本——长天                       1 200 000
              ——中信                        500 000
              ——华成                        300 000
```

2. 股份有限公司接受现金资产投资

股份有限公司发行股票时既可以按面值发放股票，也可以溢价发行（我国目前不允许折价发行）。股份有限公司在核实的股本总额及核定的股份总额的范围内发行股票时，应在实际收到现金资产时，借记"银行存款"等账户；按每股股票值和发行股份总额的乘积计算的金额，贷记"股本"账户；实际收到的金额与该股本之间的差额，贷记"资本公积——股本溢价"账户。股份有限公司发行股票发生的手续费、佣金等交易费用，应从溢价中抵扣，冲减资本公积（股本溢价）。

 **4-2** 海天股份有限公司发行普通股 10 000 000 股，每股面值 1 元，每股发行价格 5 元。假定股票发行成功，股款 50 000 000 元已全部收到，不考虑发行过程中的税费等因素。根据上述资料，海天股份有限公司应编制如下会计分录：

```
借：银行存款                             50 000 000
    贷：股本                              10 000 000
        资本公积——股本溢价                  40 000 000
```

（二）接受非现金资产投资

1. 接受投入固定资产

企业接受投资者作价投入的房屋、建筑物、机器设备等固定资产，应按投资合同或协议约定的价值确定固定资产价值（但投资合同或协议约定价值不公允的除外）和在注册资本中应享有的份额。

 **4-3** 2×21 年 1 月 1 日，时达公司于设立时收到中山公司作为资本投入的不需要安装的机器设备一台，合同约定该机器设备的价值为 2 000 000 元、增值税进项税额为 260 000 元（由投资方支付税款，并提供或开具增值税专用发票）。经约定，时达公司接受中山公司的投入资本为 2 260 000 元。合同约定的固定资产价值与公允价值相符，不考虑其他因素。时达公司应编制如下会计分录：

```
借：固定资产                              2 000 000
```

应交税费——应交增值税（进项税额）	260 000
贷：实收资本——中山公司	2 260 000

2. 接受投入材料物资

企业接受投资者作价投入的材料物资，应按照投资合同或协议约定的价值确定材料物资价值（但投资合同或协议约定价值不公允的除外）和在注册资本中应享有的份额。

做中学 4-4 2×21 年 1 月 1 日，时达公司于设立时收到华天公司作为资本投入的原材料一批，投资协议约定该批材料的价值（不含可抵扣的增值税进项税额）为 100 000 元、增值税进项税额为 13 000 元（由投资方支付税款，并提供或开具增值税专用发票）。假设合同约定的价值与公允价值相符，不考虑其他因素，原材料按实际成本进行日常核算。时达公司应编制如下会计分录：

借：原材料	100 000
应交税费——应交增值税（进项税额）	13 000
贷：实收资本——华天公司	113 000

3. 接受投入无形资产

企业收到以无形资产方式投入的资本，应按照投资合同或协议约定的价值确定无形资产价值（但投资合同或协议约定价值不公允的除外）和在注册资本中应享有的份额。

做中学 4-5 2×21 年 1 月 1 日，时达公司于设立时收到中天公司作为资本投入的非专利技术一项，该非专利技术投资合同约定价值为 60 000 元，增值税进项税额为 3 600 元（由投资方支付税款，并提供或开具增值税专用发票）；同时收到华美公司作为资本投入的土地使用权一项，投资合同约定价值为 80 000 元、增值税进项税额为 7 200 元（由投资方支付税款，并提供或开具增值税专用发票）。合同约定的资产价值与公允价值相符，不考虑其他因素。时达公司应编制如下会计分录：

借：无形资产——非专利技术	60 000
——土地使用权	80 000
应交税费——应交增值税（进项税额）	10 800
贷：实收资本——中天公司	63 600
——华美公司	87 200

（三）实收资本（或股本）的增减变动

一般情况下，企业的实收资本应相对固定不变，但在某些特定情况下，实收资本也可能发生增减变化。我国《企业法人登记管理条例》规定，除国家另有规定外，企业的注册资金应当与实收资本相一致，当实收资本比原注册资金增加或减少的幅度超过 20% 时，应持资金使用证明或验资证明，向原登记主管机关申请变更登记。如果擅自改变注册资本或抽逃资金，要受到工商管理部门的处罚。

1. 实收资本（或股本）的增加

一般企业增加资本主要有三个途径：接受投资者追加投资、资本公积转增资本和盈余公积转增资本。

企业按规定接受投资者追加投资时，核算原则与投资者初次投入时相同。

企业采用资本公积或盈余公积转增资本时，应按转增的资本金额确认实收资本或股本：用资本公积转增资本时,借记"资本公积——资本溢价(或股本溢价)"账户,贷记"实收资本(或股本)"账户;用盈余公积转增资本时,借记"盈余公积"账户,贷记"实收资本(或股本)"账户。

【请注意】 由于资本公积和盈余公积均属于所有者权益,因此用其转增资本时,如果是独资企业直接结转即可,如果是股份有限公司或有限责任公司应该按照原投资者各自出资比例相应增加各投资者的出资额。

做中学 4-6 长天、中信、华成三人共同投资设立了金海有限责任公司,原注册资本为4 000 000元,长天、中信、华成分别出资500 000元、2 000 000元和1 500 000元。为扩大经营规模,经批准,金海有限责任公司注册资本扩大为5 000 000元,长天、中信、华成按照原比例分别追加投资125 000元、500 000元和375 000元。金海有限责任公司如期收到长天、中信、华成追加的现金投资。金海有限责任公司应编制如下会计分录:

　　借:银行存款　　　　　　　　　　　　　　　　　1 000 000
　　　　贷:实收资本——长天　　　　　　　　　　　　　　　125 000
　　　　　　　　　　——中信　　　　　　　　　　　　　　　500 000
　　　　　　　　　　——华成　　　　　　　　　　　　　　　375 000

本例中,长天、中信、华成三人按原出资比例追加实收资本,因此,金海有限责任公司应分别按照125 000元、500 000元和375 000元的金额,贷记"实收资本"账户中"长天""中信""华成"明细分类账。

做中学 4-7 承"做中学4-6",因扩大经营规模需要,经批准,金海有限责任公司按原出资比例将资本公积1 000 000元转增资本。金海有限责任公司应编制如下会计分录:

　　借:资本公积　　　　　　　　　　　　　　　　　1 000 000
　　　　贷:实收资本——长天　　　　　　　　　　　　　　　125 000
　　　　　　　　　　——中信　　　　　　　　　　　　　　　500 000
　　　　　　　　　　——华成　　　　　　　　　　　　　　　375 000

本例中,资本公积1 000 000元按原出资比例转增实收资本,因此,金海有限责任公司应分别按照125 000元、500 000元和375 000元的金额贷记"实收资本"账户中"长天""中信""华成"明细分类账。

做中学 4-8 承"做中学4-6",因扩大经营规模需要,经批准,金海有限责任公司按原出资比例将盈余公积1 000 000元转增资本。金海有限责任公司应编制如下会计分录:

　　借:盈余公积　　　　　　　　　　　　　　　　　1 000 000
　　　　贷:实收资本——长天　　　　　　　　　　　　　　　125 000
　　　　　　　　　　——中信　　　　　　　　　　　　　　　500 000
　　　　　　　　　　——华成　　　　　　　　　　　　　　　375 000

本例中,盈余公积1 000 000元按原出资比例转增实收资本,因此,金海有限责任公司应分别按照125 000元、500 000元和375 000元的金额,贷记"实收资本"账户中"长天""中信""华成"明细分类账。

2. 实收资本(或股本)的减少

企业减少实收资本应按法定程序报经批准,股份有限公司采用收购本公司股票方式减资的,通过"库存股"账户核算回购股份的金额。回购股票(库存股)支付的对价和交易费用,应当减少所有者权益，不得确认金融资产。减资时，按股票面值和注销股数计算的股票面值借记"股本"账户，按注销库存股的账面余额贷记"库存股"账户，按其差额借记"资本公积——股本溢价"账户。股本溢价不足冲减的，应贷记"盈余公积""利润分配——未分配利润"账户。如果回购股票支付的价款低于面值总额，应按股票面值总额借记"股本"账户，按所注销库存股的账面余额贷记"库存股"账户，按其差额贷记"资本公积（股本溢价）"账户。

做中学 4-9 时达上市公司 2×20 年 12 月 31 日的股本为 100 000 000 元（面值为 1 元），资本公积（股本溢价）为 30 000 000 元，盈余公积为 40 000 000 元。经股东大会批准，时达上市公司以现金回购本公司股票 20 000 000 元股并注销。假定时达上市公司按每股 2 元回购股票，不考虑其他因素。时达上市公司应做如下账务处理。

①回购本公司股票：

库存股成本 =20 000 000×2=40 000 000（元）

借：库存股   40 000 000

  贷：银行存款   40 000 000

②注销本公司股票：

应冲减的资本公积 =20 000 000×2-20 000 000×1=20 000 000（元）

借：股本   20 000 000

  资本公积——股本溢价   20 000 000

  贷：库存股   40 000 000

做中学 4-10 承"做中学 4-9"，假定时达上市公司按每股 3 元回购股票，其他条件不变，时达上市公司应做如下账务处理。

①回购本公司股票：

库存股成本 =20 000 000×3=60 000 000（元）

借：库存股   60 000 000

  贷：银行存款   60 000 000

②注销本公司股票：

应冲减的资本公积 =20 000 000×3-20 000 000×1=40 000 000（元）

借：股本   20 000 000

  资本公积——股本溢价   30 000 000

  盈余公积   10 000 000

  贷：库存股   60 000 000

本例中，由于应冲减的资本公积大于公司现有的资本公积，所以只能冲减资本公积 30 000 000 元，剩余的 10 000 000 元应冲减盈余公积。

任务实施

华盛公司会计张红应做如下会计分录：

借：银行存款   30 000 000

  贷：股本——A 企业   9 000 000

     ——B 企业   12 000 000

     ——C 企业   9 000 000

【任务小结】

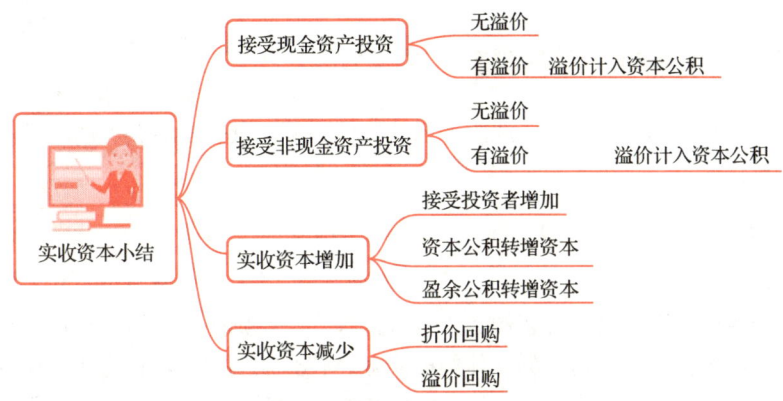

- 实收资本小结
  - 接受现金资产投资
    - 无溢价
    - 有溢价　溢价计入资本公积
  - 接受非现金资产投资
    - 无溢价
    - 有溢价　溢价计入资本公积
  - 实收资本增加
    - 接受投资者增加
    - 资本公积转增资本
    - 盈余公积转增资本
  - 实收资本减少
    - 折价回购
    - 溢价回购

任务二　资本公积核算

任务导言

资本公积是所有者权益的组成部分，它虽然不构成实收资本，但就其实质来看，可以视为一种准资本，是资本的一种储备形式。其主要用途是根据企业经营发展的需要，通过履行一定的法定程序后转增资本。

任务描述

华盛公司有 A、B、C 三位股东，公司成立时实收资本 600 万元，A、B、C 出资额相同。两年后，华盛公司增资扩股，将注册资本由 600 万元增加到 800 万元。A、B、C 同意投资者 D 投入 400 万，取得华盛公司 25% 的股份。请会计张红做出相关账务处理。

一、资本公积概述

资本公积，是指企业收到投资者出资额超出其在注册资本（或股本）中所占份额的部分，以及其他资本公积等。资本公积包括资本溢价（或股本溢价）和其他资本公积等。

资本公积与留存收益
比较

二、资本公积核算的账户设置

为了反映资本公积的形成和使用情况，企业应设置"资本公积"账户。该账户属于所有者权益类账户，具体账户结构如图 4-2 所示。

借方	资本公积	贷方
资本公积的减少数	因投资者资本溢价（或股本溢价）、其他原因而增加的资本	
	企业资本公积的结余数	

图 4-2　"资本公积"账户结构

【请注意】本账户应该按资本公积的来源设置"资本溢价（或股本溢价）""其他资本公积"两个明细账户进行核算。

三、资本公积业务的账务处理

资本公积的核算包括资本溢价（或股本溢价）的核算、其他资本公积的核算和资本公积转增资本的核算等内容。

（一）资本溢价（或股本溢价）

1. 资本溢价

资本溢价产生的原因是投资者超额缴入资本，股本溢价则是因为股份公司发行股票的价格超过股票面值。除股份有限公司外的其他类型企业，在企业创立时，投资者认缴的出资额与注册资本一致，一般不会产生资本溢价。但在企业重组或有新的投资者加入时，常常会出现资本溢价。因为在企业进行正常生产经营后，其资本利润率通常要高于企业初创阶段，另外，企业有内部积累，新投资者加入企业后，对这些积累也要分享，所以新加入的投资者往往要付出大于原投资者的出资额，才能取得与原投资者相同的出资比例。投资者多缴的部分就形成了资本溢价。

做中学 4-11 时文有限责任公司由两位投资者投资 20 000 元设立，每人各出资 100 000 元。一年后，为扩大经营规模，经批准，时文有限责任公司注册资本增加到 300 000 元，并引入第三位投资者加入。按照投资协议，新投资者需缴入现金 110 000 元，同时享有该公司 1/3 的股份。时文有限责任公司已收到该现金投资。假定不考虑其他因素。时文有限责任公司应编制如下会计分录：

借：银行存款   110 000

  贷：实收资本   100 000

    资本公积——资本溢价   10 000

2. 股本溢价

股份有限公司是以发行股票的方式筹集股本的，股票可按面值发行，也可按溢价发行，我国目前不准折价发行。与其他类型的企业不同，股份有限公司在成立时可能会溢价发行股票，因而在成立之初，就可能会产生股本溢价。股本溢价的数额等于股份有限公司发行股票时实际收到的款额超过股票面值总额的部分。

在按面值发行股票的情况下，企业发行股票取得的收入，应全部作为股本处理；在溢价发行股票的情况下，企业发行股票取得的收入，等于股票面值部分作为股本处理，超出股票面值的溢价收入应作为股本溢价处理。

【小提示】发行股票相关的手续费、佣金等交易费用，如果是溢价发行股票的，应从溢价中抵扣，冲减资本公积（股本溢价）；无溢价发行股票或溢价金额不足以抵扣的，应将不足抵扣的部分冲减盈余公积和未分配利润。

做中学 4-12 时达股份有限公司首次公开发行了普通股 50 000 000 股，每股面值 1 元，每股发行价格为 4 元。时达股份有限公司与证券公司约定，按发行收入的 3% 收取佣金，从发行收入中扣除。假定收到的股款已存入银行。时达股份有限公司应做如下账务处理。

公司收到证券公司转来的发行收入 =50 000 000×4×（1-3%）

             =194 000 000（元）

应记入"资本公积"账户的金额 = 溢价收入 - 发行佣金
$$= 50\,000\,000 \times (4-1) - 50\,000\,000 \times 4 \times 3\% = 144\,000\,000（元）$$

借：银行存款　　　　　　　　　　　　　　　　　　　194 000 000
　　贷：股本　　　　　　　　　　　　　　　　　　　　　50 000 000
　　　　资本公积——股本溢价　　　　　　　　　　　　144 000 000

（二）其他资本公积

其他资本公积的形成主要是除资本溢价以外的交易或事项所产生的资本公积，其他资本公积不得用于转增资本或股本。其他资本公积主要由以下交易或事项形成：

① 以权益结算的股份支付。对于以权益结算的股份支付，应在等待期内的每个资产负债表日，按计算确定的金额一方面增加成本费用，同时增加资本公积（其他资本公积）；在行权日，根据行权情况，确认股本和股本溢价，同时结转等待期内确认的资本公积（其他资本公积）。

② 采用权益法核算的长期股权投资。企业对被投资单位的长期股权投资采用权益法核算的，在持股比例不变的情况下，对因被投资单位除净损益、其他综合收益和利润分配以外的所有者权益的其他变动，应按持股比例计算其应享有或应分担被投资单位所有者权益的增减数额。在处置采用权益法核算的长期股权投资时，应将原记入"资本公积——其他资本公积"账户的相关金额转入投资收益。

（三）资本公积转增资本

资本公积（资本溢价或股本溢价）的用途主要用于转增资本，不得用于弥补亏损。按照《民法典》的规定，法定公积金（资本公积和盈余公积）转为资本时，所留存的该项公积金不得少于转增前公司注册资本的25%。经股东大会或类似机构决议，用资本公积转增资本时，应冲减资本公积，同时按照转增资本前的实收资本（或股本）的结构比例，将转增的金额记入"实收资本"（或"股本"）账户下各所有者明细分类账。

任务实施

华盛公司会计张红应做如下会计分录：
借：银行存款　　　　　　　　　　　　　　　　　　　4 000 000
　　贷：实收资本——D　　　　　　　　　　　　　　　2 000 000
　　　　资本公积——利息调整　　　　　　　　　　　　2 000 000

【任务小结】

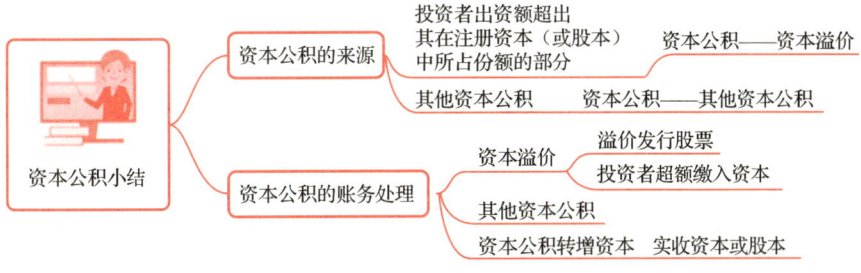

任务三　留存收益核算

任务导言

　　留存收益，是指企业从历年实现的利润中提取或形成的留存于企业的内部积累。因此，留存收益来源于企业生产经营活动所实现的利润（或亏损）。留存收益是所有者权益的组成部分，包括盈余公积和未分配利润两类。

留存收益构成图

任务描述

　　华盛公司股本为 100 000 000 元，每股面值为 1 元。2019 年年初未分配利润为 5 000 万元，2019 年实现净利润 2 000 万元，经股东会批准，分别按 10% 和 5% 的比例计提法定盈余公积和任意盈余公积，向投资者分配现金股利 800 万元，同时按每 10 股送 3 股的比例派发股票股利。2020 年 3 月 15 日，公司以银行存款支付了全部现金股利，新增股本也办理完股权登记和相关增资手续。请会计张红做出相关账务处理。

一、盈余公积概述

　　盈余公积，是指企业按照有关规定从净利润中提取的留存利润。其性质是对企业利润用途的指定，保证企业留有一定的积累，限制企业过度分配利润，以维护债权人的利益，促进企业的经营和发展。公司制企业的盈余公积包括法定盈余公积和任意盈余公积：法定盈余公积，是指企业按照规定的比例从净利润中提取的盈余公积；任意盈余公积，是指企业按照股东会或股东大会决议提取的盈余公积。

　　企业提取的盈余公积经批准可用于弥补亏损、转增资本或者发放现金股利或利润等。

　　按照《民法典》的有关规定，公司制企业应按照净利润（减弥补以前年度亏损，下同）的 10% 提取法定盈余公积。非公司制企业法定盈余公积的提取比例可超过净利润的 10%。法定盈余公积累计额已达注册资本的 50% 时可以不再提取。值得注意的是，如果以前年度未分配利润有盈余（即年初未分配利润余额为正数），在计算提取法定盈余公积的基数时，不应包括企业年初未分配利润；如果以前年度有亏损（即年初未分配利润余额为负数），应先弥补以前年度亏损再提取盈余公积。

　　【请注意】盈余公积不论是弥补亏损，还是转增资本，均属于所有者权益内部组成成分的转换，不会导致所有者权益总额的变动。

二、盈余公积核算的账户设置

　　为了反映盈余公积的形成及使用情况，企业应设置"盈余公积"账户。该账户属于所有者权益类账户，具体账户结构如图 4-3 所示。

借方	盈余公积	贷方
登记按规定用途使用的盈余公积数额	登记按一定标准提取的盈余公积数额	
	企业盈余公积的结余数额	

图 4-3　"盈余公积"账户结构

【请注意】该账户可设置"法定盈余公积"和"任意盈余公积"明细账户进行明细核算。

三、盈余公积业务的账务处理

（一）提取盈余公积

企业按照规定提取盈余公积时,借记"利润分配——提取法定盈余公积/提取任意盈余公积"账户,贷记"盈余公积——法定盈余公积/任意盈余公积"账户。

做中学 4-13 时达股份有限公司 2×20 年实现净利润为 5 000 000 元,年初未分配利润为 0 元。经股东大会批准,时达股份有限公司按当年净利润的 10% 提取法定盈余公积。假定不考虑其他因素。时达股份有限公司应编制如下会计分录:

借:利润分配——提取法定盈余公积　　　　　　　　　　　　　　　500 000
　　贷:盈余公积——法定盈余公积　　　　　　　　　　　　　　　　　500 000

（二）盈余公积补亏

做中学 4-14 经股东大会批准,时达股份有限公司用以前年度提取的盈余公积弥补当年亏损,当年弥补亏损的数额为 600 000 元。假定不考虑其他因素。时达股份有限公司应编制如下会计分录:

借:盈余公积　　　　　　　　　　　　　　　　　　　　　　　　　600 000
　　贷:利润分配——盈余公积补亏　　　　　　　　　　　　　　　　　600 000

（三）盈余公积转增资本

做中学 4-15 因扩大经营规模需要,经股东大会批准,时达股份有限公司将盈余公积 400 000 元转增股本。假定不考虑其他因素。时达股份有限公司应编制如下会计分录:

借:盈余公积　　　　　　　　　　　　　　　　　　　　　　　　　400 000
　　贷:股本　　　　　　　　　　　　　　　　　　　　　　　　　　　400 000

（四）用盈余公积发放现金股利或利润

做中学 4-16 时达股份有限公司 2×20 年 12 月 31 日股本为 50 000 000 元（每股面值 1 元）,可供投资者分配的利润为 5 000 000 元,盈余公积为 20 000 000 元。2×21 年 3 月 20 日,股东大会批准了 2×20 年度利润分配方案,按每 10 股 2 元发放现金股利。时达股份有限公司共需要分派 10 000 000 元现金股利,其中动用可供投资者分配的利润 5 000 000 元、盈余公积 5 000 000 元。假定不考虑其他因素。时达股份有限公司应做如下账务处理。

① 发放现金股利:

借:利润分配——应付现金股利　　　　　　　　　　　　　　　5 000 000
　　盈余公积　　　　　　　　　　　　　　　　　　　　　　　5 000 000
　　贷:应付股利　　　　　　　　　　　　　　　　　　　　　　　10 000 000

② 支付股利:

借:应付股利　　　　　　　　　　　　　　　　　　　　　　　10 000 000
　　贷:银行存款　　　　　　　　　　　　　　　　　　　　　　　10 000 000

四、利润分配概述

利润分配，是指企业根据国家有关规定和企业章程、投资者协议等，对企业当年可供分配的利润所进行的分配。

可供分配的利润 = 当年实现的净利润（或净亏损）+
年初未分配利润（或 - 年初未弥补亏损）+ 其他转入

根据《民法典》等有关规定，利润分配的顺序是：

① 弥补以前年度亏损。公司的法定公积金不足以弥补以前年度亏损的，在依照规定提取法定公积金之前，应当先用当年利润弥补亏损。

② 提取法定盈余公积金。按照《民法典》的有关规定，公司制企业应按照净利润（减弥补以前年度亏损，下同）的10%提取法定盈余公积。非公司制企业法定盈余公积的提取比例可超过净利润的10%。

③ 提取任意盈余公积。公司制企业可根据股东大会的决议提取任意盈余公积。非公司制企业经类似权力机构批准，也可提取任意盈余公积。

④ 向投资者分配利润或支付股利。公司弥补亏损和提取公积金后所余税后利润：有限责任公司股东按照实缴的出资比例分取红利；股份有限公司按照股东持有的股份比例分配，但股份有限公司章程规定不按持股比例分配的除外。

五、利润分配核算的账户设置

为了反映核算和监督企业利润的分配（或亏损的弥补）和年终结转等业务，企业应设置"利润分配"账户。该账户属于所有者权益类账户，是"本年利润"账户的调整账户。具体账户结构如图4-4所示。

借方	利润分配	贷方
① 年终从"本年利润"账户转入的本年净亏损 ② 提取法定盈余公积 ③ 提取任意盈余公积 ④ 向投资者分配利润等		① 年终从"本年利润"账户转入的本年净利润 ② 用盈余公积补亏的数额 ③ 年终从"提取法定盈余公积""提取任意盈余公积""应付现金股利或利润"等所属明细账户的余额转入
反映累积未弥补的亏损数额		反映累积未分配的利润数额

图4-4 "利润分配"账户结构

【请注意】该账户可设置"提取法定盈余公积""提取任意盈余公积""应付现金股利或利润""盈余公积补亏""未分配利润"等明细账户进行明细核算。

六、利润分配业务的账务处理

（一）未分配利润的账务处理

未分配利润，是指企业实现的净利润经过弥补亏损、提取盈余公积和向投资者分配利润后留存在企业的、历年结存的利润。从数量上看，未分配利润等于期初未分配利润，加上本年实现的净利润，减去提取盈余公积和利润分配以后的余额。这一数额即为"利润分配——未分配利润"账户的贷方余额，如果该账户年末为借方余额，则反映历年未弥补的亏损。年度终了，企业应将全年实现的净利润或发生的净亏损，自"本年利润"账户转入"利润分配——未分配利润"账户，并将"利润分配"账户所属其他明细账户的余额，转入"未分配利润"明细账户。结转后，"利润分配——未分配利润"账户如为贷方余额，表示累积未分配的利润数额；如为借方余额，则表示累积未弥补的亏损数额。

做中学 4-17 时达股份有限公司年初未分配利润为 0 元，本年实现净利润 2 000 000 元，本年提取法定盈余公积 200 000 元，宣告发放现金股利 800 000 元，假定不考虑其他因素。时达股份有限公司应做如下账务处理。

① 结转实现净利润：

借：本年利润　　　　　　　　　　　　　　　　　　　　　　　　2 000 000
　　贷：利润分配——未分配利润　　　　　　　　　　　　　　　　　　2 000 000

如企业当年发生亏损，则应借记"利润分配——未分配利润"账户，贷记"本年利润"账户。

② 提取法定盈余公积、宣告发放现金股利：

借：利润分配——提取法定盈余公积　　　　　　　　　　　　　　　　200 000
　　　　　　　——应付现金股利　　　　　　　　　　　　　　　　　　800 000
　　贷：盈余公积　　　　　　　　　　　　　　　　　　　　　　　　　200 000
　　　　应付股利　　　　　　　　　　　　　　　　　　　　　　　　　800 000

③ 将"利润分配"账户所属其他明细账户的余额结转至"未分配利润"明细账户：

借：利润分配——未分配利润　　　　　　　　　　　　　　　　　　1 000 000
　　贷：利润分配——提取法定盈余公积　　　　　　　　　　　　　　　200 000
　　　　　　　　——应付现金股利　　　　　　　　　　　　　　　　　800 000

本例中，"利润分配——未分配利润"明细账户的贷方余额为 1 000 000 元，即为时达股份有限公司本年年末的累积未分配利润。

（二）弥补亏损的账务处理

企业发生亏损时，应由企业自行弥补。弥补亏损的渠道主要有以下三个：

① 用以后年度税前利润弥补。按照现行税收制度的规定，企业发生亏损时，可以用以后年度实现的税前利润弥补，但税前利润弥补亏损的期间为连续 5 年。

② 用以后年度税后利润弥补。企业发生的亏损经过 5 年未足额弥补，尚未弥补的亏损应用所得税后的利润弥补。

③ 以盈余公积弥补亏损。企业以提取的盈余公积弥补亏损时，应当由公司董事会提议，并经股东大会批准。用盈余公积弥补亏损时，借记"盈余公积"账户，贷记"利润分配——盈余公积补亏"账户。

任务实施

华盛公司会计张红应做如下账务处理。

① 结转本年实现的净利润：

借：本年利润　　　　　　　　　　　　　　　　　　　　　　　　20 000 000
　　贷：利润分配——未分配利润　　　　　　　　　　　　　　　　　20 000 000

② 按规定进行利润分配：

借：利润分配——提取法定盈余公积   2 000 000

      ——提取任意盈余公积   1 000 000

      ——应付现金股利   8 000 000

  贷：盈余公积——提取法定盈余公积   2 000 000

      ——提取任意盈余公积   1 000 000

    应付股利   8 000 000

③ 结转本年利润分配：

借：利润分配——未分配利润   11 000 000

  贷：利润分配——提取法定盈余公积   2 000 000

      ——提取任意盈余公积   1 000 000

      ——应付现金股利   8 000 000

经过上述处理后，"利润分配——未分配利润"账户的贷方余额为 5 900（5 000+2 000-200-100-800）万元，即为华盛公司 2019 年年末未分配利润的数额。

④ 2020 年 3 月 15 日，实际发放现金股利：

借：应付股利   8 000 000

  贷：银行存款   8 000 000

⑤ 2020 年 3 月 15 日，实际发放股票股利：

借：利润分配——转作股本的股利   30 000 000

  贷：股本   30 000 000

【任务小结】

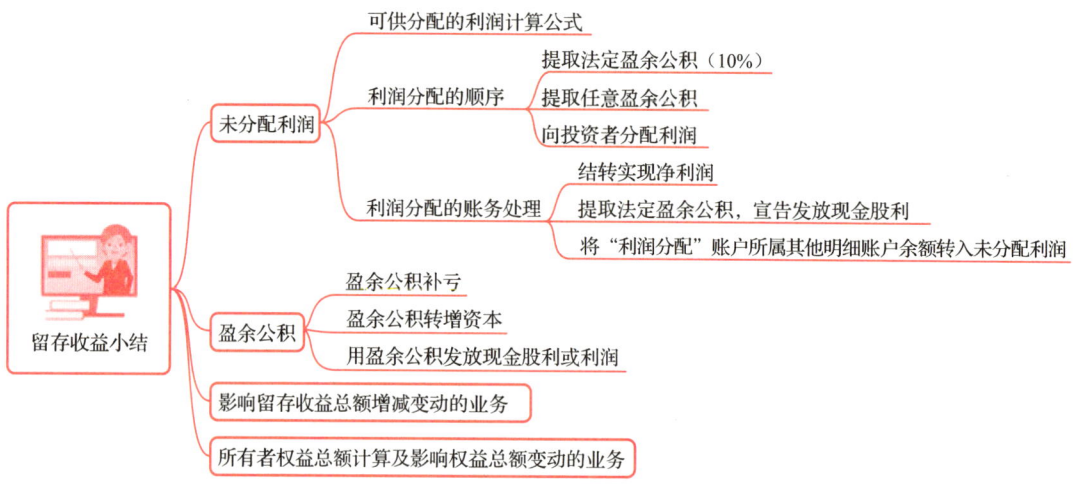

项目五

收入、费用和利润

↘ 职业能力与素养目标

◆ 身心健康并具有劳模精神、工匠精神和诚实守信的职业素养；

◆ 掌握销售商品收入金额的确定与账务处理；

◆ 掌握完工百分比法确认提供劳务收入的账务处理；

◆ 掌握营业成本的组成内容及核算；

◆ 熟悉税金及附加的内容及核算；

◆ 掌握利润的构成及其主要内容；

◆ 掌握营业外收支、应交所得税、所得税费用的计算及账务处理；

◆ 掌握本年利润的结转方法及账务处理；

◆ 初步具有相应的会计职业判断意识；

◆ 初步具有一定的分析解决实际问题能力、信息技术应用能力、沟通表达能力、团队合作能力。

↘ 引导案例

瑞华卷入航天通信财务造假事件

航天通信（600677）涉嫌财务造假事件成为近期的市场焦点，公司已主动承认子公司智慧海派存在业绩造假且将给公司带来重大风险。《金陵晚报》"易索赔"记者注意到，在航天通信本次曝出的财务造假事件中，瑞华会计师事务所作为年审会计师事务所卷入其中。在其前任的会计师事务所出具保留意见被替换后，瑞华会计师事务所在近两年的年报审计中全都出具了"标准无保留意见"的审计报告。负责审计的瑞华会计师事务所自然难逃其责，也被中国证监会启动了调查程序。

（资料来源：2019-10-21 07:55，金陵晚报）

【请思考】企业实际亏损的时候，虚造盈利给企业带来的好处是什么？负责审计的会计师事务所是否应承担责任？欢迎学习项目五。

案例解答

任务一　　收入核算

任务导言

在市场经济条件下，收入作为影响利润指标的重要因素，越来越受到企业和投资者等会计信息使用者的重视。作为企业利润的主要来源，收入、费用的确认与计量直接关系到财务报表中利润信息的准确性。

收入是指企业在日常活动中形成的、会导致所有者权益增加的、与所有者投入资本无关的经济利益的总流入。

任务描述

2020 年 3 月 1 日，华盛公司委托长山公司（一般纳税人）代销 500 套产品，每套售价 150 元，每套成本 100 元 / 套。双方约定：华盛公司按售价的 10% 向长山公司支付手续费。截至 3 月底，长山公司共销售产品 300 套，总售价为 45 000 元，增值税税额为 5 850 元，款已收。3 月底，华盛公司收到长山公司的代销清单，华盛公司开具同样金额的增值税专用发票给长山公司。请会计张红做出相关账务处理。

一、收入概述

（一）收入确认的原则

收入准则适用范围和确认原则

① 企业应当在履行了合同中的履约义务，即在客户取得相关商品控制权时确认收入。

② 取得相关商品控制权包括三个要素：

1> 客户有能力主导该商品的使用，即客户在其活动中有权使用该商品，或者能够允许或阻止其他方使用该商品。

2> 客户能够获得商品几乎全部的经济利益。商品的经济利益是指商品的潜在现金流量，既包括现金流入的增加，也包括现金流出的减少。

3> 客户必须拥有现时权利，能够主导该商品的使用并从中获得几乎全部经济利益；如果客户只能在未来的某一期间主导该商品的使用并从中获益，则表明其尚未取得该商品的控制权。

【小提示】本项目所称的"客户"是指与企业订立合同以向该企业购买其日常活动产出的商品并支付对价的一方（买方），所称的"商品"包括商品和服务。

（二）收入确认的前提条件

企业与客户之间的合同同时满足下列条件的，企业应当在客户取得相关商品控制权时确认收入：

① 该合同明确了合同各方与所转让的商品相关的权利和义务；

② 该合同有明确的与所转让的商品相关的支付条款；

③ 合同各方已批准该合同并承诺将履行各自义务；

④ 该合同具有商业实质，即履行该合同将改变企业未来现金流量的风险、时间分布或金额；

⑤ 企业因向客户转让商品而有权取得的对价很可能收回。

（三）收入确认和计量的步骤

第一步：识别与客户订立的合同；

合同是指双方或多方之间订立的有法律约束力的权利和义务的协议，有书面形式、口头形式及其他形式。

第二步：识别合同中的单项履约义务；

履约义务是指合同中客户转让可明确区分商品或服务的承诺。例如，企业与客户签订合同，向其销售商品并提供安装服务：若该安装服务简单，除该企业外其他供应商也可以提供此类安装服务，则该合同中销售商品和提供安装服务为两项单项履约义务；若该安装服务复杂且商品需要按客户定制要求修改，则合同中销售商品和提供安装服务合并为单项履约义务。

第三步：确定交易价格；

交易价格是指企业因向客户转让商品而预期有权收取的对价金额，不包括企业代第三方收取的款项（如增值税）以及企业预期将退还给客户的款项。例如，甲公司与客户签订合同为其建造一栋厂房，约定的价款为100万元，4个月完工，交易价格就是固定金额100万元；假如合同中约定若提前1个月完工，客户将额外奖励甲公司10万元，甲公司对合同估计工程提前1个月完工的概率为95%，则甲公司预计有权收取的对价为110万元，因此交易价格包括固定金额100万元和可变金额10万元，总计为110万元。

第四步：将交易价格分摊至各项履约义务；

当合同中包含两项或多项履约义务时，需要将交易价格分摊至各单项履约义务；分摊的方法是在合同开始日，按照各单项履约义务所承诺商品的单独售价（企业向客户单独销售商品的价格）的相对比例，将交易价格分摊至各单项履约义务。

第五步：履行各单项履约义务时确认收入；

当企业将商品转移给客户，客户取得了相关商品的控制权，意味着企业履行了合同履约义务，此时，企业应确认收入。企业将商品控制权转移给客户，可能是在某一时段内（即履行履约义务的过程中）发生，也可能在某一时点（即履约义务完成时）发生。

【小提示】企业应当根据实际情况，首先判断履约义务是否满足在某一时段内履行的条件，如不满足，则该履约义务属于在某一时点履行的履约义务。

收入主要内容

二、一般销售商品业务收入的账户设置

企业销售商品满足收入确认条件时，应当按照从购货方已收或应收合同或协议价款的公允价值确定销售商品收入金额。企业在确定商品销售收入时，不考虑各种预计可能发生的现金折扣、销售折让。现金折扣在实际发生时计入当期财务费用，销售折让在实际发生时冲减当期销售收入。

为了核算销售商品、提供劳务等主营业务收入的增减变动情况，企业应当设置"主营业务收入"账户。该账户属于损益类账户，具体账户结构如图5-1所示。

借方	主营业务收入	贷方
销货退回、销售折让对销售收入的冲减额	① 已实现的商品销售收入 ② 提供劳务实现的收入	

图 5-1　"主营业务收入"账户结构

【小提示】期末,应将该账户的余额结转至"本年利润"账户的贷方,结转后该账户应无余额。该账户可按照主营业务的种类进行明细核算。

为了核算企业在销售商品、提供劳务及让渡资产使用权等日常活动中发生的实际成本,企业应当设置"主营业务成本"账户。该账户属于损益类账户,具体账户结构如图 5-2 所示。

借方	主营业务成本	贷方
售出商品或劳务的成本	销售退回的商品或劳务的成本	

图 5-2　"主营业务成本"账户结构

【小提示】期末,应将该账户的余额结转至"本年利润"账户的借方,结转后该账户应无余额。该账户可按照主营业务的种类进行明细核算。

合同资产,是指企业已向客户转让商品而有权收取对价的权利,且该权利取决于时间流逝之外的其他因素（如履行合同中的其他履约义务）。该账户属于资产类账户,具体账户结构如图 5-3 所示。

借方	合同资产	贷方
企业在客户实际支付合同对价之前或该对价到期应付之前,因已转让商品而有权收取对价的金额	企业取得无条件收款权的金额	
企业已向客户转让商品而有权收取的对价金额		

图 5-3　"合同资产"账户结构

【小提示】该账户可按合同进行明细核算。

三、在某一时点履行的履约义务账务处理

销售商品收入的会计处理主要涉及一般销售商品业务、已经发出商品但不符合收入确认条件的销售业务、销售折让、销售退回、采用支付手续费方式委托代销商品等情况。

（一）一般销售商品收入业务

企业销售商品在符合收入确认的条件时,按照已收或应收合同或协议价款的公允价值确定销售商品收入的金额,并结转对应的销售成本。确认本期实现的商品销售收入时,应按实际收到或应收的价款,借记"银行存款""应收账款""应收票据"等账户,按实现的销售收入,贷记"主营业务收入"账户,按专用发票上注明的增值税税额,贷记"应交税费——应交增值税（销项税额）"账户;同时,借记"主营业务成本""存货跌价准备"（销售存货所对应的跌价准备）账户,贷记"库存商品"账户。

如果企业在客户实际支付合同对价或在该对价到期应付之前,已经向客户转让商品的,应当记入"合同资产"账户。当合同资产取得无条件收款权进行摊销时,再记入"应收账款"账户。

做中学 5-1 2×21 年 1 月 10 日，时达公司与客户签订合同，向其销售甲、乙两种产品。甲产品单独售价为 6 000 元，乙产品的单独售价为 24 000 元，合同价款为 25 000 元。合同约定，甲产品于合同开始日交付，乙产品在一个月之后交付，当两项产品全部交付之后，时达公司才有权收取 25 000 元的合同对价。上述价格均为不含税价。甲产品、乙产品的实际成本为 4 200 元和 18 000 元。假定甲产品和乙产品分别构成单项履约义务，其控制权在交付时转移给客户。2 月 10 日，时达公司交付乙产品，开具的增值税专用发票上注明售价为 25 000 元、增值税税额为 3 250 元。3 月 1 日，时达公司收到客户支付的货款存入银行。时达公司应做如下账务处理。

时达公司应先将交易价格 25 000 元分摊至甲、乙产品两项履约义务：

分摊至甲产品的合同价款 =[6 000÷(6 000+24 000)]×25 000=5 000（元）

分摊至乙产品的合同价款 =[24 000÷(6 000+24 000)]×25 000=20 000（元）

①1 月 10 日，交付甲产品：

借：合同资产	5 000	
贷：主营业务收入		50 000
借：主营业务成本	4 200	
贷：库存商品		4 200

②2 月 10 日，交付乙产品：

借：应收账款	28 250	
贷：合同资产		5 000
主营业务收入		20 000
应交税费——应交增值税（销项税额）		3 250
借：主营业务成本	18 000	
贷：库存商品		18 000

③3 月 1 日，收到货款：

借：银行存款	28 250	
贷：应收账款		28 250

【小提示】本例中时达公司将甲产品交付客户之后，与该产品相关的履约义务已经履行，但需要等到后续交付乙产品时，才具有无条件收到合同对价的权利，因此，时达公司应当将因交付甲产品而有权收取的对价确认为合同资产，而不是应收账款。

（二）可变对价业务

企业与客户的合同中约定的对价金额可能是固定的，也可能会因折扣、价格折让、返利、退款、奖励积分、激励措施、业绩奖金、索赔等因素而变化。此外，根据一项或多项或有事项的发生而收取不同对价金额的合同，也属于可变对价情形。

在合同中存在可变对价，企业应当对计入交易价格的可变对价进行估计。企业按照期望值或最可能发生金额确定可变对价的最佳估计数。但是，企业不能在两种方法之间随意进行选择。期望值是按照各种可能发生的对价金额及相关概率计算确定的金额；最可能发生金额是一系列可能发生的对价金额中最可能发生的单一金额，即合同最可能产生的单一结果。此外，需要注意的是，企业确定可变对价金额之后，计入交易价格的可变对价金额还应满足限制条件，即包含可变对价的交易价格，应当不超过在相关不确定性消除时，累计已确认的收入极可能不会发生重大转回的金额。

　　企业销售商品收入的金额通常按照从购货方已收或应收的合同或协议价款确定。在确定销售商品收入的金额时，应注意区分商业折扣、现金折扣和销售折让及其不同的账务处理方法。商业折扣、现金折扣的处理请参见本书项目二"做中学2-9""做中学2-10"。

　　销售折让，是指企业因售出商品质量不符合要求等原因而在售价上给予的减让。企业将商品销售给买方后，如买方发现商品在质量、规格等方面不符合要求，可能要求卖方在价格上给予一定的减让。

　　销售折让如发生在确认销售收入之前，则应在确认销售收入时直接按扣除销售折让后的金额确认；已确认销售收入的售出商品发生销售折让，且不属于资产负债表日后事项的，应在发生时冲减当期销售商品收入，如按规定允许扣减增值税税额的，还应冲减已确认的应交增值税销项税额。

做中学 5-2　2×21年1月12日，时达公司赊销一批商品给A客户，开出的增值税专用发票上注明的价款为50 000元、增值税税额为6 500元，该批商品的成本为12 000元。时达公司应做如下账务处理。

①销售实现：

借：应收账款　　　　　　　　　　　　　　　　　　　　　　　56 500
　　贷：主营业务收入　　　　　　　　　　　　　　　　　　　　　　50 000
　　　　应交税费——应交增值税（销项税额）　　　　　　　　　　　6 500
借：主营业务成本　　　　　　　　　　　　　　　　　　　　　　12 000
　　贷：库存商品　　　　　　　　　　　　　　　　　　　　　　　12 000

客户收到货物后，发现部分商品质量不符合合同要求，但尚可使用，故提出10%的折让要求。时达公司经调查后确认情况属实，同意给予相应折让，并开出红字增值税专用发票。

②发生销售折让：

借：主营业务收入　　　　　　　　　　　　　　　　　　　　　　5 000
　　贷：应收账款　　　　　　　　　　　　　　　　　　　　　　　5 650
　　　　应交税费——应交增值税（销项税额）　　　　　　　　　　　650
③实际收到款项：

借：银行存款　　　　　　　　　　　　　　　　　　　　　　　　50 850
　　贷：应收账款　　　　　　　　　　　　　　　　　　　　　　　50 850

做中学 5-3　华美公司是一家电生产销售企业，适用的增值税税率为13%。2×21年1月，华美公司向零售商远大公司销售1 000台W型空调，每台价格为3 000元，合同价款合计300万元。每台W型空调的成本为2 000元。华美公司收到空调并验收入库。华美公司向远大公司提供价格保护，同意在未来6个月内，如果同款空调价格下降，则按照合同价格与最低售价的差额向远大公司支付差价。华美公司据以往执行合同经验，预计各种结果发生的概率，如表5-1所示。

表5-1　冰箱售价下降的概率

未来6个月的降价不含税金额/（元/台）	概率/%
0	40
200	30
400	20
600	10

2×21 年 1 月，华美公司应做如下账务处理。

① 确认收入：

借：应收账款		3 164 000
贷：主营业务收入		2 800 000
应交税费——应交增值税（销项税额）		364 000

② 结转销售成本：

借：主营业务成本		2 000 000
贷：库存商品		2 000 000

本例中该销售业务属于在某一时点履行的履约义务。华美公司认为期望值能够更好地预测其有权获取的对价金额。在该方法下，华美公司估计交易价格为每台 2 800（3 000×40%+2 800×30%+2 600×20%+2 400×10%）元。

（三）销售退回业务

企业销售商品除了可能发生销售折让外，还有可能发生销售退回。已确认销售收入的售出商品发生销售退回的，除属于资产负债表日后事项外，企业收到退回的商品时，应退回货款或冲减应收账款，并冲减主营业务收入和增值税销项税额：借记"主营业务收入"账户，按允许扣减当期销项税额的增值税税额，借记"应交税费——应交增值税（销项税额）"账户，按已付或应付的金额，贷记"应收账款""银行存款""应付账款"等账户；同时，按退回商品的成本，借记"库存商品"账户，贷记"主营业务成本"账户。如果该项销售已发生现金折扣，应同时调整相关财务费用的金额。

做中学 5-4 时达公司在 2×21 年 3 月 1 日向中天公司销售一批商品，开出的增值税专用发票上注明的售价为 5 000 元、增值税税额为 650 元。该批商品的成本为 2 600 元。为及早收回货款，时达公司和中天公司约定的现金折扣条件为"2/10，1/20，N/30"。中天公司在 2×21 年 3 月 10 日支付货款。2×21 年 4 月 5 日，该批商品因质量问题被中天公司退回，时达公司当日支付有关退货款。假定在计算现金折扣时不考虑增值税。时达公司应做如下账务处理。

① 2×21 年 3 月 1 日，销售实现：

借：应收账款		5 650
贷：主营业务收入		5 000
应交税费——应交增值税（销项税额）		650
借：主营业务成本		2 600
贷：库存商品		2 600

② 2×21 年 3 月 10 日，收到货款：

借：银行存款		5 550
财务费用（5 000×2%）		100
贷：应收账款		5 650

③ 2×21 年 4 月 5 日，发生销售退回：

借：主营业务收入		5 000
应交税费——应交增值税（销项税额）		650
贷：银行存款		5 550
财务费用		100

| 借：库存商品 | 2 600 | |
| 贷：主营业务成本 | | 2 600 |

（四）商品已经发出但不能确认收入的处理

如果企业售出商品不符合销售商品收入确认的相关条件（最主要的是对价"很可能收回"的条件，即钱收不到），不应确认收入，将发出商品的成本记入"发出商品"账户。通过"发出商品"账户核算已发出但客户未取得商品控制权的成本。委托方在发出商品时，应在收到受托方开出的代销清单时确认收入，同时将应支付的代销手续费计入销售费用。

做中学 5-5 3月1日，服装生产商海天公司（一般纳税人）委托银泰商场（一般纳税人）代销10套西装，每套售价0.2万元，每套成本0.1万元。双方约定：海天公司按售价的10%向银泰商场支付手续费。截至3月底，银泰商场共销售西装5套，总售价为1万元，增值税税额为0.13万元，款已收。3月底，海天公司收到银泰商场的代销清单，海天公司开具增值税专用发票给银泰商场，发票注明价款为1万元、增值税税额为0.13万元，款未收。银泰商场开具代销手续费增值税专用发票给海天公司，价款0.1万元，税额0.006万元。同时，银泰商场支付扣除手续费及其增值税税额后的代销款给海天公司，海天公司收到款项，存入银行。请做委托方的账务处理。

① 发出商品：

| 借：发出商品 | 10 000 | |
| 贷：库存商品 | | 10 000 |

② 收到代销清单：

1> 借：应收账款	11 300	
贷：主营业务收入		10 000
应交税费——应交增值税（销项税额）		1 300

| 2> 借：主营业务成本 | 5 000 | |
| 贷：发出商品 | | 5 000 |

3> 借：销售费用	1 000	
应交税费——应交增值税（进项税额）	60	
贷：应收账款		1 060

③ 收到款项：

| 借：银行存款 | 1 024 | |
| 贷：应收账款 | | 1 024 |

（五）其他业务收入的账务处理

企业在日常活动中还可能发生对外销售不需用的原材料、随同商品对外销售单独计价的包装物等业务。企业销售原材料、包装物等存货也视同商品销售，其收入确认和计量原则比照商品销售处理。企业销售原材料、包装物等存货实现的收入及结转的相关成本，通过"其他业务收入""其他业务成本"账户核算。

为了核算企业除主营业务活动以外的其他经营活动实现的收入，包括销售材料、出租包装物和商品、出租固定资产、出租无形资产等实现的收入，企业应当设置"其他业务收入"账户。该账户属于损益类账户，具体账户结构如图5-4所示。

借方	其他业务收入	贷方
期末转入"本年利润"账户的其他业务收入	企业实现的各项其他业务收入	

图 5-4　"其他业务收入"账户结构

【小提示】该账户可按照其他业务种类进行明细核算。

为了核算企业除主营业务活动以外的其他经营活动所产生的成本，包括销售材料的成本、出租固定资产的折旧额、出租无形资产的摊销额、出租包装物的成本或摊销额，企业应当设置"其他业务成本"账户。该账户属于损益类账户，具体账户结构如图 5-5 所示。

借方	其他业务成本	贷方
企业结转或发生的其他业务成本	期末转入"本年利润"账户的其他业务成本	

图 5-5　"其他业务成本"账户结构

【小提示】该账户可按照其他业务种类进行明细核算。

做中学 5-6　时达公司销售原材料一批，开出的增值税专用发票上注明的售价为 10 000 元、增值税税额为 1 300 元，款项已由银行收妥。该批原材料的实际成本为 9 000 元。时达公司应做如下账务处理。

① 取得原材料销售收入：

借：银行存款　　　　　　　　　　　　　　　　　　　　　　　11 300
　　贷：其他业务收入　　　　　　　　　　　　　　　　　　　　10 000
　　　　应交税费——应交增值税（销项税额）　　　　　　　　　 1 300

② 结转已销原材料的实际成本：

借：其他业务成本　　　　　　　　　　　　　　　　　　　　　 9 000
　　贷：原材料　　　　　　　　　　　　　　　　　　　　　　　9 000

任务实施

会计张红应做如下账务处理。

① 发出商品：

借：委托代销商品　　　　　　　　　　　　　　　　　　　　　50 000
　　贷：库存商品　　　　　　　　　　　　　　　　　　　　　　50 000

② 收到代销清单：

1> 借：应收账款——长山公司　　　　　　　　　　　　　　　　50 850
　　　贷：主营业务收入　　　　　　　　　　　　　　　　　　　45 000
　　　　　应交税费——应交增值税（销项税额）　　　　　　　　 5 850

2> 借：主营业务成本　　　　　　　　　　　　　　　　　　　　30 000
　　　贷：发出商品　　　　　　　　　　　　　　　　　　　　　30 000

3> 借：销售费用　　　　　　　　　　　　　　　　　　　　　　 4 500
　　　贷：应收账款　　　　　　　　　　　　　　　　　　　　　 4 500

③ 收到款项：

借：银行存款　　　　　　　　　　　　　　　　　　　　　　　46 350
　　贷：应收账款　　　　　　　　　　　　　　　　　　　　　　46 350

子任务一　在某一时段内履行履约义务确认收入

华盛公司 3 月 1 日与东海公司签订为期 6 个月的装修合同，合同总价款为 300 万元。该业务适用增值税税率 9%，装修费用每月月末按完工进度支付。至 12 月 31 日，实际发生劳务成本 50 万元（均为职工薪酬），估计为完成该合同还将发生劳务成本 150 万元，东海公司按进度支付了价款和税款。假定该项业务属于华盛公司的主营业务，按实际发生的成本占估计总成本的比例确定劳务完工进度，发生的成本预期能够收回。请会计张红做出相关账务处理。

一、在某一时段内履行履约义务确认收入概述

对于在某一时段内履行的履约义务，企业应当在该段时间内按照履约进度确认收入，履约进度不能合理确定的除外。

当履约进度不能合理确定时，企业已经发生的成本预计能够得到补偿的，应当按照已经发生的成本金额确认收入，直到履约进度能够合理确定为止。

满足下列条件之一的，属于在某一时段内履行的履约义务：

① 客户在企业履约的同时即取得并消耗企业履约所带来的经济利益。

② 客户能够控制企业履约过程中在建的商品。

③ 企业履约过程中所产出的商品具有不可替代用途，且该企业在整个合同期间内有权就累计至今已完成的履约部分收取款项。

1. 履约进度的计算

企业应当考虑商品的性质，采用实际测量的完工进度、评估已实现的结果、时间进度、已完工或交付的产品等产出指标，或者采用投入的材料数量、花费的人工工时、机器工时、发生的成本和时间进度等投入指标确定恰当的履约进度，并且在确定履约进度时，应当扣除那些控制权尚未转移给客户的商品和服务。不能合理确定履约进度的情形，企业已经发生的成本预计能够得到补偿的，应当按照已经发生的成本金额确认收入，直到履约进度能够合理确定为止。

2. 收入金额的计量

资产负债表日，企业按照合同的交易价格总额乘以履约进度扣除以前会计期间累计已确认的收入后的金额，确认当期收入。

二、在某一时段内履行履约义务确认收入账户设置

收入确认和计量五步法

合同取得成本，是指企业取得合同发生的，预计能够收回的增量成本（主要指业务费或佣金）。为了核算该成本，企业应当设置"合同取得成本"账户。该账户属于成本类账户，具体账户结构如图 5-6 所示。

借方	合同取得成本	贷方
企业发生各项合同取得成本	摊销的合同取得成本	
尚未结转的合同取得成本		

图 5-6　"合同取得成本"账户结构

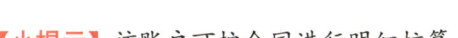

【小提示】该账户可按合同进行明细核算。

合同履约成本，是指企业为履行当前或预期取得的合同发生的、不属于其他企业准则规范范围且按照收入准则应当确认为一项资产的成本。为了核算该成本，企业应当设置"合同履约成本"账户。该账户属于成本类账户，具体账户结构如图5-7所示。

借方	合同履约成本	贷方
企业发生各项合同履约成本	摊销的合同履约成本	
尚未结转的合同履约成本		

图5-7 "合同履约成本"账户结构

【小提示】该账户可按"服务成本""工程施工"进行明细核算。

合同资产，是指企业已向客户转让商品而有权收取对价的权利，且该权利取决于时间流逝之外的其他因素（如履行合同中的其他履约义务）。为了核算该资产，企业应当设置"合同资产"账户。它是"应收账款"账户的前序账户。该账户属于资产类账户，具体账户结构参见图5-3。

【请注意】企业发生减值的，还应设置"合同履约成本减值准备""合同取得成本减值准备""合同资产减值准备"等账户进行核算。

合同负债，是指企业已收或应收客户对价而向客户转让商品的义务。为了核算该负债，企业应当设置"合同负债"账户。在收入准则范围内，该账户替代"预收账款"和"递延收益"账户。该账户属于负债类账户，具体账户结构如图5-8所示。

借方	合同负债	贷方
企业向客户转让商品时冲销的金额	企业向客户转让商品之前，已经收到或已经取得无条件收取合同对价权利的金额	
	企业在向客户转让商品之前，已经收到的合同对价或已经取得的无条件收取合同对价权利的金额	

图5-8 "合同负债"账户结构

【小提示】该账户可按合同进行明细核算。

三、在某一时段内履行履约义务确认收入的账务处理

在某一时段内履行履约义务确认收入

做中学 5-7 东海公司为增值税一般纳税人，装修服务适用增值税税率为9%。2×20年12月1日，东海公司与中天公司签订了一项为期3个月的装修合同，合同约定装修价款为500 000元、增值税税额为45 000元，装修费用每月月末按完工进度支付。

2×20年12月31日，经专业测量师测量后，确定该项劳务的完工程度为25%；中天公司按完工进度支付价款及相应的增值税税款。截止2×20年12月31日，东海公司为完成该合同累计发生劳务成本100 000元（假定均为装修人员薪酬），估计还将发生劳务成本300 000元。假定该业务属于东海公司的主营业务，全部由其自行完成；该装修服务构成单项履约义务，属于在某一时段内履行的履约义务；东海公司按照实际测量的完工进度确定履约进度。东海公司应做如下账务处理。

① 实际发生劳务成本 100 000 元：

借：合同履约成本   100 000

    贷：应付职工薪酬   100 000

② 2×20 年 12 月 31 日确认劳务收入并结转劳务成本：

2×20 年 12 月 31 日确认的劳务收入 =500 000×25%-0=125 000（元）

借：银行存款   136 250

    贷：主营业务收入   125 000

        应交税费——应交增值税（销项税额）   11 250

借：主营业务成本   100 000

    贷：合同履约成本   100 000

做中学 5-8 承"做中学 5-7"，2×21 年 1 月 31 日，经专业测量师测量后，确定该项劳务的完工程度为 70%；中天公司按完工进度支付价款同时支付对应的增值税税款。2×21 年 1 月，为完成该合同发生劳务成本 180 000 元（假定均为装修人员薪酬），为完成该合同估计还将发生劳务成本 120 000 元。东海公司应做如下账务处理。

① 实际发生劳务成本 180 000 元：

借：合同履约成本   180 000

    贷：应付职工薪酬   180 000

② 2×21 年 1 月 31 日，确认劳务收入并结转劳务成本：

1 月 31 日确认的劳务收入 =500 000×70%-125 000=225 000（元）

借：银行存款   245 250

    贷：主营业务收入   225 000

        应交税费——应交增值税（销项税额）   20 250

借：主营业务成本   180 000

    贷：合同履约成本   180 000

做中学 5-9 承"做中学 5-8"，2×21 年 2 月 28 日，装修完工；中天公司验收合格，按完工进度支付价款同时支付对应的增值税税款。2×21 年 2 月，为完成该合同发生劳务成本 120 000 元（假定均为装修人员薪酬）。东海公司应做如下账务处理。

① 实际发生劳务成本 120 000 元：

借：合同履约成本   120 000

    贷：应付职工薪酬   120 000

② 2×21 年 2 月 28 日，确认劳务收入并结转劳务成本：

2 月 28 日确认的劳务收入 =500 000-125 000-225 000=150 000（元）

借：银行存款   163 500

    贷：主营业务收入   150 000

        应交税费——应交增值税（销项税额）   13 500

借：主营业务成本   120 000

    贷：合同履约成本   120 000

做中学 5-10 中信公司经营一家健身俱乐部。2×21 年 1 月 1 日，某客户与中信公司签订合同，成为中信公司的会员，并向中信公司支付会员费 3 600 元（不含税价），可在未来的 12 个月内

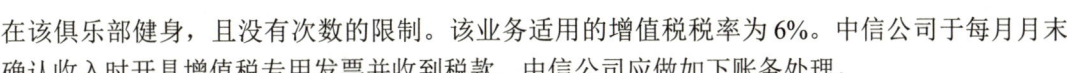

在该俱乐部健身，且没有次数的限制。该业务适用的增值税税率为6%。中信公司于每月月末确认收入时开具增值税专用发票并收到税款。中信公司应做如下账务处理。

①2×21年1月1日，收到会员费：

借：银行存款 3 816

　　贷：合同负债 3 600

　　　　应交税费——待转销项税额 216

中信公司在向客户转让商品之前产生一项负债，即合同负债。

②2×21年1月31日，确认收入，开具增值税专用发票并收到税款：

借：合同负债 300

　　应交税费——待转销项税额 18

　　贷：主营业务收入 300

　　　　应交税费——应交增值税（销项税额） 18

2×21年2月至2×21年12月，每月确认收入的账务处理同上。

任务实施

华盛公司会计张红应做如下账务处理。

劳务履约进度 =50÷（150+50）×100%=25%

应该确认的劳务收入 =300×25% =75（万元）

①发生劳务成本：

借：合同履约成本 500 000

　　贷：应付职工薪酬 500 000

②年末确认收入、结转成本：

借：银行存款 817 500

　　贷：主营业务收入 750 000

　　　　应交税费——应交增值税（销项税额） 67 500

借：主营业务成本 500 000

　　贷：合同履约成本 500 000

子任务二　合同成本

任务描述

华盛公司经营一家酒店，3月底计提资产折旧10 000元，无形资产摊销费用20 000元，确认收入100 000元（不含税），增值税税率6%，款项存入银行。请会计张红做出相关账务处理。

一、合同成本

合同成本，是指为建造某项合同而发生的相关费用，包括从合同签订开始到合同完成为止所发生、与执行合同有关的直接费用和间接费用。企业在与客户之间建立合同关系过程中发生的成本主要有合同取得成本和合同履约成本。

（一）合同取得成本概述

① 企业为取得合同发生的增量成本预期能够收回的，应作为合同取得成本，确认为一项资产。增量成本是指企业不取得合同就不会发生的成本，也就是企业发生的与合同直接相关，但又不是所签订合同的对象或内容（如建造商品或提供服务）本身所直接发生的费用。例如，销售佣金等，如果销售佣金等预期可通过未来的相关服务收入予以补偿，则该销售佣金（即增量成本）应在发生时确认为一项资产，即合同取得成本。

【小提示】聘请外部律师的尽职调查费、为投标发生的差旅费、销售人员的年终奖不属于合同取得成本，应计入当期损益。

② 企业取得合同发生的增量成本已经确认为资产的，应当采用与该资产相关的商品收入确认相同的基础进行摊销，计入当期损益。为了简化实务操作，该资产摊销期限不超过一年的，可以在发生时计入当期损益。

③ 企业为取得合同发生的、除预期能够收回的增量成本之外的其他支出，例如，无论是否取得合同均会发生的差旅费、投标费、为准备投标资料发生的相关费用等，应当在发生时计入当期损益，除非这些支出明确由客户承担。

（二）合同取得成本基本账务处理

① 发生相关费用时，借记"合同取得成本（销售提成、佣金）""管理费用（差旅费、投标费、为准备投标资料发生的相关费用）""销售费用（销售奖金等）"账户，贷记"银行存款"账户。

② 每期确认收入，摊销合同取得时，借记"应收账款""银行存款""销售费用（每期应摊销金额）"等账户，贷记"合同取得成本"（每期应摊销金额＝总合同取得成本÷期数）、"主营业务收入"（本期应确认收入＝总不含税收入÷期数）、"应交税费——应交增值税（销项税额）"等账户。

做中学（5-11） 长龙公司是一家咨询公司。通过竞标赢得一个服务期为5年的客户，该客户每年年末支付含税咨询费1 908 000元。为取得与该客户的合同，长龙公司聘请外部律师进行尽职调查支付相关费用15 000元，为投标而发生的差旅费10 000元，支付销售人员佣金50 000元。长龙公司预期这些支出未来均能够收回。此外，长龙公司根据其年度销售目标、整体盈利情况及个人业绩等，向销售部门经理支付年度奖金10 000元。长龙公司应做如下账务处理。

① 支付相关费用：

借：合同取得成本	50 000
管理费用	25 000
销售费用	10 000
贷：银行存款	85 000

② 每月确认服务收入（结转营业成本略），摊销佣金：

服务收入 =1 908 000÷（1+6%）÷12=150 000（元）

销售佣金摊销额 =50 000÷5÷12=833.33（元）

借：应收账款	159 000
贷：主营业务收入	150 000
应交税费——应交增值税（销项税额）	9 000
借：销售费用	833.33
贷：合同取得成本	833.33

（三）合同履约成本概述

合同履约成本是指企业为履行当前或预期取得的合同所发生的、属于《企业会计准则第14号——收入》（2018）规范范围，并且按照该准则应当确认为一项资产的成本。

企业为履行合同可能会发生各种成本，企业在确认收入的同时应当对这些成本进行分析，属于《企业会计准则第14号——收入》（2018）准则规范范围且同时满足下列条件的，应当作为合同履约成本确认为一项资产。

① 该成本与一份当前或预期取得的合同直接相关，如表5-2所示。

表5-2　应作为合同履约成本的成本

① 与合同直接相关的成本	直接人工
	直接材料
	制造费用或类似费用
② 明确由客户承担的成本，以及仅因该合同而发生的其他成本	如支付给分包商的成本、机械使用费、设计和技术援助费用、施工现场二次搬运费、生产工具和用具使用费、检验试验费、工程定位复测费、工程点交费用、场地清理费等

② 该成本增加了企业未来用于履行（包括持续履行）履约义务的资源。

③ 该成本预期能够收回。

【小提示】企业应当在下列支出发生时，将其计入当期损益，如表5-3所示。

表5-3　应计入当期损益的支出

支 出	说 明
管理费用	除非这些费用明确由客户承担
非正常消耗的直接材料、直接人工和制造费用（或类似费用）	这些支出为履行合同发生，但未反映在合同价格中
与履约义务中已履行（包括已全部履行或部分履行）部分相关的支出	即该支出与企业过去的履约活动相关
无法在尚未履行的与已履行（或已部分履行）的履约义务之间区分的相关支出	

资产负债表方面：合同履约成本（或合同取得成本）的列报，不超过一年的，在表中列示为存货；一年以上的，在表中列示为其他非流动资产。

（四）合同履约成本基本账务处理

每期发生合同履约成本时，借记"合同履约成本"账户，贷记"应付职工薪酬""银行存款"等账户。每期末及完工确认劳务收入并摊销合同履约成本时，借记"银行存款"账户，贷记"主营业务收入""应交税费——应交增值税（销项税额）"等账户，同时，借记"主营业务成本""其他业务成本（当月成本）"账户，贷记"合同履约成本"账户。

做中学 5-12　长龙公司经营一家酒店，该酒店是长龙公司的自有资产。2×20年12月长龙公司计提与酒店经营直接相关的酒店、客房及客房内的设备家具等折旧120 000元，酒店土地使用权摊销费用65 000元。经计算，当月确认房费、餐饮等服务含税收入424 000元，全部存入银行。长龙公司应做如下账务处理。

① 确认资产的折旧费、摊销费：

借：合同履约成本   185 000

  贷：累计折旧   120 000

    累计摊销   65 000

② 12月确认酒店服务收入并摊销合同履约成本：

借：银行存款   424 000

  贷：主营业务收入   400 000

    应交税费——应交增值税（销项税额） 24 000

借：主营业务成本   185 000

  贷：合同履约成本   185 000

任务实施

华盛公司会计张红应做如下账务处理。

① 计提折旧和摊销：

借：合同履约成本   30 000

  贷：累计折旧   10 000

    累计摊销   20 000

② 确认收入并摊销合同履约成本：

借：银行存款   106 000

  贷：主营业务收入   100 000

    应交税费——应交增值税（销项税额） 6 000

借：主营业务成本   30 000

  贷：合同履约成本   30 000

【任务小结】

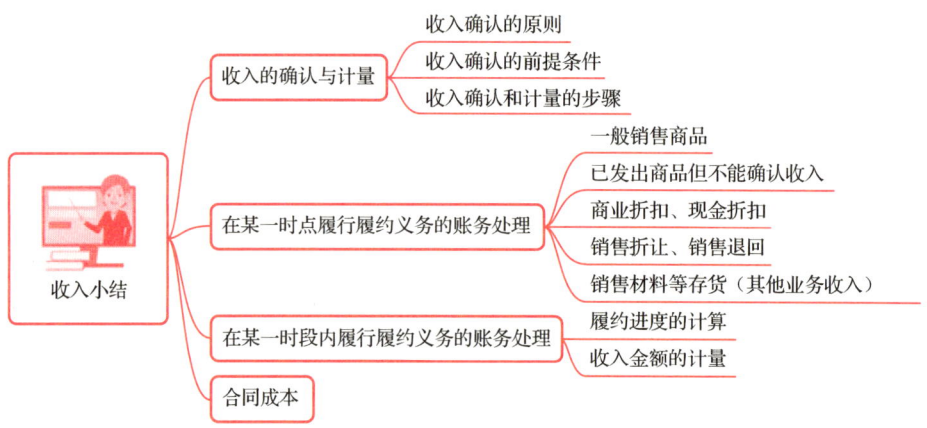

任务二　费用核算

任务导言

　　费用，主要指企业为取得营业收入进行产品销售等营业活动所发生的营业成本、税金及附加和期间费用。企业为生产产品、提供劳务等发生的可归属于产品成本、劳务成本等的费用，应当在确认销售商品收入、提供劳务收入时，将已销售商品、已提供劳务的成本确认为营业成本（包括主营业务成本和其他业务成本）。

　　期间费用，是指企业日常活动发生的不能计入特定核算对象的成本，而应计入发生当期损益的费用。期间费用在发生时直接计入当期损益。期间费用包括销售费用、管理费用和财务费用。

　　费用的组成内容如图 5-9 所示。

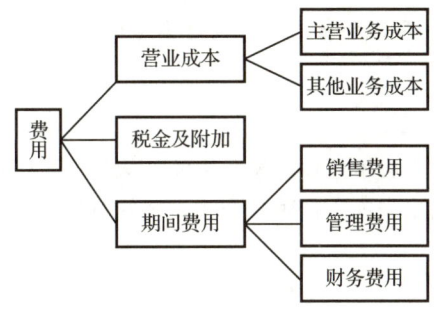

图 5-9　费用的组成内容

收入、利得、费用、损失对比表

任务描述

　　2020 年 3 月，华盛公司应付人工工资 200 万元，设备应计提折旧 300 万元，非专利技术摊销额 400 万元，用银行存款支付设备维修费 500 万元，上述费用管理部门和销售部门各占一半。本月应计提银行短期借款利息 400 万元。请会计张红做出相关账务处理。

一、生产成本概述

　　生产成本，是指企业在生产产品过程中所发生的材料费用、职工薪酬等，以及不能直接计入而按一定标准分配计入的各种间接费用。产品生产成本核算是对生产经营过程中实际发生的成本、费用进行计算，并进行相应的账务处理，最后计入本月各种产品生产成本，按成本项目反映完工产品和月末在产品成本的过程。

二、生产成本核算的账户设置

　　为了核算生产成本的发生和结转情况，企业应设置"生产成本"账户。该账户属于成本类账户，具体账户结构如图 5-10 所示。

借方	生产成本	贷方
企业发生的各项直接材料、直接人工和制造费用		期末生产完工并验收入库的产品、自制材料、自制工具的实际成本
企业尚未加工完成的在产品成本		

图 5-10 "生产成本"账户结构

【小提示】该账户可按照基本生产成本和辅助生产成本项目进行明细核算。

为了核算企业为进行工业性生产而发生的各项间接费用，企业应设置"制造费用"账户。该账户属于成本类账户，具体账户结构如图 5-11 所示。

借方	制造费用	贷方
企业发生的各项制造费用		按一定的分配方法和分配标准将制造费用在各成本计算对象间的分配结转

图 5-11 "制造费用"账户结构

【小提示】该账户可按照不同生产车间、部门和费用项目进行明细核算。

三、生产成本业务的账务处理

企业发生的各项生产费用，能确定由某一成本核算对象负担的，应当按照所对应的产品成本项目类别，直接计入产品成本核算对象的生产成本；由几个成本核算对象共同负担的，应当选择合理的分配标准分配计入。

（一）生产成本的归集与分配

对于发生的能直接归属于特定成本核算对象的直接材料、直接人工等直接费用，应直接计入生产成本——借记"生产成本"账户，贷记"银行存款""原材料""应付职工薪酬"等账户。

对于无法直接判断其应归属的成本核算对象的间接费用，应先在制造费用中归集——借记"制造费用"账户，贷记"银行存款""原材料""应付职工薪酬""累计折旧"等账户。月度终了，再采用一定的方法在各成本核算对象之间进行分配，计入各成本核算对象的成本——借记"生产成本"账户，贷记"制造费用"账户。

（二）生产费用在完工产品与在产品间的分配

企业在生产过程中发生的生产费用，经过在各种产品之间进行分配和归集之后，应计入本月各种产品的成本，都已集中反映在"生产成本"账户及其所属各种产品成本明细账中。为了计算产品成本，还需要加上期初在产品费用，然后将其在本期完工产品和期末在产品之间进行分配，计算出本月产成品成本。

（三）完工产品成本的结转

在计算出当期完工产品成本后，对验收入库的产成品，应结转成本。结转本期完工产品成本时，借记"库存商品"等账户，贷记"生产成本"账户。

做中学 5-13 2×21 年 1 月 20 日，时达公司生产的甲产品、乙产品两种产品中，根据"发料凭证汇总表"的记录，基本生产车间共耗用材料 500 000 元（其中，300 000 元用于生产甲产品，

200 000 元用于生产乙产品），车间管理部门领用材料 3 000 元。根据"工资结算汇总表"结算本月应付基本生产车间生产工人工资为 112 000 元（其中，生产甲产品工人的工资为 70 000 元，生产乙产品工人的工资为 42 000 元），应付车间管理人员工资为 15 000 元。假定甲、乙产品本月无其他耗费，均于本月月末完工入库，且无月初在产品成本和月末在产品成本。假定本月制造费用 18 000 元，经分配，计入甲产品成本 10 000 元，计入乙产品成本 8 000 元。根据"完工产品成本汇总表"，本月甲产品完工成本为 380 000 元，乙产品完工成本为 250 000 元。时达公司应做如下账务处理。

① 领用原材料：

借：生产成本——甲产品	300 000
——乙产品	200 000
制造费用	3 000
贷：原材料	503 000

② 分配工资：

借：生产成本——甲产品	70 000
——乙产品	42 000
制造费用	15 000
贷：原材料	127 000

③ 分配制造费用：

借：生产成本——甲产品	10 000
——乙产品	8 000
贷：制造费用	18 000

④ 结转本月完工产品成本：

借：库存商品——甲产品	380 000
——乙产品	250 000
贷：生产成本——甲产品	380 000
——乙产品	250 000

四、营业成本概述

营业成本，是指企业为生产产品、提供劳务等发生的可归属于产品成本、劳务成本等的费用。企业应当在确认销售商品收入、提供劳务收入时，将已销售商品、已提供劳务的成本等计入当期损益。营业成本包括主营业务成本和其他业务成本。

主营业务成本，是指企业销售商品、提供劳务等经常性活动所发生的成本。企业一般在确认销售商品、提供劳务等主营业务收入时，或者在月末，将已销售商品、已提供劳务的成本转入主营业务成本。

其他业务成本，是指企业确认的除主营业务活动以外的其他经营活动所发生的支出。其他业务成本包括销售材料的成本、出租固定资产的折旧额、出租无形资产的摊销额、出租包装物的成本或摊销额等。

税金及附加，是指企业经营活动应负担的相关税费，包括消费税、城市维护建设税、教育费附加、资源税、环境保护税、土地增值税、房产税、车船税、城镇土地使用税、印花税、耕地占用税、契税、车辆购置税等。

五、营业成本核算的账户设置

为了核算企业因销售商品、提供劳务或让渡资产使用权等日常活动而发生的实际成本，企业应当设置"主营业务成本""其他业务成本""税金及附加"账户。账户结构图请参见本项目任务一。

六、营业成本业务的账务处理

（一）主营业务成本

企业应根据本月销售各种商品、提供各种劳务等的实际成本，计算应结转的主营业务成本——借记"主营业务成本"账户，贷记"库存商品""劳务成本"账户。采用计划成本或售价核算库存商品的，平时的营业成本按计划成本或售价结转，月末，还应结转本月销售商品应分摊的产品成本差异或商品进销差价。期末，应将本账户的余额转入"本年利润"账户，结转后本账户应无余额。详见"做中学 5-2"。

（二）其他业务成本

企业发生其他业务成本时，应借记"其他业务成本"账户，贷记"原材料""周转材料""累计折旧""累计摊销""应付职工薪酬""银行存款"等账户；期末，企业应借记"本年利润"账户，贷记"其他业务成本"账户。

（三）税金及附加

企业按规定计算确定的与经营活动相关的税费，应借记"税金及附加"账户，贷记"应交税费"等账户。企业收到返还的消费税等原记入"税金及附加"账户的各种税金，应按实际收到的金额，借记"银行存款"账户，贷记"税金及附加"账户。期末，应将该账户余额转入"本年利润"账户，结转后该账户应无余额。

七、期间费用概述

期间费用，是指企业本期发生的、不能直接或间接归入营业成本，而是直接计入当期损益的各项费用，包括管理费用、销售费用和财务费用等。

【小提示】制造费用不属于期间费用，因为制造费用可能包含在存货成本中，如果存货未出售则不影响当期损益。

管理费用，是指企业为组织和管理生产经营发生的各种费用，包括企业在筹建期间发生的开办费、董事会和行政管理部门在企业的经营管理中发生的及其他应由企业统一负担的公司经费，包括行政管理部门职工工资及福利费、物料消耗、低值易耗品摊销、办公费和差旅费等，行政管理部门负担的工会经费，董事会费（包括董事会成员津贴、会议费和差旅费等），聘请中介机构费，咨询费（含顾问费），诉讼费，业务招待费，技术转让费，研究费用，排污费等。企业生产车间（部门）和行政管理部门发生的固定资产修理费用等后续支出，也作为管理费用核算。

销售费用，是指企业销售商品和材料、提供劳务的过程中发生的各种费用，包括保险费、包装费、展览费和广告费、商品维修费、预计产品质量保证损失、运输费、装卸费等，以及为销售本企业商品而专设的销售机构（含销售网点、售后服务网点等）的职工薪酬、业务费、折旧费等经营费用。企业发生的与专设销售机构相关的固定资产修理费用等后续支出也属于销售费用。销售费用是与企业销售商品活动有关的费用，但不包括销售商品本身的成本和劳务成本。销售商品的成本属于主营业务成本，提供劳务的成本属于劳务成本。

固定资产修理费用

财务费用，是指企业为筹集生产经营所需资金等而发生的筹资费用，包括利息支出（减利息收入）、汇兑损益，以及相关的手续费、企业发生的现金折扣等，如图 5-12 所示。

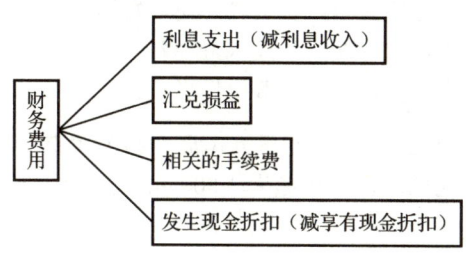

图 5-12 "财务费用"主要内容

八、期间费用核算的账户设置

为了核算管理费用的发生和结转情况，企业应设置"管理费用"账户。该账户属于损益类账户，具体账户结构如图 5-13 所示。

借方	管理费用	贷方
企业发生的各项管理费用		期末转入"本年利润"账户的管理费用

图 5-13 "管理费用"账户结构

【小提示】该账户可按照费用项目进行明细核算。

为了核算销售费用的发生和结转情况，企业应当设置"销售费用"账户。该账户属于损益类账户，具体账户结构如图 5-14 所示。

借方	销售费用	贷方
企业发生的各项销售费用		期末转入"本年利润"账户的销售费用

图 5-14 "销售费用"账户结构

【小提示】该账户可按照费用项目进行明细核算。

为了核算财务费用的发生和结转情况，企业应当设置"财务费用"账户。该账户属于损益类账户，具体账户结构如图 5-15 所示。

借方	财务费用	贷方
企业发生的各项财务费用		① 本期发生的、应冲减的财务费用（利息收入、汇兑收益） ② 期末转入"本年利润"账户的财务费用

图 5-15 "财务费用"账户结构

【小提示】该账户可按照费用项目进行明细核算。

九、期间费用业务的账务处理

（一）管理费用

企业在筹建期间发生的开办费，包括人员工资、办公费、培训费、差旅费、印刷费、注册登记费等，借记"管理费用"账户，贷记"银行存款"账户；企业行政管理部门人员的职工薪酬，借记"管理费用"账户，贷记"应付职工薪酬"账户；企业行政管理部门发生的办公费、水电费、差旅费以及企业发生的业务招待费、咨询费、研究费用等其他费用，借记"管理费用"账户，贷记"银行存款""研发支出"等账户。期末，应将"管理费用"账户余额转入"本年利润"账户，借记"本年利润"账户，贷记"管理费用"账户。

做中学 5-14 时达公司于 2×21 年 1 月 5 日为拓展产品销售市场发生业务招待费 50 000 元，取得的增值税专用发票上注明的增值税税额为 3 000 元，已用银行存款支付价款和税款。该公司应编制如下会计分录：

借：管理费用——业务招待费	50 000
应交税费——应交增值税（进项税额）	3 000
贷：银行存款	53 000

（二）销售费用

企业发生销售费用时，借记"销售费用"账户，贷记"库存现金""银行存款""应付职工薪酬""累计折旧"等账户；期末，应将"销售费用"账户余额转入"本年利润"账户，借记"本年利润"账户，贷记"销售费用"账户。

（三）财务费用

企业发生各项财务费用时，借记"财务费用"账户，贷记"银行存款"等账户；企业发生利息收入、汇兑收益时，应冲减财务费用。月终，企业应将借方归集的财务费用全部转入"本年利润"账户的借方，计入当期损益，期末结转后，该账户无余额。

任务实施 ▶▶

会计张红应做如下账务处理。

① 发生销售费用、管理费用：

借：销售费用	7 000 000
管理费用	7 000 000
贷：应付职工薪酬	2 000 000
累计折旧	3 000 000
累计摊销	4 000 000
银行存款	5 000 000

② 发生财务费用：

借：财务费用	4 000 000
贷：应付利息	4 000 000

③ 结转损益：

借：本年利润   18 000 000

    贷：销售费用   7 000 000

       管理费用   7 000 000

       财务费用   4 000 000

【任务小结】

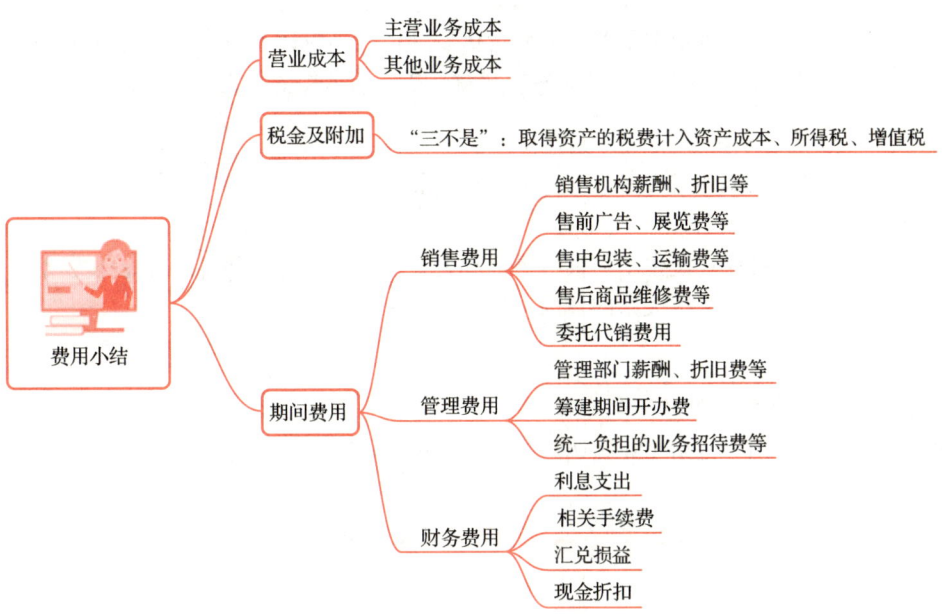

任务三 利润核算

任务导言

企业作为独立核算的经济实体，其经营的目的就是以自身的经营收入来抵补发生的成本费用，从而实现盈利。企业只有获得尽可能多的利润，才能在激烈的市场竞争中求得生存和发展。

利润，是指企业在一定会计期间的经营成果。利润包括收入减去费用后的净额、直接计入当期利润的利得和损失等。未计入当期利润的利得和损失扣除所得税影响后的净额计入其他综合收益。净利润与其他综合收益的合计金额为综合收益总额。利得，是指由企业非日常活动所形成的、会导致所有者权益增加的、与所有者投入资本无关的经济利益的流入。损失，是指由企业非日常活动所形成的、会导致所有者权益减少的、与向所有者分配利润无关的经济利益的流出。

下面介绍与利润相关的主要计算公式。

（一）营业利润

营业利润＝营业收入－营业成本－税金及附加－销售费用－管理费用－财务费用－
　　　　　资产减值损失＋公允价值变动收益（－公允价值变动损失）＋
　　　　　投资收益（－投资损失）

其中：

营业收入，是指企业经营业务所确认的收入总额，包括主营业务收入和其他业务收入；营业成本，是指企业经营业务所发生的实际成本总额，包括主营业务成本和其他业务成本；资产减值损失，是指企业计提各项资产减值准备所形成的损失；公允价值变动收益（－公允价值变动损失），是指企业交易性金融资产等公允价值变动形成的应计入当期损益的利得（－损失）；投资收益（－投资损失），是指企业以各种方式对外投资所取得的收益（－发生的损失）。

（二）利润总额

利润总额＝营业利润＋营业外收入－营业外支出

其中：

营业外收入，是指企业发生的与其日常活动无直接关系的各项利得；营业外支出，是指企业发生的与其日常活动无直接关系的各项损失。

（三）净利润

净利润＝利润总额－所得税费用

其中：所得税费用，是指企业确认的应从当期利润总额中扣除的所得税费用。

子任务一　营业外收支核算

任务描述

2020年3月华盛公司发生如下业务：①无法查明原因的现金溢余1万元；②无法支付的应付账款2万元；③接受现金捐赠3万元、收到有福公司违约金4万元，存入银行；④固定资产报废利得5万元。请会计张红做出相关账务处理。

一、营业外收支概述

营业外收支，是指企业发生的与日常活动无直接关系的各项收支。这些收入和支出偶发性很强，前后不发生联系，而且每项收入和支出往往是彼此孤立的。收入没有相应的成本和费用，支出没有相应的收入。在企业经营活动中，难免会遇到一些与企业经营无直接关系的经济业务，如发生自然灾害、非常事项或其他客观因素造成的财产损失，以及其他各种意外的收入和支出等。营业外收支虽然与企业生产经营活动没有多大关系，但从企业主体来考虑，同样带来收入或形成支出，从而增加或减少利润，对企业的利润总额及净利润产生影响。

二、营业外收支核算的账户设置

为了核算营业外收入的取得及结转情况，企业应设置"营业外收入"账户。该账户属于权益类账户，具体账户结构如图5-16所示。

借方	营业外收入	贷方
期末转入"本年利润"账户的营业外收入	本期发生的与日常经营活动无直接关系的各项利得	
	0	

图 5-16 "营业外收入"账户结构

【请注意】该账户可按照营业外收入项目进行明细核算。

为了核算营业外支出的发生及结转情况，企业应设置"营业外支出"账户。该账户属于权益类账户，具体账户结构如图 5-17 所示。

借方	营业外支出	贷方
本期发生的与日常经营活动无直接关系的各项损失	期末转入"本年利润"账户的营业外收入	
	0	

图 5-17 "营业外支出"账户结构

【请注意】该账户可按照营业外支出项目进行明细核算。

三、营业外收支业务的账务处理

（一）营业外收入业务

营业外收入，是指企业确认的与其日常活动无直接关系的各项利得。营业外收入并不是企业经营资金耗费所产生的，实际上是经济利益的净流入，不需要与有关的费用进行配比。

营业外收入主要包括非流动资产毁损报废收益（指因自然灾害等发生毁损、已丧失使用功能而报废非流动资产所产生的清理收益）、与企业日常活动无关的政府补助、盘盈利得（主要指现金溢余无法查明原因部分）、捐赠利得、债务重组利得等。

政府补助，是指企业从政府无偿取得货币性资产或非货币性资产形成的利得，不包括政府作为所有者对企业的资本投入。

盘盈利得，是指企业对现金等资产清查盘点时发生盘盈，报经批准后计入营业外收入的金额。

捐赠利得，是指企业接受捐赠产生的利得。

营业外收入的账务处理：借记"固定资产清理"（自然灾害等非正常原因毁损报废固定资产净收益）、"待处理财产损溢"（现金溢余无法查明原因）、"应付账款"（确实无法支付）等账户，贷记"营业外收入"账户。

（二）营业外支出业务

营业外支出，是指企业发生的与其日常活动无直接关系的各项损失，主要包括非流动资产毁损报废损失（指因自然灾害等发生毁损、已丧失使用功能而报废非流动资产所产生的清理损失）、捐赠支出、盘亏损失（经批准计入营业外支出的）、非常损失（自然灾害等原因导致的）、罚款支出（行政罚款、税务罚款，其他违法或违背合同而支付的罚款、违约金、赔偿金等）、债务重组损失等。

盘亏损失，主要指对财产清查盘点中盘亏的资产，查明原因并报经批准计入营业外支出的损失。

非常损失，指企业对于因客观因素（如自然灾害等）造成的损失，扣除保险公司赔偿后应计入营业外支出的净损失。

罚款支出，指企业支付的行政罚款、税务罚款，以及其他违反法律法规、合同协议等而支付的罚款、违约金、赔偿金等支出。

营业外支出的账务处理：借记"营业外支出"账户，贷记"固定资产清理"（自然灾害等非正常原因毁损报废固定资产净损失）、"待处理财产损溢"（资产盘亏净损失）、"库存商品"（对外捐赠，成本价）、"应交税费——应交增值税（销项税额）"（对外捐赠视同销售＝计税价或公允价或市场价×税率）、"银行存款"（支付罚款、违约金等）等账户。详见项目二"做中学2-50"。

任务实施

华盛公司会计张红应做如下会计分录：

借：待处理财产损溢（盘盈现金）   10 000

    应付账款（无法支付的应付账款）   20 000

    银行存款等（接受捐赠、罚款利得）   70 000

    固定资产清理（报废固定资产）   50 000

    贷：营业外收入   150 000

子任务二   所得税费用核算

任务描述

华盛公司 2019 年产生收入 150 万元，费用 60 万元，其中计提坏账准备产生的信用减值损失 10 万元；2020 年产生收入 150 万元，费用 50 万元，无法收回上年已计提坏账准备的应收账款 10 万元，确认坏账损失。除以上资料外，不考虑其他因素。请会计张红做出与所得税相关的账务处理。

一、所得税费用概述

所得税，是以税法为依据，以课税为目的，以企业在一定期间的生产经营所得和其他所得为课税对象的税种。在我国境内的所有企业，只要有应税所得，都应按规定缴纳企业所得税。所得税费用，是指应从当期利润总额中扣除的所得税费用。由于所得税法规与企业会计准则是基于不同目的、遵循不同原则分别制定的，因此，二者在收入和费用确认原则、资产和负债的计

所得税费用

量标准等方面存在一定的差异，导致企业在一定期间按税法规定计算的应纳税所得额与按会计准则要求确认的会计利润往往不一致。我国企业会计准则规定，对于所得税费用的确认，应采用资产负债表债务法。在资产负债表债务法下，所得税费用包括当期所得税费用和递延所得税费用两个部分。其中，当期所得税，是指当期应交所得税。递延所得税包括递延所得税资产和递延所得税负债：递延所得税资产，是指以未来期间很可能取得用来抵扣可抵扣暂时性差异的应纳税所得额为限确认的一项资产；递延所得税负债，是指根据应纳税暂时性差异计算的未来期间应付所得税的金额。资产负债表债务法核算的基本程序如图5-18所示。

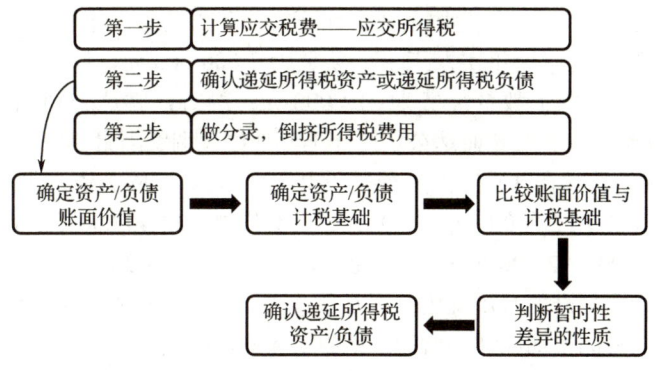

图 5-18　资产负债表债务法核算程序

（一）当期所得税费用

应交所得税，是指企业按照税法规定计算确定的针对当期发生的交易和事项，应交给税务部门的所得税金额，即当期应交所得税。应纳税所得额是在企业税前会计利润（利润总额）的基础上调整确定的，计算公式为：

应纳税所得额 = 税前会计利润 + 纳税调整增加额 - 纳税调整减少额

当期所得税费用 = 当期应交所得税 = 应纳税所得额 × 当期适用的所得税税率

纳税调整增加额主要包括税法规定允许扣除项目中，企业已计入当期费用但超过税法规定扣除标准的金额（如超过税法规定标准的职工福利费、工会经费、职工教育经费、业务招待费、公益性捐赠支出、广告费和业务宣传费等），以及企业已计入当期损失但税法规定不允许扣除项目的金额（如税收滞纳金、罚金、罚款等）。

纳税调整减少额主要包括按税法规定允许弥补的亏损和准予免税的项目，如前五年未弥补亏损和国债利息收入等。

纳税调整项目如表 5-4 所示。

表 5-4　纳税调整项目

项　目	核算内容
纳税调整增加额	① 职工福利费支出，不超过工资薪金总额 14% 的部分准予扣除
	② 职工工会经费，不超过工资薪金总额 2% 的部分准予扣除
	③ 职工教育经费支出，不超过工资薪金总额 8% 的部分准予扣除，超过部分准予结转以后纳税年度扣除
	④ 业务招待费支出，按照发生额的 60% 扣除，但准予扣除部分最高不得超过当年销售收入的 5‰
	⑤ 广告费和业务宣传费支出不超过当年销售收入 15% 的部分，准予扣除；超过部分准予结转以后纳税年度扣除
	⑥ 公益性捐赠支出，不超过年度利润总额 12% 的部分准予扣除
	⑦ 税收滞纳金、罚金、罚款
纳税调整减少额	① 国债利息收入
	② 前五年内未弥补亏损和准予免税的项目

做中学 5-15 时达公司 2×20 年度按企业会计准则计算的税前会计利润为 19 800 000 元，所得税税率为 25%。时达公司全年实发工资、薪金为 2 000 000 元，职工福利费为 300 000 元，工会经费为 50 000 元，职工教育经费为 210 000 元；经查，时达公司当年营业外支出中有 120 000 元为税收滞纳罚金。假定时达公司全年无其他纳税调整因素。

按税法规定，时达公司在计算当期应纳税所得额时，可以扣除工资、薪金支出 2 000 000 元、职工福利费支出 280 000（2 000 000×14%）元、工会经费支出 40 000（2 000 000×2%）元、职工教育经费支出 160 000（2 000 000×8%）元。时达公司有两种纳税调整因素：一是已计入当期费用但超过税法规定标准的费用支出；二是已计入当期营业外支出但按税法规定不允许扣除的税收滞纳金。这两种因素均应调整增加应纳税所得额。时达公司当期所得税计算如下：

纳税调整数 =（300 000–280 000）+（50 000–40 000）+（210 000–160 000）+120 000=200 000（元）

应纳税所得额 =19 800 000+200 000=20 000 000（元）

当期所得税费用 = 应交所得税 =20 000 000×25%=5 000 000（元）

借：所得税费用   5 000 000

    贷：应交税费——应交所得税   5 000 000

做中学 5-16 时达公司 2×20 年全年利润总额为 10 200 000 元，其中包括本年收到的国债利息收入 200 000 元。所得税税率为 25%。假定时达公司全年无其他纳税调整因素。

按照税法的有关规定，企业购买国债的利息收入免交所得税，即在计算应纳税所得额时可将其扣除。时达公司当期所得税计算如下：

应纳税所得额 =10 200 000–200 000=10 000 000（元）

当期所得税费用 = 应交所得税 =10 000 000×25%=2 500 000（元）

借：所得税费用   2 500 000

    贷：应交税费——应交所得税   2 500 000

（二）递延所得税费用

递延所得税，是指由于资产、负债的账面价值与其计税基础不同产生的暂时性差异而确认的所得税费用。

1. 暂时性差异

暂时性差异，是指资产或负债的账面价值与其计税基础之间的差异。资产的计税基础，是指企业收回资产账面价值的过程中，计算应纳税所得额时按照税法规定可以自应税经济利益中抵扣的金额，即某一项资产在未来期间计税时可以税前扣除的金额。负债的计税基础，是指负债的账面价值减去未来期间计算应纳税所得额时按照税法规定可予扣除的金额。

由于资产、负债的账面价值与其计税基础不同，产生了在未来收回资产或清偿负债的期间内，应纳税所得额增加或减少并导致未来期间应交所得税增加或减少的情况。根据暂时性差异对未来期间应纳税额影响的不同，分为应纳税暂时性差异和可抵扣暂时性差异。

应纳税暂时性差异，是指在确定未来回收资产或清偿负债期间的应纳税所得额时，将导致产生应税金额的暂时性差异。在该差异产生当期，应当确认相关的递延所得税负债。

应纳税暂时性差异通常产生于下列情况：

① 资产的账面价值大于其计税基础。一项资产的账面价值代表企业在持续使用及最终出售该资产时取得的经济利益的总额，而计税基础代表的是一项资产在未来期间可予税前扣除的

金额。资产账面价值大于其计税基础，说明该项资产未来期间产生的经济利益不能全部在所得税税前扣除，而二者之间差额需要纳税，从而产生应纳税暂时性差异。

②**负债的账面价值小于其计税基础。**一项负债的账面价值代表的是企业在未来期间允许税前扣除的金额之后的差额。因负债账面价值与其计税基础不同产生的暂时性差异，实质上是税法规定就该负债在未来期间可以税前抵扣的金额为负数，即应在未来期间应纳税所得额的基础上调增，增加未来期间的应纳税所得额和应交所得税，从而产生应纳税暂时性差异。

可抵扣暂时差异，是指在确定未来收回资产或清偿负债期间的应纳税所得额时，将导致产生可抵扣金额的暂时性差异。该差异在未来期间转回是会减少转回期间的应纳税所得额，减少未来期间的应交所得税。

可抵扣暂时性差异通常产生于下列情况：

①**资产的账面价值小于其计税基础。**这种情形表明，资产在未来期间产生的经济利益少，按照税法规定允许税前扣除的金额多，则企业在未来期间可以减少应纳税所得税，形成可抵扣暂时性差异。

②**负债的账面价值大于其计税基础。**因负债账面价值与计税不同产生的暂时性差异，实质上是税法规定就该负债在未来期间可以税前抵扣的金额。一项负债的账面价值大于其计税基础，意味着未来期间按照税法规定与该负债相关的全部或部分支出可以自未来应税经济利益中扣除，减少未来期间的应纳税所得额和应交所得税，形成可抵扣暂时性差异。

做中学 5-17 时达公司 2×20 年 12 月取得某项固定资产，原价为 200 万元，预计使用 10 年，会计上采用直线法计提折旧，预计净残值为 0。假设税法规定类似固定资产采用加速折旧法计提的折旧可在税前扣除，计税时采用双倍余额递减法计提折旧，净残值为 0。

2×21 年 12 月 31 日：

该固定资产的账面价值 =200-20=180（万元）

该固定资产的计税基础 =200-200×20%=160（万元）

该项固定资产在在 2×21 年年末的账面价值 180 万元与其计税基础 160 万元之间产生了 20 万元差额，属于应纳税暂时性差异。

做中学 5-18 时达公司 2×21 年 12 月销售商品且提供售后服务，确认 190 万元的销售费用，同时确认为预计负债，当年年末发生任何维修支出。税法规定，有关商品售后服务相关的费用在实际发生时允许税前扣除。

2×21 年 12 月 31 日：

该预计负债的账面价值 =190 万元

该预计负债的计税基础 =190-190=0（万元）

该项预计负债在 2×21 年年末的账面价值 190 万元与其计税基础 0 万元之间产生了 190 万元差额，属于可抵扣暂时性差异。

2. 递延所得税资产与递延所得税负债

递延所得税资产产生于可抵扣暂时性差异，一般按照可抵扣暂时性差异和转回期间的税率计算确定。其计算公式为：

递延所得税资产 = 可抵扣暂时性差异 × 适用税率

递延所得税负债产生于应纳税暂时性差异，一般按照应纳税暂时性差异和转回期间的税率计算确定。其计算公式为：

递延所得税负债＝应纳税暂时性差异×适用税率

3. 递延所得税

递延所得税，即递延所得税资产及递延所得税负债的当期发生额，但不包括直接计入所有者权益的交易或事项及企业合并（商誉）的所得税。用公式表示为：

递延所得税＝（期末递延所得税负债－期初递延所得税负债）－
（期末递延所得税资产－期初递延所得税资产）

（三）所得税费用

企业根据会计准则的规定，计算确定的当期所得税和递延所得税之和，即为应从当期利润总额中扣除的所得税费用。用公式表示为：

所得税费用＝当期所得税＋递延所得税

二、所得税费用核算的账户设置

为了核算和监督企业所得税的上缴和结转等情况，企业应设置"所得税费用""递延所得税资产""递延所得税负债""应交税费——应交所得税"等账户。

① "所得税费用"账户，该账户属于损益类账户，核算企业按规定应从当期利润中扣除的所得税费用。具体账户结构如图 5-19 所示。

借方	所得税费用	贷方
从当期损益中扣除的所得税费用	期末转入本年利润的所得税费用	
	0	

图 5-19 "所得税费用"账户结构

【请注意】本账户期末结转后无余额。可按"当期所得税费用""递延所得税费用"进行明细分类核算。

② "递延所得税资产"账户，该账户属于资产类账户，核算企业确认的可抵扣暂时性差异产生的递延所得税资产，以及根据税法规定可用以后年度税前利润弥补的亏损及税款抵减产生的所得税资产。具体账户结构如图 5-20 所示。

借方	递延所得税资产	贷方
当期递延所得税资产的发生金额	当期递延所得税资产的转回金额	
企业确认的递延所得税资产		

图 5-20 "递延所得税资产"账户结构图

【请注意】本账户可按可抵扣暂时性差异的项目进行明细分类核算。

③ "递延所得税负债"账户，该账户属于负债类账户，核算企业确认的应纳税暂时性差异产生的递延所得税负债。具体账户结构如图 5-21 所示。

借方	递延所得税负债	贷方
当期递延所得税负债的转回金额	当期递延所得税负债的发生金额	
	企业确认的递延所得税负债	

图 5-21 "递延所得税负债"账户结构

【请注意】本账户可按应纳税暂时性差异的项目进行明细分类核算。

④ "应交税费——应交所得税"账户，该账户属于负债类账户，核算企业应交未交所得税。具体账户结构如图 5-22 所示。

借方	应交税费——应交所得税	贷方
企业已缴纳的所得税	期末尚未缴纳的所得税	
多交或尚未抵扣的税费	尚未交纳的税费	

图 5-22 "应交税费——应交所得税"账户结构

【请注意】本账户可按应交税费项目进行明细分类核算。

三、所得税费用业务的账务处理

企业应借记"所得税费用"、"递延所得税资产"（或贷记）账户；贷记"应交税费——应交所得税"、"递延所得税负债"（或借记）账户。期末，应将"所得税费用"账户的余额转入"本年利润"账户，借记"本年利润"账户，贷记"所得税费用"账户，结转后本账户应无余额。

做中学 5-19 承"做中学 5-15"，时达公司递延所得税负债年初数为 400 000 元、年末数为 500 000 元，递延所得税资产年初数为 250 000 元、年末数为 200 000 元。

时达公司所得税费用的计算如下：

递延所得税 =（500 000-400 000）-（200 000-250 000）=150 000（元）

所得税费用 = 当期所得税 + 递延所得税 =5 000 000+150 000=5 150 000（元）

时达公司应编制如下会计分录：

借：所得税费用　　　　　　　　　　　　　　　5 150 000
　　贷：应交税费——应交所得税　　　　　　　　　　5 000 000
　　　　递延所得税负债　　　　　　　　　　　　　　100 000
　　　　递延所得税资产　　　　　　　　　　　　　　50 000

任务实施

华盛公司会计张红应做如下账务处理。（以下会计分录的金额单位为万元）

① 2019 年账务处理：

借：所得税费用　　　　　　　　　　22.5（会计账上的税）
　　递延所得税资产　　　　　　　　　2.5（会计与税法的差异）
　　　贷：应交税费——应交所得税　　　　25（税法规定应交的税）

② 2020 年账务处理：

借：所得税费用　　　　　　　　　　25（会计账上的税）
　　贷：应交税费——应交所得税　　　　22.5（税法规定应交的税）
　　　　递延所得税资产　　　　　　　　2.5（会计与税法的差异）

子任务三　本年利润核算

任务描述

2020 年 3 月，华盛公司各有关损益类账户结转前余额如表 5-5 所示（该企业采用表结法月末一次结转损益类账户，所得税税率为 25%），公司每月按会计利润计算应交所得税，并确定所得税费用，年度根据所得税汇算清缴再进行调整。公司预计会持续获利，以后年度能够获得足够的应纳税所得额。2020 年年初"未分配利润"账户余额 -30 万元，按照净利润的 10% 计提法定盈余公积，宣告分配股东现金股利 100 万元。请会计张红做出相关账务处理。

表 5-5 损益类账户余额表

2020 年 2 月 29 日   单位：万元

账　户	借或贷	贷方余额	账　户	借方余额
主营业务收入	贷	600	主营业务成本	420
其他业务收入	贷	400	其他业务成本	280
公允价值变动损益	贷	50	税金及附加	100
投资收益	贷	200	销售费用	80
资产处置损益	贷	150	管理费用	120
其他收益	贷	80	财务费用	30
营业外收入	贷	20	资产减值损失	20
			营业外支出	10

一、结转本年利润概述

会计期末结转本年利润的方法有表结法和账结法两种。

（一）表结法

表结法下，各损益类账户每月月末只需结计出本月发生额和月末累计余额，不结转到"本年利润"账户，只有在年末时才将全年累计余额结转入"本年利润"账户。但每月月末要将损益类账户的本月发生额合计数填入利润表的本月数栏，同时将本月月末累计余额填入利润表的本年累计数栏，通过利润表计算反映各期的利润（或亏损）。表结法下，年中损益类账户无须结转入"本年利润"账户，从而减少了转账环节和工作量，同时并不影响利润表的编制及有关损益指标的使用。

（二）账结法

账结法下，每月月末均需编制转账凭证，将在账上结计出的各损益类账户的余额结转入"本年利润"账户。结转后"本年利润"账户的本月余额反映当月实现的利润或发生的亏损，"本年利润"账户的本年余额反映本年累计实现的利润或发生的亏损。账结法在各月均可通过"本年利润"账户提供当月及本年累计的利润（或亏损）额，但增加了转账环节和工作量。

二、本年利润核算的账户设置

为了反映盈余公积的形成及使用和监督本年度净利润（或净亏损）情况，企业应设置"本年利润"账户。该账户属于所有者权益类账户，具体账户结构如图 5-23 所示。

借方	本年利润	贷方
① 期末从"主营业务成本""其他业务成本""税金及附加""销售费用""管理费用""财务费用""资产减值损失""营业外支出""所得部费用""信用减值损失"等账户转入的金额 ② 期末从"公允价值变动损益""投资收益""资产处置损益"账户转入的净损失		① 期末从"主营业务收入""其他业务收入""营业外收入""其他收益"等账户转入的金额 ② 期末从"公允价值变动损益""投资收益""资产处置损益"账户转入的净收益
年终结转前期末余额：反映企业年初到本期期末累计发生的净亏损		年终结转前期末余额：反映企业年初到本期期末累计实现的净利润

图 5-23 "本年利润"账户结构

【请注意】该账户是一个汇总类账户。

三、本年利润业务的账务处理

会计期末，企业应将"主营业务收入""其他业务收入""营业外收入""其他收益"等账户的余额分别转入"本年利润"账户的贷方，将"主营业务成本""其他业务成本""税金及附加""销售费用""管理费用""财务费用""资产减值损失""营业外支出""所得税费用""信用减值损失"等账户的余额分别转入"本年利润"账户的借方。企业还应将"公允价值变动损益""投资收益""资产处置损益"账户的净收益转入"本年利润"账户的贷方，将"公允价值变动损益""投资收益""资产处置损益"账户的净损失转入"本年利润"账户的借方。结转后"本年利润"账户如为贷方余额，表示当年实现的净利润；如为借方余额，表示当年发生的净亏损。

年度终了，企业还应将"本年利润"账户的本年累计余额转入"利润分配——未分配利润"账户。如"本年利润"账户为贷方余额，借记"本年利润"账户，贷记"利润分配——未分配利润"账户；如为借方余额，做相反的会计分录。结转后"本年利润"账户应无余额。

做中学 5-20 时达公司 2×20 年有关损益类账户的年末余额如表 5-6 所示。该企业采用表结法年末一次结转损益类账户，所得税税率为 25%。

表 5-6 损益类账户余额表 单位：元

账　户	借或贷	结账前余额
主营业务收入	贷	6 000 000
其他业务收入	贷	700 000
其他收益	贷	150 000
投资收益	贷	900 000
营业外收入	贷	50 000
资产处置损益	贷	100 000
主营业务成本	借	4 000 000
其他业务成本	借	400 000
税金及附加	借	80 000
销售费用	借	500 000
管理费用	借	770 000
财务费用	借	300 000
营业外支出	借	250 000

时达公司 2×20 年年末结转本年利润应做如下账务处理。

① 将各损益类账户年末余额结转入"本年利润"账户。

1> 结转各项收入、利得类账户：

借：主营业务收入	6 000 000
其他业务收入	700 000
其他收益	150 000
投资收益	900 000
资产处置损益	100 000
营业外收入	50 000
贷：本年利润	7 900 000

2> 结转各项费用、损失类账户：

借：本年利润	6 300 000
贷：主营业务成本	4 000 000
其他业务成本	400 000
税金及附加	80 000
销售费用	500 000
管理费用	770 000
财务费用	300 000
营业外支出	250 000

② 经过上述结转后，"本年利润"账户的贷方发生额合计 7 900 000 元减去借方发生额合计 6 300 000 元，即为税前会计利润 1 600 000 元。

③ 计算并结转所得税费用。

假设时达公司 2×20 年国债利息收入 30 万元，税收滞纳金罚款 10 万元，企业所得税税率 25%。假设不存在其他纳税调整因素。

应纳税所得额 =160+10-30=140（万元）

应交所得税 =140×25%=35（万元）

1> 确认所得税费用：

借：所得税费用	350 000
贷：应交税费——应交所得税	350 000

2> 将所得税费用结转入"本年利润"账户：

借：本年利润	350 000
贷：所得税费用	350 000

④ 将"本年利润"账户年末余额 125 万元转入"利润分配——未分配利润"账户：

借：本年利润	1 250 000
贷：利润分配——未分配利润	1 250 000

四、利润分配概述

利润分配，是指企业根据国家有关规定和企业章程、投资者协议等，对企业当年可供分配的利润所进行的分配。具体内容前已述及，请参看项目四任务三"留存收益核算"。

任务实施

华盛公司会计张红应做如下账务处理。

① 将各损益类科目年末余额结转入"本年利润"账户。（以下会计分录的金额单位为万元）

1> 结转各项收入、利得类账户：

借：主营业务收入   600

    其他业务收入   400

    公允价值变动损益   50

    投资收益   200

    资产处置损益   150

    其他收益   80

    营业外收入   20

    贷：本年利润   1 500

2> 结转各项费用、损失类账户：

借：本年利润   1 060

    贷：主营业务成本   420

        其他业务成本   280

        税金及附加   100

        销售费用   80

        管理费用   120

        财务费用   30

        资产减值损失   20

        营业外支出   10

② 税前会计利润 =1 500-1060=440（万元）。

③ 时达公司 2020 年度不存在所得税纳税调整因素。

应交所得税 =440×25%=110（万元）

1> 确认所得税费用：

借：所得税费用   110

    贷：应交税费——应交所得税   110

2> 结转所得税费用：

借：本年利润   110

    贷：所得税费用   110

④ 将"本年利润"账户年末余额330（440-110）万元转入"利润分配——未分配利润"账户。

借：本年利润   330

    贷：利润分配——未分配利润   330

⑤ 华盛公司 2020 年年初"未分配利润"账户余额 -30 万元，按照净利润的 10% 计提法定盈余公积，宣告分配股东现金股利 100 万元。

1> 提取法定盈余公积：（330-30）×10%=30（万元）

如果年初"未分配利润"账户余额为正数，计提盈余公积的基数不予考虑。

借：利润分配——提取法定盈余公积   30

   贷：盈余公积——法定盈余公积   30

2> 宣告分配现金股利：

借：利润分配——应付现金股利   100

   贷：应付股利   100

3> 将"利润分配"的其他明细账户转到"未分配利润"明细账户：

借：利润分配——未分配利润   130

   贷：利润分配——提取法定盈余公积   30

        ——应付现金股利   100

"未分配利润"账户的年末余额 = -30+330-30-100=170（万元）

【任务小结】

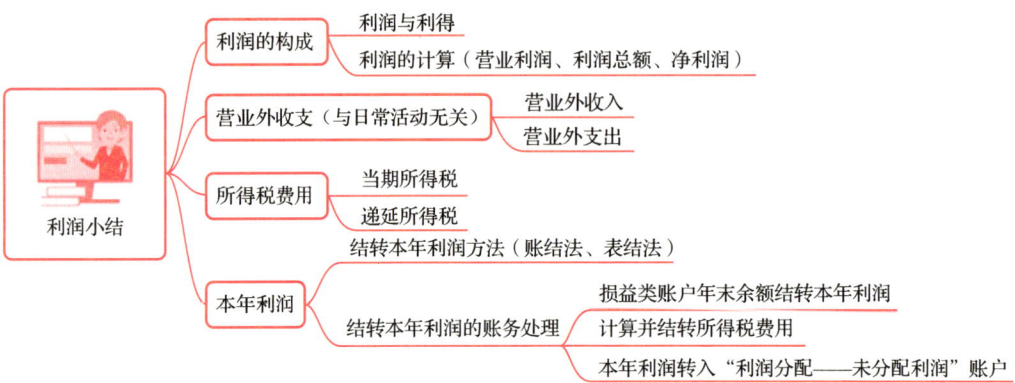

项目六

财务报表编制

↘ 职业能力与素养目标

◆ 身心健康并具有劳模精神、工匠精神和诚实守信的职业素养；

◆ 掌握资产负债表的作用、内容、结构及其编制方法；

◆ 掌握利润表的作用、内容、结构及其编制方法；

◆ 掌握所有者权益变动表的作用、内容、结构及其编制方法；

◆ 熟悉附注的作用、主要内容；

◆ 初步具有相应的会计职业判断意识。

↘ 引导案例

瑞幸咖啡伪造交易 22 亿元　股价暴跌逾 75%

央视网消息：北京时间（4 月 2 日），瑞幸咖啡在美国股市开盘前突然发布公告称：首席运营官刘剑和部分员工伪造交易 22 亿元人民币，相关的费用和支出也相应虚增，而这一内部调查正处在初步调查阶段。公告发布后，瑞幸咖啡开盘暴跌逾 80%，触发熔断暂停交易，随后 40 分钟内触发了 6 次熔断。截至收盘，瑞幸咖啡股价下跌 19.80 美元，报收 6.40 美元，跌幅 75.57%。

这份报告公开后，美国有多家律所对瑞幸咖啡提起集体诉讼，控告其"做出虚假和误导性陈述，违反美国证券法"，该项集体诉讼已于 2 月 13 日在纽约南区地方法院立案。律所表示，在 2019 年 11 月 13 日至 2020 年 1 月 31 日间购买过瑞幸咖啡股票的投资者如果试图追回损失，可以与律所联系，首席原告的截止日期为 2020 年 4 月 13 日。

（资料来源：2020 年 4 月 3 日，央视网新闻）

思考：自有股市以来，上市公司造假案从未间断过，为什么投资者如此看重财务报表中的数据呢？欢迎学习项目六。

案例解答

任务一　资产负债表编制

　　财务报告，是指企业对外提供的反映企业某一特定日期的财务状况和某一会计期间的经营成果、现金流量等会计信息的文件。财务报告包括财务报表和其他应当在财务报告中披露的相关信息和资料。

　　财务报告的目标，是向财务报告使用者提供与企业财务状况、经营成果和现金流量等有关的会计信息，反映企业管理层受托责任履行情况，有助于财务报告使用者做出经济决策。财务报告使用者通常包括投资者、债权人、政府及其有关部门和社会公众等。

　　财务报表是对企业财务状况、经营成果和现金流量的结构性表述。一套完整的财务报表至少应当包括资产负债表、利润表、现金流量表、所有者权益（或股东权益）变动表及附注。

任务描述

　　华盛公司 2020 年 3 月 31 日有关资产、负债和所有者权益账户余额如表 6-1 所示。要求：编制资产负债表（简表）。

表 6-1　华盛公司 2020 年 3 月 31 日有关资产、负债和所有者权益账户余额　　单位：元

账　户	借　方	账　户	贷　方
库存现金	100 000	坏账准备	50 000
银行存款	500 000	累计折旧	80 000
其他货币资金	200 000	累计摊销	40 000
交易性金融资产	300 000	材料成本差异	10 000
应收账款	400 000	短期借款	300 000
原材料	70 000	应付账款	250 000
库存商品	240 000	应付职工薪酬	200 000
固定资产	300 000	长期借款	330 000
无形资产	150 000	实收资本	1 000 000

一、资产负债表概述

　　资产负债表，是反映企业在某一特定日期的财务状况的报表。资产负债表主要反映资产、负债和所有者权益三方面的内容，并满足"资产＝负债＋所有者权益"平衡式。

　　资产负债表是静态报表。通过资产负债表，可以了解企业拥有或控制的经济资源及其分布情况，企业未来需要偿付的债务数额及清偿时间，企业现有的投资者在企业资产总额中所占的份额，据以判断企业资本保值增值情况及对负债的保障程度。同时，通过对资产负债表项目金额及其相关比率（流动比率、资产负债率）的分析，可以帮助报表使用者全面了解企业的财务

状况，分析企业的债务偿还能力，从而为未来的经济决策提供信息。

1. **资产负债表的组成**

资产负债表一般由表头、表体两部分组成。

① 表头部分应列明报表名称、编制单位名称、资产负债表日、报表编号和计量单位。

② 表体部分是资产负债表的主体，列示了用以说明企业财务状况的各个项目。

2. **资产负债表的表体格式**

资产负债表的表体格式一般有两种：报告式资产负债表和账户式资产负债表。

① 报告式资产负债表是上下结构，上半部分列示资产各项目，下半部分列示负债和所有者权益各项目。

② 账户式资产负债表是左右结构：左边列示资产各项目，反映全部资产的分布及存在状态；右边列示负债和所有者权益各项目，反映全部负债和所有者权益的内容及构成情况。

【小提示】不管采用什么格式，资产各项目的合计一定等于负债和所有者权益各项目的合计。

3. **我国企业的资产负债表**

我国企业的资产负债表采用账户式结构。

账户式资产负债表分左右两边：左边为资产项目，大体按资产的流动性大小排列，流动性大的排在前面，流动性小的排在后面；右边为负债及所有者权益项目，一般按要求清偿时间的先后顺序排列，在企业清算之前不需要偿还的所有者权益项目排在后面。

账户式资产负债表中的资产各项目的合计等于负债和所有者权益各项目的合计，即资产负债表左边和右边平衡。因此，通过账户式资产负债表，可以反映资产、负债、所有者权益之间的内在关系，即"资产 = 负债 + 所有者权益"。

资产负债表（简表）

二、资产负债表编制说明

资产负债表格式如表 6-2 所示。

表 6-2　资产负债表

编制单位：　　　　　　　　　　年　月　日　　　　　　　　　　单位：元

资　产	期末余额	上年年末余额	负债和所有者权益（或股东权益）	期末余额	上年年末余额
流动资产：			流动负债		
货币资金			短期借款		
交易性金融资产			交易性金融负债		
衍生金融资产			衍生金融负债		
应收票据			应付票据		
应收账款			应付账款		
应收款项融资			预收款项		
预付款项			合同负债		

资　产	期末余额	上年年末余额	负债和所有者权益（或股东权益）	期末余额	上年年末余额
其他应收款			应付职工薪酬		
存货			应交税费		
合同资产			其他应付款		
持有待售资产			持有待售负债		
一年内到期的非流动资产			一年内到期的非流动负债		
其他流动资产			其他流动负债		
流动资产合计			流动负债合计		
非流动资产：			非流动负债：		
债权投资			长期借款		
其他债权投资			应付债券		
长期应收款			其中：优先股		
长期股权投资			永续债		
其他权益工具投资			租赁负债		
其他非流动金融资产			长期应付款		
投资性房地产			预计负债		
固定资产			递延收益		
在建工程			递延所得税负债		
生产性生物资产			其他非流动负债		
油气资产			非流动负债合计		
使用权资产			负债合计		
无形资产			所有者权益（或股东权益）：		
开发支出			实收资本（或股本）		
商誉			其他权益工具		
长期待摊费用			其中：优先股		
递延所得税资产			永续债		
其他非流动资产			资本公积		
非流动资产合计			减：库存股		
			其他综合收益		
			专项储备		
			盈余公积		
			未分配利润		
			所有者权益（或股东权益）合计		
资产总计			负债和所有者权益（或股东权益）总计		

（一）资产负债表项目的填列方法

资产负债表的各项目均需填列"上年年末余额"和"期末余额"两栏。

资产负债表的"上年年末余额"栏内各项数字，应根据上年年末资产负债表的"期末余额"栏内所列数字填列。

【小提示】如果上年度资产负债表规定的各个项目的名称和内容与本年度不相一致，应按照本年度的规定对上年年末资产负债表各项目的名称和数字进行调整，然后填入"上年年末余额"栏内。

（二）"期末余额"栏填列

资产负债表各项目"期末余额"栏的填列方法如表6-3所示。

表6-3　资产负债表各项目"期末余额"栏填列方法

	填列方法	资产负债表项目举例
直接填列	根据总账账户余额填列	"短期借款""实收资本""资本公积"等项目
间接填列	根据几个总账账户余额计算填列	"货币资金""未分配利润"等项目
	根据有关明细账户余额计算填列	①"应收账款"项目： 应收账款＝应收账款（借）期末余额＋预收账款（借）期末余额－坏账准备 ②"应付账款"项目： 应付账款＝应付账款（贷）＋预付账款（贷） ③"预付款项"项目： 预付款项＝应付账款（借）＋预付账款（借）－坏账准备（预付账款）贷方余额 ④"预收款项"项目： 预收款项＝应收账款（贷）＋预收账款（贷） ⑤"开发支出"项目：根据"研发支出——资本化支出"明细账户余额填列 ⑥"应付职工薪酬"项目：根据其明细账户余额计算填列 ⑦"未分配利润"项目：根据"利润分配——未分配利润"明细账户余额填列 ⑧"一年内到期的非流动资产"项目＝下一年要到期的"长期应收款"减去相应的"未实现融资收益"＋下一年到期的"债权投资"减去相应的"债权投资减值准备"＋下年度到期的"长期待摊费用"账户余额 ⑨"一年内到期的非流动负债"项目：反映企业非流动负债中将于资产负债表日后一年内到期部分的金额。应根据有关账户的期末余额分析填列
	根据总账账户和明细账户的期末余额分析计算填列	①"长期借款"项目 根据"长期借款"账户余额扣除"长期借款"账户所属明细账户中反映的将在资产负债表日起一年内到期且企业不能自主地将清偿义务展期的长期借款部分计算填列 **【请注意】**"长期借款"账户所属的明细账户中将在一年内到期的长期借款的金额应计入"一年内到期的非流动负债"项目。 ②其他非流动资产项目＋其他非流动负债项目

（续表）

填列方法	资产负债表项目举例
根据有关总账账户与其备抵账户抵销后的净额填列	① 固定资产＝固定资产－累计折旧－固定资产减值准备±固定资产清理 ② 无形资产＝无形资产－累计摊销－无形资产减值准备 ③ 在建工程＝在建工程－在建工程减值准备＋工程物资－工程物资减值准备 ④ 应收账款＝（应收账款＋预收账款）明细账借方余额－坏账准备 ⑤ 预付款项＝（应付账款＋预付账款）明细账借方余额－坏账准备 ⑥ 其他应收款＝其他应收款＋应收股利＋应收利息－坏账准备 ⑦ 持有待售资产＝持有待售资产－持有待售资产减值准备 ⑧ 长期股权投资＝长期股权投资－长期股权投资减值准备 【请注意】其他应付款＝其他应付款＋应付股利＋应付利息
综合运用上述填列方法分析填列	"存货"项目，应根据"材料采购""原材料""库存商品""周转材料""委托加工物资""发出商品""生产成本""受托代销商品"等账户的期末余额合计数，减去"受托代销商品款""存货跌价准备"账户期末余额后的净额填列。材料采用计划成本核算，以及库存商品采用计划成本核算或售价核算的企业，还应按加或减材料成本差异、商品进销差价后的金额填列

三、资产负债表各主要项目的内容和填列方法

（一）"货币资金"项目

本项目反映企业在生产经营过程中处于货币形态的经营资金，包括库存现金、银行存款和其他货币资金，是企业资产中流动性较强的一种资产。本项目应根据"库存现金""银行存款""其他货币资金"三个总账账户期末余额的合计数填列。

做中学 6-1 2×20 年 12 月 31 日，时达公司"库存现金"账户余额为 0.1 万元，"银行存款"账户余额为 100.9 万元，"其他货币资金"账户余额为 99 万元；本月销售货物收到银行汇票 10 万元、银行承兑汇票 20 万元，采购货物开出 30 万元银行汇票、40 万元商业承兑汇票并交付。计算该公司资产负债表中"货币资金"项目"期末余额"的金额。

"货币资金"项目金额＝（0.1+100.9+99）+10-30=180（万元）

（二）"应收账款"项目

本项目反映企业因销售商品、提供劳务等而应向购货单位和接受劳务单位收取的各种款项，减去已计提的坏账准备后的净额。本项目应根据"应收账款"和"预收账款"两个账户所属各明细账户的期末借方余额合计，减去"坏账准备"账户中有关应收账款计提的坏账准备期末余额后的金额填列。如"应收账款"账户所属明细账户期末有贷方余额，应在"预收款项"项目内填列。其计算公式如下：

"应收账款"项目金额＝∑"应收账款"账户所属各有关明细账户的期末借方余额＋
∑"预收账款"账户所属各有关明细账户的期末借方余额－
"坏账准备"账户中有关应收账款计提部分期末余额

做中学 6-2 时达公司 2×20 年 12 月 31 日结账后，"应收账款"账户所属各明细账户的期

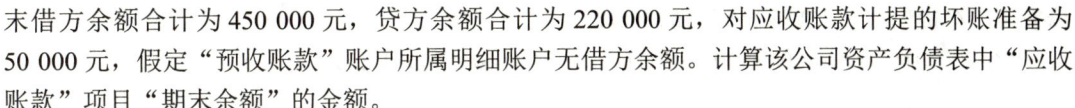

末借方余额合计为 450 000 元，贷方余额合计为 220 000 元，对应收账款计提的坏账准备为 50 000 元，假定"预收账款"账户所属明细账户无借方余额。计算该公司资产负债表中"应收账款"项目"期末余额"的金额。

"应收账款"项目金额 =450 000-50 000=400 000（元）

（三）"预付款项"项目

本项目反映企业按照购货合同规定预付给供应单位的款项，减去已计提的坏账准备后的净额。本项目应根据"预付账款"和"应付账款"两个账户所属各明细账户的期末借方余额合计，减去"坏账准备"账户中有关预付账款计提的坏账准备期末余额后的金额填列。例如，"预付账款"账户所属有关明细账户期末有贷方余额，应在"应付账款"项目内填列。其计算公式如下：

"预付款项"项目 =∑"应付账款"账户所属各有关明细账户的期末借方余额 +
∑"预付账款"账户所属各有关明细账户的期末借方余额 -
"坏账准备"账户中有关预付账款计提部分期末余额

做中学 6-3 时达公司 2×20 年 12 月 31 日，"应付账款"总账账户贷方余额为 1 250 万元，其中"应付账款——中天公司"明细账户贷方余额为 1 255 万元，"应付账款——东海公司"明细账户借方余额为 5 万元。"预付账款"总账账户借方余额为 5 万元，其中"预付账款——中信公司"明细账户借方余额为 20 万元，"预付账款——华成公司"明细账户贷方余额为 15 万元。不考虑其他因素，计算该公司资产负债表中"预付款项"项目"期末余额"的金额。

"预付款项"项目金额 =5+20=25（万元）

（四）"其他应收款"项目

本项目反映企业除应收票据及应收账款、预付账款等经营活动以外的其他各种应收、暂付的款项。本项目应根据"应收利息""应收股利""其他应收款"总账账户的期末余额，减去"坏账准备"账户中有关其他应收款计提的坏账准备期末余额后的金额填列。

做中学 6-4 时达公司 2×20 年 12 月 31 日"其他应收款"账户借方余额为 1 000 万元，"应收利息"账户借方余额为 200 万元，"应收股利"账户借方余额为 150 万元，"坏账准备"中有关其他应收款计提的坏账金额为 60 万元。不考虑其他因素，计算该公司资产负债表中"其他应收款"项目"期末余额"的金额。

"其他应收款"项目金额 =1 000+200+150-60=1 290（万元）

（五）"存货"项目

"存货"项目，应根据"材料采购""原材料""库存商品""周转材料""委托加工物资""发出商品""生产成本""受托代销商品"等账户的期末余额合计数，减去"受托代销商品款""存货跌价准备"账户期末余额后的净额填列。材料采用计划成本核算，以及库存商品采用计划成本核算或售价核算的企业，还应按加或减材料成本差异、商品进销差价后的金额填列。

做中学 6-5 时达公司 2×20 年 12 月 31 日有关账户余额如下："发出商品"账户借方余额为 800 万元，"生产成本"账户借方余额为 300 万元，"原材料"账户借方余额为 100 万元，"工程物资"账户借方余额为 300 万元，"委托加工物资"账户借方余额为 200 万元，"材料成本差异"账户的贷方余额为 25 万元，"存货跌价准备"账户贷方余额为 100 万元，"受托代销商品"账户借方余额为 400 万元，"受托代销商品款"账户贷方余额为 400 万元。计算该公司资产负债表中"存货"项目"期末余额"的金额。

"存货"项目金额 =800+300+100+200-25-100+400-400=1 275（万元）

（六）"合同资产"项目

本项目反映企业履行履约义务与客户付款之间的关系在资产负债表中列示的合同资产。应根据"合同资产"账户的相关明细账户期末余额分析填列，同一合同下的合同资产和合同负债应当以净额列示。

（七）"长期股权投资"项目

本项目反映企业不准备在一年内（含一年）变现的各种股权性质的投资的账面余额，减去减值准备后的净额。本项目应根据"长期股权投资"账户的期末余额，减去提取的"长期股权投资减值准备"账户的期末余额后的金额填列。

（八）"固定资产"项目

本项目反映企业的固定资产的净值。应根据"固定资产"账户的期末余额，减去"累计折旧"和"固定资产减值准备"账户的期末余额后的金额，以及"固定资产清理"账户的期末余额填列。

（八）"在建工程"项目

"在建工程"项目应根据"在建工程"账户的期末余额，减去"在建工程减值准备"账户期末余额后的金额，加上"工程物资"账户的期末余额，减去"工程物资减值准备"账户的期末余额后的金额填列。

做中学 6-6 2×20 年 12 月 31 日时达公司"固定资产"账户借方余额为 5 000 万元，"累计折旧"账户贷方余额为 2 000 万元，"固定资产减值准备"账户贷方余额为 500 万元，"固定资产清理"账户借方余额 500 万元；在建工程借方余额 20 万元，工程物资借方余额 30 万元。计算该公司资产负债表中"固定资产""在建工程"项目"期末余额"的金额。

固定资产 =5 000-2 000-500+500=3 000（万元）

在建工程 =20+30=50（万元）

（九）"无形资产"项目

本项目反映企业持有的各项无形资产的净值。本项目应根据"无形资产"账户的期末余额，减去"累计摊销""无形资产减值准备"等账户期末余额后的金额填列。

（十）"应付账款"项目

本项目反映企业购买原材料、商品和接受劳务等而应付给供应单位的款项。本项目应根据"应付账款"和"预付账款"账户所属各有关明细账户的期末贷方余额合计填列。

其计算公式如下：

"应付账款"项目 = $\sum$ "应付账款"账户所属各有关明细账户的期末贷方余额 +

$\sum$ "预付账款"账户所属各有关明细账户的期末贷方余额

做中学 6-7 时达公司 2×20 年 12 月 31 日"应付票据"、"应付账款"和"其他应付款"相关明细科目期末贷方余额分别列示如下：商业承兑汇票 60 万元，应付账款 15 万元，其他应付款 5 万元。不考虑其他因素，计算该公司资产负债表中"应付账款"项目"期末余额"的金额。

"应付账款"项目金额 =15+0=15（万元）

（十一）"预收款项"项目

本项目反映企业按合同规定预收的款项。本项目应根据"预收账款"和"应收账款"账户所属各有关明细账户的期末贷方余额合计填列。其计算公式如下：

$$\text{"预收款项"项目} = \sum \text{"应收账款"账户所属各有关明细账户的期末贷方余额} + \\ \sum \text{"预收账款"账户所属各有关明细账户的期末贷方余额}$$

（十二）"合同负债"项目

本项目反映本企业履行履约义务与客户付款之间的关系在资产负债表列示的合同负债。"合同负债"项目应根据"合同负债"的相关明细账户期末余额分析填列。

（十三）"应付职工薪酬"项目

本项目反映企业根据有关规定应付给职工的短期薪酬、离职后福利、辞退福利和其他长期职工福利。本项目应根据"应付职工薪酬"账户所属各明细账户的期末贷方余额分析填列。外商投资企业按规定从净利润中提取的职工奖励及福利基金，也在本项目列示。

做中学 6-8　时达公司 2×20 年 12 月 31 日公司"应付职工薪酬"科目显示，所欠的薪酬项目包括：工资、奖金、津贴和补贴 70 万元，社会保险费共 5 万元，设定提存计划 2.5 万元，住房公积金 2 万元，工会经费和职工教育经费 0.5 万元。计算该公司资产负债表中"应付职工薪酬"项目"期末余额"的金额。

"应付职工薪酬"项目金额 =70+5+2.5+2+0.5=80（万元）

（十四）"长期借款"项目

本项目反映企业借入尚未归还的一年期以上（不含一年）的各期借款。本项目根据"长期借款"总账账户余额扣除"长期借款"账户所属的明细账户中将在一年内到期且企业不能自主地将清偿义务展期的长期借款后的金额计算填列。

（十五）"应付债券"项目，反映企业发行的尚未偿还的各种长期债券摊余价值。本项目应根据"应付债券"账户的期末余额，减去将一年内偿还的应付债券后的金额填列。

（十六）"长期应付款"项目，反映企业除长期借款和应付债券以外的其他各种长期应付款。本项目应根据"长期应付款"账户的期末余额，减去"未确认融资费用"账户期末余额后的金额填列。如"长期应付款"账户的期末余额中有将于一年内（含一年）到期的长期应付款，应在"一年内到期的非流动负债"项目内单独反映。

（十七）"未分配利润"项目，反映企业尚未分配的利润。本项目平时应根据"本年利润"账户和"利润分配"账户的余额计算填列；年终应根据"利润分配——未分配利润"明细账户余额填列。如为未弥补的亏损，在本项目内以"-"号填列。

任务实施

华盛公司编制的资产负债表（简表）如表 6-4 所示。

表 6-4　资产负债表（简表）

编制单位：华盛公司　　　　　　　　2020 年 3 月 31 日　　　　　　　　单位：元

资　产	期末余额	负债和所有者权益	期末余额
货币资金	800 000	短期借款	300 000

（续表）

资　产	期末余额	负债和所有者权益	期末余额
交易性金融资产	300 000	应付账款	250 000
应收账款	350 000	应付职工薪酬	200 000
存货	300 000	流动负债合计	750 000
流动资产合计	1 750 000	长期借款	330 000
		非流动负债合计	330 000
固定资产	220 000	负债合计	1 080 000
无形资产	110 000	实收资本	1 000 000
非流动资产合计	330 000	所有者权益合计	1 000 000
资产总计	2 080 000	负债和所有者权益总计	2 080 000

【任务小结】

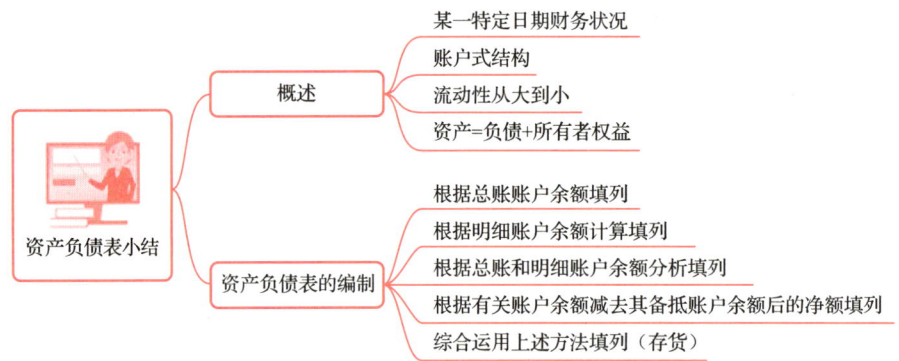

任务二　利润表编制

任务描述

华盛公司 2020 年 3 月 31 日结账前各账户余额如表 6-5 所示，该公司企业所得税率为 25%。要求：编制利润表（简表）。

表 6-5　华盛公司 2020 年 3 月 31 日结账前各账户余额　　　　　单位：元

账　户	贷　方	账　户	借　方
主营业务收入	1 000 000	主营业务成本	600 000
其他业务收入	500 000	其他业务成本	300 000
投资收益	300 000	税金及附加	16 000

（续表）

账　户	贷　方	账　户	借　方
公允价值变动损益	200 000	销售费用	100 000
资产处置损益	250 000	管理费用	84 000（无研发费用）
其他收益	150 000	财务费用	20 000
营业外收入	100 000	资产减值损失	10 000
其他综合收益	—	营业外支出	70 000
		所得税费用	300 000

一、利润表概述

利润表（income statement），是反映企业在一定会计期间（月份、季度、年度）经营成果的会计报表。利润表是动态报表，通过利润表，可以反映企业在一定会计期间的收入、费用、利润（或亏损）的数额、构成情况；可以考核企业管理人员的绩效；可以帮助报表使用者全面了解企业的经营成果，分析企业的获利能力及盈利增长趋势，判断企业未来的发展趋势，从而为其做出经济决策提供依据。

利润表（简表）

利润表一般包括表首、正表两部分。其中，表首概括说明报表名称、编制单位、编制日期、报表编号、货币名称、计量单位等内容。利润表的报表编号为"会企 02 表"。正表是利润表的主体，反映形成经营成果的各个项目和计算过程。正表的格式一般有两种：单步式和多步式。单步式利润表是将当期所有的收入列在一起，将所有的费用列在一起，两者相减得出当期净损益。多步式利润表是通过对当期的收入、费用、支出项目按性质加以归类，按利润形成的主要环节列示一些中间性利润指标，如营业利润、利润总额、净利润，分步计算当期净损益。普通股或潜在普通股已公开交易的企业，以及正处于公开发行普通股或潜在普通股过程中的企业，还应当在利润表中列示每股收益信息。在我国利润表采用多步式结构。

二、利润表的编制说明

利润表的格式如表 6-6 所示。

表 6-6　利润表

会企 02 表

编制单位：　　　　　　　　　　____年__月　　　　　　　　　　单位：元

项　目	本期金额	上期金额
一、营业收入		
减：营业成本		
税金及附加		
销售费用		
管理费用		
研发费用		

（续表）

项　目	本期金额	上期金额
财务费用		
其中：利息费用		
利息收入		
资产减值损失		
信用减值损失		
加：投资收益（损失以"–"号填列）		
公允价值变动收益（损失以"–"号填列）		
资产处置收益（损失以"–"号填列）		
其他收益		
净敞口套期收益（损失以"–"号填列）		
二、营业利润（亏损以"–"号填列）		
加：营业外收入		
减：营业外支出		
三、利润总额（亏损总额以"–"号填列）		
减：所得税费用		
四、净利润（净亏损以"–"号填列）		
五、其他综合收益的税后净额		
六、综合收益总额		
七、每股收益		

（一）"上期金额"栏填列

利润表中"上期金额"栏内各项数字，应根据上期利润表"本期金额"栏内所列数字填列。如果上期利润表与本期利润表规定的项目名称和内容不相一致，应对上期利润表各项目的名称和数字按本期的规定进行调整，填入本表"上期金额"栏内。

（二）"本期金额"栏填列

"本期金额"栏内各期数字，除"基本每股收益"和"稀释每股收益"项目外，应当按照相关账户的发生额分析填列，如表6-7所示。

表6-7　利润表各项目的填列方法

项　目	填列方法
一、营业收入	＝"主营业务收入"＋"其他业务收入"
减：营业成本	＝"主营业务成本"＋"其他业务成本"
税金及附加	＝消费税＋城市维护建设税＋教育费附加＋资源税＋土地增值税＋房产税＋车船税＋城镇土地使用税＋印花税
销售费用	＝"销售费用"
管理费用	＝"管理费用"

（续表）

项　　目	填列方法
研发费用	根据"管理费用"账户下的"研发费用"明细账户的发生额及"管理费用"账户下"无形资产摊销"明细账户的发生额分析填列
财务费用（收益以"-"号填列）	="财务费用"
加：其他收益	="其他收益"
投资收益（损失以"-"号填列）	="投资收益"
净敞口套期收益（损失以"-"号填列）	略
公允价值变动收益（损失以"-"号填列）	="公允价值变动损益"
信用减值损失	="信用减值损失"
资产减值损失	="资产减值损失"
资产处置收益	="资产处置损益"
二、营业利润（亏损以"-"号填列）	推算认定
加：营业外收入	="营业外收入"
减：营业外支出	="营业外支出"
三、利润总额（亏损总额以"-"号填列）	推算认定
减：所得税费用	="所得税费用"
四、净利润（净亏损以"-"号填列）	推算认定
五、其他综合收益的税后净额	
六、综合收益总额	
七、每股收益	

三、利润表的编制方法

①"税金及附加"项目，反映企业经营活动应负担的消费税、城市维护建设税、资源税、土地增值税和教育费附加等。本项目应根据"税金及附加"账户的发生额分析填列。

②"研发费用"项目，反映企业在研究与开发过程中发生的费用化支出及计入管理费用的自行开发无形资产的摊销。应根据"管理费用"账户下的"研发费用"明细账户的发生额及"管理费用"账户下"无形资产摊销"明细账户的发生额分析填列。

③"公允价值变动损益"项目，反映企业确认的交易性金融资产、交易性金融负债，以及采用公允价值模式计量的投资性房地产等公允价值变动形成的应计入当期损益的利得或损失。本项目应根据"公允价值变动损益"账户的发生额分析填列；如为变动损失，以"-"号填列。

④"信用减值损失"项目，反映企业按要求计提的各项金融工具信用减值准备所确认的信用损失。本项目应根据"信用减值损失"账户的发生额分析填列。

⑤"资产减值损失"项目，反映企业确认的各项资产发生的减值损失。本项目应根据"资产减值损失"账户的发生额分析填列。

⑥"营业利润"项目，反映企业实现的营业利润。如为亏损，本项目以"-"号填列。

⑦"净利润"项目，反映企业实现的净利润。如为亏损，本项目以"-"号填列。将年报中的净利润数字与"本年利润"账户结转到"利润分配——未分配利润"账户的数字相核对，可以检查报表编制和账簿记录的正确性。

计算步骤如下。

第一步，计算营业利润：

营业利润 = 营业收入 - 营业成本 - 税金及附加 - 销售费用 - 管理费用 - 研发费用 -
　　　　　财务费用 + 其他收益 + 投资收益（或减去投资损失）+
　　　　　净敞口套期收益（或减去净敞口套期损失）+
　　　　　公允价值变动收益（或减去公允价值变动损失）- 资产减值损失 - 信用减值损失 +
　　　　　资产处置收益（或减去资产处置损失）

第二步，计算利润总额：

利润总额 = 营业利润 + 营业外收入 - 营业外支出

第三步，计算净利润（或净亏损）：

净利润 = 利润总额 - 所得税费用

第四步，以净利润（或净亏损）为基础，计算每股收益；

第五步，以净利润（或净亏损）和其他综合收益的税后净额为基础，计算综合收益总额。

做中学 6-9 时达公司 2×20 年度"投资收益"科目的发生额：按权益法核算的长期股权投资收益合计 290 万元，按成本法核算的长期股权投资收益合计 200 万元，处置长期股权投资发生的投资损失合计 500 万元。计算该公司利润表中"投资收益"项目"本期金额"的金额。

"投资收益"项目金额 =290+200-500=-10（万元）

任务实施

华盛公司编制的利润表如表 6-8 所示。

表 6-8　利润表

编制单位：华盛公司　　　　　　　　　2020 年 3 月　　　　　　　　　会企 02 表
　　　　　　　　　　　　　　　　　　　　　　　　　　　　　　　　单位：元

项　　目	本期金额
一、营业收入	1 500 000（1 000 000+500 000）
减：营业成本	900 000（600 000+300 000）
税金及附加	16 000
销售费用	100 000
管理费用	84 000
研发费用	—
财务费用	20 000
资产减值损失	10 000
信用减值损失	—
加：其他收益	150 000

（续表）

项　目	本期金额
投资收益	300 000
公允价值变动收益	200 000
资产处置收益	250 000
二、营业利润	1 270 000
加：营业外收入	100 000
减：营业外支出	70 000
三、利润总额	1 300 000
减：所得税费用	300 000
四、净利润	1 000 000
五、其他综合收益的税后净额	—
六、综合收益总额	1 000 000
七、每股收益	—

【任务小结】

任务三　现金流量表编制

任务描述

　　华盛公司对外转让一项账面净值为 35 万元的固定资产，取得收入 50 万元已存入银行，转让时以现金支付转让费 3 万元和税金 2 万元，此项业务在现金流量表中应如何填列？

一、现金流量表概述

　　现金流量表（cash flow），是反映企业在一定会计期间现金和现金等价物流入和流出的会计报表。

　　现金（cash），是指企业库存现金以及可以随时用于支付的存款，包括库存现金、银行存款和其他货币资金（如银行汇票存款、银行本票存款、信用卡存款、信用证保证金存款和存出

投资款）等，但不包括不能随时支取的定期存款。

现金等价物（cash equivalents），是指企业持有的期限短、流动性强、易于转换为已知金额现金、价值变动风险很小的投资。期限短，一般是指从购买日起三个月内到期。现金等价物通常包括三个月内到期的债券投资等。

现金流量表是动态报表，通过现金流量表，有助于使用者了解企业现金流量的影响因素，了解企业净利润的质量，评价企业的支付能力、偿债能力和周转能力，预测企业未来现金流量，从而为分析和判断企业的财务前景提供信息。

现金流量，是指企业在某一期间现金和现金等价物的流入和流出的数量。我国《企业会计准则第 31 号——现金流量表》，根据企业业务活动的性质和现金流量的来源，将企业一定期间产生的现金流量分为三类：经营活动产生的现金流量、投资活动产生的现金流量和筹资活动产生的现金流量。经营活动，是指企业投资活动和筹资活动以外的所有交易和事项，包括销售商品或提供劳务、购买商品或接受劳务、收到的税费返还、支付职工薪酬、支付的各项税费、支付广告费用等。投资活动，是指企业长期资产的购建和不包括在现金等价物范围内的投资及其处置活动，包括取得和收回投资、购建和处置固定资产、购买和处置无形资产等。筹资活动，是指导致企业资本及债务规模和构成发生变化的活动，包括发行股票或接受投入资本、分派现金股利、取得和偿还银行借款、发行和偿还公司债券等。

现金流量表一般包括表首、正表和补充资料三部分。表首部分列示报表名称、编制单位、编制日期、报表编号、货币名称、计量单位等内容。现金流量表的报表编号为"会企 03 表"。正表是现金流量表的基本部分，主要反映现金流量的分类和每类现金流量的流入量和流出量；补充资料是对正表部分的补充，可以起到与主表进行核对、全面揭示企业的理财活动的作用。

现金流量表采用报告式结构，以"现金流入－现金流出＝现金流量净额"为基础，采取多步式，分经营活动、投资活动和筹资活动，分项报告企业的现金流入量和流出量，最后汇总反映企业在某一期间现金及现金等价物的净增加额。

二、现金流量表的编制说明

现金流量表的编制是根据资产负债表和利润表、会计核算记录和业务发生情况进行重分类，因此，编制现金流量表的过程就是将权责发生制下的会计资料调整为收付实现制下的现金流量的过程。现金流量信息要求分经营活动、投资活动和筹资活动报告。

👆 现金流量表

现金流量表的编制方法常见的有直接法和间接法。企业应当采用直接法反映经营活动产生的现金流量。现金流量表补充资料采用间接法反映经营活动产生的现金流量情况，是对现金流量表中采用直接法反映的经营活动现金流量进行核对和补充说明的。直接法，是指通过现金收入和现金支出的主要类别列示经营活动的现金流量。采用直接法编制经营活动的现金流量时，一般以利润表中的营业收入为起算点，调整与经营活动有关的项目增减变动，然后计算出经营活动的现金流量。采用直接法具体编制现金流量表时，可以采用工作底稿法或 T 形账户法，也可以根据有关账户记录分析填列。间接法，是指以净利润为起算点，调整不涉及现金的收入、费用、营业外收支等有关项目，据此计算并列报经营活动产生现金流量的方法。

现金流量表的编制方法如图 6-1 所示。

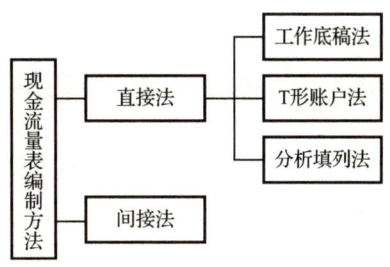

图 6-1　现金流量表编制方法

三、现金流量表各主要项目的内容和填列方法

（一）现金流量表正表项目的填列说明

1. 经营活动产生的现金流量

①"销售商品、提供劳务收到的现金"项目，反映企业销售商品、提供劳务实际收到的现金及增值税销项税额。

用计算公式表示如下：

销售商品、提供劳务收到的现金 = 本期销售商品、提供劳务收到的现金 +
当期收回前期的应收账款和应收票据 + 本期预收的款项 +
当期收回前期核销的坏账 − 当期销售退回支付的现金

【小提示】本期预收的账款，用"合同负债"账户代替"预收账款"账户。

做中学 6-10　时达公司本期销售一批商品，开出的增值税专用发票上注明的销售价款为 2 800 000 元、增值税销项税额为 364 000 元，以银行存款收讫；应收票据期初余额为 270 000 元，期末余额为 60 000 元；应收账款期初余额为 1 000 000 元，期末余额为 400 000 元；年度内核销的坏账损失为 20 000 元。另外，本期因商品质量问题发生退货，支付银行存款 30 000 元，货款已经通过银行转账支付。

时达公司本期销售商品、提供劳务收到的现金计算如下：

	本期销售商品收到的现金	3 164 000
加：	本期收到前期的应收票据（270 000−60 000）	210 000
	本期收到前期的应收账款（1 000 000−400 000−20 000）	580 000
减：	本期因销售退回支付的现金	30 000
	本期销售商品、提供劳务收到的现金	3 924 000

②"收到的税费返还"项目，反映企业收到现金的各种税费返还，包括收到的增值税、消费税、关税、所得税、教育费附加等各种税费返还款。本项目可以根据"库存现金""银行存款""营业外收入""其他应收款"等账户的记录分析填列。

③"收到其他与经营活动有关的现金"项目。所有属于经营活动范畴但不属于以上内容的现金流入均在此列示，如罚款收入、流动资产损失中由个人赔偿的现金收入、经营租赁收到的现金及捐赠现金收入等。

④"购买商品、接受劳务支付的现金"项目，反映企业因购买商品、接受劳务而在本期兑现的价款及进项税额。

用计算公式表示如下：

购买商品、接受劳务支付的现金＝当期购买商品、接受劳务支付的现金＋

当期支付前期的应付账款和应付票据＋当期预付的款项－

当期因购货退回收到的现金

做中学 6－11 时达公司本期购买原材料，收到的增值税专用发票上注明的材料价款为150 000元、增值税进项税额为19 500元，款项已通过银行转账支付；本期支付应付票据100 000元；用银行汇票支付购买商品款、收到银行转来银行汇票多余款收账通知，余款2 340元，商品价款99 800元，其相应的增值税为12 974元；货款已通过银行转账支付。

时达公司计算本期购买商品、接受劳务支付的现金如下：

本期购买原材料支付的价款	150 000
本期购买原材料支付的增值税进项税额	19 500
本期购买材料支付的价款	99 800
本期购买材料支付的增值税进项税额	12 974
加：本期支付的应付票据	100 000
购买商品、接受劳务支付的现金	382 274

⑤"支付给职工以及为职工支付的现金"项目，反映企业为职工所支付的各种现金，但不包括：

1> 支付的离退休人员的各项费用(此内容应计入"支付其他与经营活动有关的现金"项目)；

2> 支付给在建工程人员的现金（此内容应计入投资活动中的购建固定资产项目）。

做中学 6－12 时达公司本期支付离退休人员工资30万元，支付离退休人员活动费5万元，支付在建工程人员工资6万元；支付广告费200万元，支付生产车间经营租金25万元，支付本企业财产保险费60万元；支付业务招待费2万元；执行法院判决，支付购买商品的欠款500万元，支付合同违约金8万元；发生坏账10万元；支付利息56万元；支付购买股票款90万元；捐赠现金支付15万元。

支付的其他与经营活动有关的现金 =30+5+200+25+60+2+8+15=345（万元）

⑥"支付的各项税费"项目。该项目反映企业按规定支付的各种税费，包括企业本期发生并支付的税费，以及本期支付以前各期发生的税费和本期预交的税费，包括所得税、增值税、消费税、印花税、房产税、土地增值税、车船税、教育费附加、矿产资源补偿费等，但不包括计入固定资产价值、实际支付的耕地占用税，也不包括本期退回的增值税、所得税。本期退回的增值税、所得税在"收到的税费返还"项目反映。

⑦"支付其他与经营活动有关的现金"项目。所有属于经营活动范畴但不属于上述内容的现金支付均在此列示，如罚款支出，违约金支出，支付的差旅费、业务招待费、保险费，经营租赁支付的现金以及捐赠现金支出等。

2. 投资活动产生的现金流量

①"收回投资收到的现金"项目，反映企业出售、转让或到期收回除现金等价物以外的对其他企业的权益工具、债务工具和合营中的权益等投资收到的现金。本项目＝出售转让或到期收回除现金等价物以外的交易性金融资产＋处置长期股权投资收到的现金＋收回债权投资本金

而收到的现金等，不包括债权投资收回的利息。

②"取得投资收益收到的现金"项目，反映企业因股权性投资及债权性投资而取得的现金股利、利息，以及从子公司、联营企业和合营企业分回利润而收到的现金。

③"处置固定资产、无形资产和其他长期资产而收到的现金净额"项目，反映企业处置固定资产、无形资产和其他长期资产所取得的现金，扣除为处置这些资产而支付的有关费用后的净额。如果处置固定资产、无形资产和其他长期资产所收回的现金净额为负数，应作为投资活动产生的现金流量，在"支付其他与投资活动有关的现金"项目中反映。

④"处置子公司及其他营业单位收到的现金净额"项目，反映企业处置子公司及其他营业单位所取得的现金，减去相关处置费用以及子公司及其他营业单位持有的现金和现金等价物后的净额。

1> 企业整体处置非法人营业单位的情况下：

处置子公司或其他营业单位收到的现金净额＝处置价款中收到的现金部分－

其他营业单位持有的现金和现金等价物－

相关处置费用

如为负数，应将该金额填列至"支付其他与投资活动有关的现金"项目中。

2> 企业处置子公司的情况下：

处置子公司或其他营业单位收到的现金净额＝处置价款中收到的现金部分－相关处置费用

⑤"收到其他与投资活动有关的现金"项目，反映企业除上述各项目外，收到的其他与投资活动有关的现金流入，如具有融资性质的分期收款销售商品方式收到的现金。本项目可以根据"应收股利""应收利息""银行存款""库存现金"等账户的记录分析填列。

⑥"购建固定资产、无形资产和其他长期资产支付的现金"项目，反映企业购建固定资产，取得无形资产和其他长期资产所支付的现金。不包括：购建固定资产而发生的借款利息资本化的部分（应计入筹资活动中的利息支付项目）；融资租入固定资产支付的租赁费（应计入筹资活动中的其他支付项目）。

⑦"投资支付的现金"项目，反映企业进行权益性投资和债权投资支付的现金，包括企业取得的除现金等价物以外的短期股票投资、短期债券投资、长期股权投资（不包括子公司投资）、债权投资支付的现金，以及支付的佣金、手续费等附加费用。

⑧"取得子公司及其他营业单位支付的现金净额"项目，反映企业购买子公司及其他营业单位购买出价中以现金支付的部分，减去子公司及其他营业单位持有的现金和现金等价物后的净额。企业购买股票和债券时，实际支付的价款中包含的已宣告而尚未领取的现金股利或已到期尚未领取的债券的利息，应列在投资活动中的"支付其他与投资活动有关的现金"项目。

1> 发生吸收合并（含同一控制和非同一控制）或业务合并的情况下：

取得子公司及其他营业单位支付的现金净额＝购买出价中以现金支付的部分－

其他营业单位持有的现金和现金等价物

如为负数，应在"收到其他与投资活动有关的现金"项目中反映。

2> 控股合并取得的情况下：

取得子公司及其他营业单位支付的现金净额＝购买出价中以现金支付的部分

⑨"支付其他与投资活动有关的现金"项目，反映企业除上述各项以外所支付的其他与投资活动有关的现金流出。本项目可以根据"应收股利""应收利息""银行存款""库存现金"等账户的记录分析填列。

3. 筹资活动产生的现金流量

①"吸收投资收到的现金"项目，反映企业以发行股票、债券等方式筹集资金实际收到的款项，即发行收入减去直接支付给金融企业的佣金、手续费、宣传费、咨询费、印刷费等发行费用后的净额。本项目可以根据"实收资本（或股本）""库存现金""银行存款"等账户的记录分析填列。

②"取得借款收到的现金"项目，反映企业举借各种短期、长期借款实际收到的现金。本项目可以根据"短期借款""长期借款""库存现金""银行存款"等账户的记录分析填列。

③"收到其他与筹资活动有关的现金"项目，反映企业除上述各项目外收到的其他与筹资活动有关的现金流入，如接受现金捐赠等。若某项流入金额较大，应单独列示。本项目可以根据"银行存款""库存现金""营业外收入"等账户的记录分析填列。

④"偿还债务支付的现金"项目，反映企业偿还债务本金所支付的现金，包括偿还金融企业的借款本金、偿付企业到期的债券本金等，不包括企业支付的借款利息和债券利息。本项目可以根据"短期借款""长期借款""应付债券""库存现金""银行存款"等账户的记录分析填列。

⑤"分配股利、利润或偿付利息支付的现金"项目，反映企业实际支付的现金股利、支付给其他投资单位的利润或用现金支付的借款利息、债券利息等。本项目可以根据"应付股利""应付利息""财务费用""库存现金""银行存款"等账户的记录分析填列。

⑥"支付其他与筹资活动有关的现金"项目，反映企业除上述各项目外支付的其他与筹资活动有关的现金流出，如捐赠现金支出、融资租入固定资产支付的租赁费等。若某项流出金额较大，应单独列示。本项目可以根据"营业外支出""长期应付款""银行存款""库存现金"等项目的记录分析填列。

4. 汇率变动对现金及现金等价物的影响

该项目反映企业外币现金流量以及境外子公司的现金流量折算为人民币时，所采用的现金流量发生日的即期汇率或按照系统合理的方法确定的、与现金流量发生日即期汇率近似汇率折算的人民币金额与"现金及现金等价物净增加额"中的外币现金净增加额按期末汇率折算的人民币金额之间的差额。

该项目金额可采用简化方法倒挤得出，即通过现金流量表补充资料中"现金及现金等价物净增加额"数额与现金流量表中"经营活动产生的现金流量净额""投资活动产生的现金流量净额""筹资活动产生的现金流量净额"三项之和比较，其差额即为"汇率变动对现金及现金等价物的影响"项目的金额。

（二）现金流量表附表的填列说明

企业采用间接法反映企业经济活动产生的现金流量的方法如下。

1. 将净利润调节为经营活动现金净流量

采用间接法列报经营活动产生的现金流量时，需要对四大类项目进行调整：一是实际没有支付现金的费用；二是实际没有收到现金的收益；三是不属于经营活动的损益；四是经营性应收应付项目的增减变动。用计算公式表示如下：

净利润＋不兑现的支出－不兑现的收入＋不属于经营活动的支出－

不属于经营活动的收入＋与净利润无关的经营活动现金流入－与净利润无关的经营活动现金流出＋

修正存货赊购渠道造成的多减额＝经营活动的现金净流量

具体如图6-2所示。

净利润			
加：	不兑现的支出	资产减值准备	
		固定资产折旧、油气资产折耗、生产性生物资产折旧	
		无形资产的摊销	
		长期待摊费用摊销	
		递延所得税资产减少	
		递延所得税负债增加	
		存货减少	
减：	不兑现的收入	反冲减值准备	
		递延所得税资产增加	
		递延所得税负债减少	
		经营性应收项目的增加	
加：	不属于经营活动的支出	处置固定资产、无形资产和其他长期资产的损失	
		固定资产报废损失	
		公允价值变动损失	
		财务费用	
		投资损失	
减：	不属于经营活动的收入	处置固定资产、无形资产和其他长期资产的收益	
		固定资产报废收益	
		公允价值变动收益	
		财务收益	
		投资收益	
加：	与净利润无关的经营活动现金流入	经营性应收项目的减少（收回赊销款）	
减：	与净利润无关的经营活动现金流出	存货增加（推定为购买商品付现）	
		经营性应付项目的减少（偿还欠账）	
加：	修正存货赊购渠道造成的多减额	经营性应付项目的增加	

图 6-2　将净利润调节为经营活动现金净流量

2. 不涉及现金收支的重大投资和筹资活动

该项目反映企业一定期间影响资产或负债但不形成该期现金收支的所有投资和筹资活动的信息。

企业应当在补充资料中披露不涉及当期现金收支，但影响企业财务状况或在未来可能影响企业现金流量的重大投资和筹资活动，主要包括：一是债务转为资本，反映企业本期转为资本的债务金额；二是一年内到期的可转换公司债券，反映企业一年内到期的可转换公司债券的本息；三是融资租入固定资产，反映企业本期融资租入的固定资产。

3. 现金和现金等价物净变动情况

该项目反映企业在一定会计期间现金及现金等价物的期末余额减去期初余额后的净增加额

（或净减少额），是对现金流量表中"现金及现金等价物净增加额"项目的补充说明。该项目的金额应与现金流量表"现金及现金等价物净增加额"项目的金额相符。

任务实施

处置固定资产属于投资活动，由此产生的现金流量应在"处置固定资产、无形资产和其他长期资产收回的现金净额"项目填列，填列金额 =50-3-2=45（万元），与处置时固定资产的账面净值无关。

【任务小结】

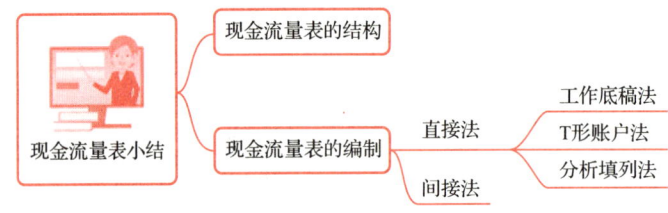

任务四　所有者权益变动表编制

任务描述

华盛公司准备着手编制所有者权益变动表，在该报表中至少应当单独列示的项目有哪些呢？

一、所有者权益变动表概述

所有者权益变动表（changes in equity），是指反映构成所有者权益的各组成部分当期增减变动情况的会计报表。所有者权益变动表是动态报表，通过所有者权益变动表，可以为报表使用者提供所有者权益总量增减变动的信息，以及所有者权益增减变动的结构性信息，特别是能够让报表使用者理解所有者权益增减变动的根源。

所有者权益变动表在一定程度上体现了企业综合收益。综合收益（comprehensive income），是指企业在某一期间与所有者之外的其他方面进行交易或发生其他事项所引起的净资产变动。综合收益的构成包括两部分：净利润与直接计入所有者权益的利得和损失。其中，前者是企业已实现并已确认的收益，后者是企业未实现但根据会计准则已确认的收益。用计算公式表示如下：

综合收益＝收入－费用＋直接计入当期损益的利得和损失

所有者权益变动表一般包括表首和正表两部分。表首部分列示报表名称、编制单位、编制日期、报表编号、货币名称、计量单位等内容。所有者权益变动表的报表编号为"会企 04 表"。正表部分至少应当单独列示反映下列信息的项目：①综合收益总额；②会计政策变更和差错更正的累积影响金额；③所有者投入资本和向所有者分配的利润；④提取的盈余公积；⑤实收资本、其他权益工具、资本公积、其他综合收益、专项储备、盈余公积、未分配利润的期初和期末余额及其调节情况。

所有者权益变动表以矩阵的形式列示：一方面，纵向列示导致所有者权益变动的交易或事项，即所有者权益变动的来源，对一定时期所有者权益的变动情况进行全面反映；另一方面，横向按照所有者权益各组成部分（即实收资本、资本公积、其他综合收益、盈余公积、未分配利润和库存股等）列示交易或事项对所有者权益各部分的影响。

二、所有者权益变动表的编制说明

（一）所有者权益变动表项目的填列方法

① 所有者权益变动表各项目均需填列"本年金额"和"上年金额"两栏。

所有者权益变动表"上年金额"栏内各项数字，应根据上年度所有者权益变动表"本年金额"栏内所列数字填列。上年度所有者权益变动表规定的各个项目的名称和内容同本年度不一致的，应对上年度所有者权益变动表各项目的名称和数字按照本年度的规定进行调整，填入所有者权益变动表的"上年金额"栏内。

② 所有者权益变动表"本年金额"栏内各项数字一般应根据"实收资本（或股本）""其他权益工具""资本公积""库存股""其他综合收益""专项储备""盈余公积""利润分配""以前年度损益调整"账户的发生额分析填列。

③ 企业的净利润及其分配情况作为所有者权益变动的组成部分，不需要单独编制利润分配表列示。

（二）所有者权益变动表的主要项目说明

① "会计政策变更""前期差错更正"项目，分别反映企业采用追溯调整法处理的会计政策变更的累积影响金额和采用追溯重述法处理的会计差错更正的累积影响金额。

② "本年增减变动金额"项目：

1> "综合收益总额"项目，反映净利润和其他综合收益扣除所得税影响后的净额相加后的合计金额。

2> "所有者投入和减少资本"项目，反映企业当年所有者投入的资本和减少的资本。

"所有者投入的普通股"项目，反映企业接受投资者投入形成的实收资本（或股本）和资本溢价或股本溢价。

3> "利润分配"项目，反映企业当年的利润分配金额。

4> "所有者权益内部结转"项目，反映企业构成所有者权益的组成部分之间当年的增减变动情况。

● "资本公积转增资本（或股本）"项目，反映企业当年以资本公积转增资本或股本的金额。

● "盈余公积转增资本（或股本）"项目，反映企业当年以盈余公积转增资本或股本的金额。

● "盈余公积弥补亏损"项目，反映企业当年以盈余公积弥补亏损的金额。

任务实施

华盛公司在所有者权益变动表上，应当单独列示反映的项目有：综合收益总额；会计政策变更和差错更正的累积影响金额；所有者投入资本和向所有者分配利润等；提取的盈余公积；实收资本、其他权益工具、资本公积、其他综合收益、专项储备、盈余公积、未分配利润的期初和期末余额及其调节情况。

【任务小结】

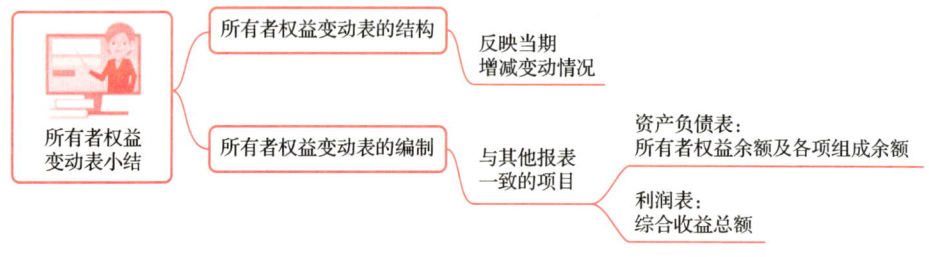

任务五　附注

附注，是指对在资产负债表、利润表、现金流量表和所有者权益变动表等报表中列示项目的 文字描述或明细资料，以及对未能在这些报表中列示项目的 说明等。

一、附注的作用

附注是财务会计报告的重要组成部分，是对会计报表的补充说明，有助于企业财务报表使用者理解和使用会计信息。首先，附注拓展了企业财务信息的内容，打破了财务报表内容所受的限制，例如，提供报表数据的形成来源及结构的分析性信息等；其次，附注突破了揭示项目必须用货币加以计量的局限性；再次，附注充分满足了企业财务会计报告使用者的要求，增进了会计信息的可理解性；最后，附注提高了会计信息的可比性，可以使不同行业或同一行业不同企业的会计信息的差异更具可比性，从而便于进行对比分析。

【请注意】通过附注与资产负债、利润表、现金流量表和所有者权益变动表列示项目的相互参照关系，以及对未能在报表中列示项目的说明，可以使财务报表使用者全面了解企业的财务状况、经营成果和现金流量情况。

二、附注的内容

附注应当披露财务报表的编制基础，相关信息应当与资产负债表、利润表、现金流量表和所有者权益变动表等会计报表中列示的项目相互参照。

附注是财务报表的重要组成部分。企业应当按如下顺序披露附注的内容。

（一）企业的基本情况

① 企业注册地、组织形式和总部地址。

② 企业的业务性质和主要经营活动。

③ 母公司以及集团最终母公司的名称。

④ 财务报告的批准报出者和财务报告批准报出日。

⑤ 营业期限有限的企业，还应当披露有关营业期限的信息。

（二）财务报表的编制基础

财务报表的编制基础是指财务报表是在持续经营基础上还是非持续经营基础上编制的。企业一般是在持续经营基础上编制财务报表的，清算、破产属于非持续经营基础。

（三）遵循企业会计准则的声明

企业应当声明编制的财务报表符合企业会计准则的要求，真实、完整地反映了企业的财务状况、经营成果和现金流量等有关信息，以此明确企业编制财务报表所依据的制度基础。

（四）重要会计政策和会计估计

企业应当披露采用的重要会计政策和会计估计，不重要的会计政策和会计估计可以不披露。

（五）会计政策和会计估计变更以及差错更正的说明

企业应当按照会计政策、会计估计变更和差错更正会计准则的规定，披露会计政策和会计估计变更以及差错更正的有关情况。

（六）会计报表重要项目的说明

企业对会计报表重要项目的说明，应当按照资产负债表、利润表、现金流量表、所有者权益变动表及其项目列示的顺序，采用文字和数字描述相结合的方式进行披露。

（七）其他需要说明的重要事项

包括：或有和承诺事项、资产负债表日后非调整事项、关联方关系及其交易等需要说明的事项。

（八）其他

有助于财务报表使用者评价企业管理资本的目标、政策及程序的信息。

【任务小结】

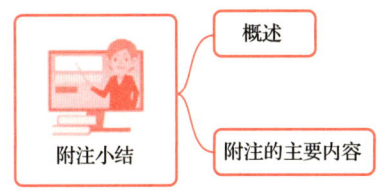

项目七

管理会计基础

↘ **引导案例**

2020 年管理会计趋势之一：大数据化

数据是重要的战略资源，也是管理会计应用的基础。有三类数据对管理会计具有应用价值。

一是以收入、成本、利润、资产、负债等为代表的财务数据；二是与产品、客户、渠道、生产、研发等相关的业务数据；三是与企业所处行业相关的竞争环境、盈利模式、业务模式、客户消费模式等一系列内外部经营相关的外部大数据。受技术所限，传统管理会计所应用的数据主要局限于财务数据和部分业务数据。但其实社会大数据的价值早已获得普遍认可。

基于新一代财务共享中心，企业能够从交易源头上实时获取到内部各单位和外部供应商、客户等真实、完整、准确、口径一致的财务和业务热数据，会同用大数据技术采集到的海量外部热数据，实时将各类数据写入管理会计系统的多维数据库中，并通过数据捕获、数据智能解析、数据挖掘、数据治理、数据可视化等技术，使其成为清晰有序、有条理、有脉络的数据。这使得管理会计的应用获得前所未有的绝佳的数据基础支撑。当数据技术能够捕捉企业内外部所有数据时，管理会计的价值将获得极大提升。

（资料来源：爱站网）

【请思考】 当前财务转型升级正当时，财务人员要积极由核算型会计向管理型会计转型，请问 2021 年管理会计的发展趋势有哪些？欢迎学习项目七。

案例解答

任务一　　管理会计概述

任务导言

管理会计是会计的重要分支,主要服务于单位(包括企业和行政事业单位)内部管理需要,是通过利用相关信息,有机融合财务与业务活动,在单位规划、决策、控制和评价等方面发挥重要作用的管理活动。管理会计工作是会计工作的重要组成部分。

任务描述

庆丰包子铺距今已有 72 年的历史,当时叫"万兴居",经营包子、小吃、饭、菜等。因包子选料严格,制作精细,味道纯正,生意十分红火。某庆丰包子铺现供应 560 个包子,3 元 / 个。现有 100 位男同学,每人定额 3 个;200 位女同学,每人定额 2 个。请问男女生分别能分到多少个包子,各付多少钱?

一、管理会计简介

(一)目标

管理会计的目标是通过运用管理会计的工具、方法,参与单位的规划、决策、控制、评价活动,并为之提供有用信息,从而推动单位实现战略规划。

(二)体系

根据财政部《关于全面推进管理会计体系建设的指导意见》,中国特色的管理会计体系是一个由理论(基础)、指引(保障)、人才(关键)、信息化(支撑)加咨询服务(外部支持)构成的"4+1"管理会计有机系统。

管理会计指引体系是在管理会计理论研究成果的基础上,形成的可操作的系列标准。管理会计指引体系包括:管理会计基本指引、管理会计应用指引、管理会计案例库。管理会计基本指引是制定应用指引和建设案例库的基础,是对管理会计基本概念、基本原则、基本方法、基本目标等内容的总结、提炼,起统领作用;管理会计应用指引是指引体系中的主体,是对单位管理会计工作的具体指导,居于主体地位;案例库是对国内外管理会计经验的总结、提炼,是对如何运用管理会计应用指引的实例示范。

（三）管理会计要素及具体内容

管理会计包括应用环境、管理会计活动、工具方法和信息与报告四要素。

【小提示】四要素间关系：这四项要素构成了管理会计应用的有机体系，单位应在分析管理会计应用环境的基础上，合理运用管理会计工具、方法，全面开展管理会计活动，并提供有用信息，生成管理会计报告，支持单位决策，推动单位实现战略规划。

1.应用环境

管理会计应用环境是单位应用管理会计的基础。单位应用管理会计，首先应充分了解和分析其应用环境，包括外部环境和内部环境。

外部环境主要包括国内外经济、市场、法律、行业等因素；内部环境如表7-1所示。

表7-1　管理会计内部环境

内部环境	说　明
价值创造模式	单位应准确分析和把握价值创造模式，推动财务与业务等的有机融合
组织架构	单位应根据组织架构特点，建立健全能够满足管理会计活动所需的由财务、业务等相关人员组成的管理会计组织体系。有条件的单位可以设置管理会计机构，组织开展管理会计活动
管理模式	单位应根据管理模式确定责任主体，明确各层级以及各层级内的部门、岗位之间的管理会计责任权限，制订管理会计实施方案，以落实管理会计责任
资源	单位应从人力、财力、物力等方面做好资源保障工作，加强资源整合，提高资源利用效率和效果，确保管理会计工作的顺利开展
信息系统	单位应将管理会计信息化需求纳入信息系统规划，通过信息系统整合、改造或新建等途径，及时、高效地提供和管理相关信息，推进管理会计实施

2.管理会计活动

管理会计活动是单位管理会计工作的具体开展，是单位利用管理会计信息，运用管理会计工具、方法，在规划、决策、控制和评价等方面服务于单位管理需要的相关活动。

3.工具、方法

管理会计工具、方法是实现管理会计目标的具体手段，是单位应用管理会计时所采用的战略地图、滚动预算管理、作业成本管理、本量利分析、平衡计分卡等模型、技术、流程的统称。

（1）战略管理领域应用的工具、方法

战略管理是对单位全局的、长远的发展方向、目标、任务和政策，以及资源配置做出决策和管理的过程。

战略管理领域应用的管理会计工具、方法一般包括战略地图、价值链管理等。战略地图通常以财务、客户、内部业务流程、学习与成长四个维度为主要内容。

（2）预算管理领域应用的工具、方法

预算管理领域应用的工具、方法如表7-2所示。

表7-2　预算管理领域应用的工具、方法

工具、方法	内　容	适用情形或其他
滚动预算	是指单位根据上一期预算执行情况和新的预测结果，按既定的预算编制周期和滚动频率，对原有的预算方案进行调整和补充，逐期滚动，持续推进的预算编制方法	滚动预算一般由中期滚动预算（通常三年或五年，以年度作为预算滚动频率）和短期滚动预算（通常以一年为预算编制周期，以月度、季度作为预算滚动频率）组成

（续表）

工具、方法	内　容	适用情形或其他
零基预算	是指单位不以历史时期经济活动及其预算为基础，以零为起点，从实际需要出发分析预算期经济活动的合理性，经综合平衡，形成预算的预算编制方法	适用于不经常发生的预算项目或预算编制基础变化较大的预算项目
弹性预算	是指单位在分析业务量与预算项目之间数量依存关系的基础上，分别确定不同业务量及其相应预算项目所消耗资源的预算编制方法	适用于市场、产能等存在较大不确定性，且其预算项目与业务量之间存在明显的数量依存关系的预算项目
作业预算	作业预算，是指基于"作业消耗资源、产出消耗作业"的原理，以作业管理为基础的预算管理方法	适用于具有作业类型较多且作业链较长、管理层对预算编制的准确性要求较高、生产过程多样化程度较高，以及间接或辅助资源费用所占比重较大等特点的企业

（3）成本管理领域应用的工具、方法

成本管理领域应用的管理会计工具、方法一般包括目标成本法、标准成本法、变动成本法、作业成本法等。目标成本法是指以目标售价和目标利润为基础确定产品的目标成本的一种成本管理方法；标准成本法是指单位以预先制定的标准成本为基础，通过比较标准成本与实际成本，计算和分析成本差异等的一种成本管理方法；作业成本法是指以"产出消耗作业、作业消耗资源"为原则，按照资源动因将资源费用追溯或分配至各项作业，计算出作业成本，然后再根据作业动因，将作业成本追溯或分配至各成本对象，最终完成成本计算的一种成本管理方法；变动成本法是指企业以成本性态分析为前提条件，仅将生产过程中消耗的变动生产成本作为产品成本的构成内容，而将固定生产成本和非生产成本作为期间成本，直接由当期收益予以补偿的一种成本管理方法。

（4）营运管理领域应用的工具、方法

营运管理领域应用的管理会计工具、方法一般包括本量利分析、敏感性分析、边际分析、内部转移定价、多维度盈利能力分析等。

（5）投融资管理领域应用的工具、方法

投融资管理领域应用的管理会计工具、方法一般包括贴现现金流、项目管理、情景分析、约束资源优化等。

（6）绩效管理领域应用的工具、方法

绩效管理领域应用的管理会计工具、方法一般包括关键绩效指标、经济增加值、平衡计分卡、绩效棱柱模型等。

（7）风险管理领域应用的工具、方法

风险管理领域应用的管理会计工具、方法一般包括风险矩阵、风险清单等。

4. 信息与报告

① 管理会计信息包括管理会计应用过程中的财务信息和非财务信息，是管理会计报告的基本元素。管理会计信息应相关、可靠、及时、可理解。

② 管理会计报告是管理会计活动成果的重要表现形式，旨在为报告使用者提供满足管理需要的信息，是管理会计活动开展情况和效果的具体呈现。

二、管理会计应用原则和应用主体

1. 管理会计应用原则

单位应用管理会计，应当遵循以下原则：

（1）战略导向原则

管理会计的应用应以战略规划为导向，以持续创造价值为核心，促进单位可持续发展。

（2）融合性原则

管理会计应嵌入单位相关领域、层次、环节，以业务流程为基础，利用管理会计工具、方法，将财务和业务等有机融合。

（3）适应性原则

管理会计的应用应与单位应用环境和自身特征相适应。单位自身特征包括单位性质、规模、发展阶段、管理模式、治理水平等。

（4）成本效益原则

管理会计的应用应权衡实施成本和预期效益，合理、有效地推进。

2. 管理会计应用主体

管理会计应用主体视管理决策主体确定，可以是单位整体，也可以是单位内部的责任中心；可以是企业，也可以是行政事业单位。

成本管理是管理会计的基础，产品成本核算又是成本管理的基础。因此，本项目主要对产品成本核算进行重点介绍。

【任务小结】

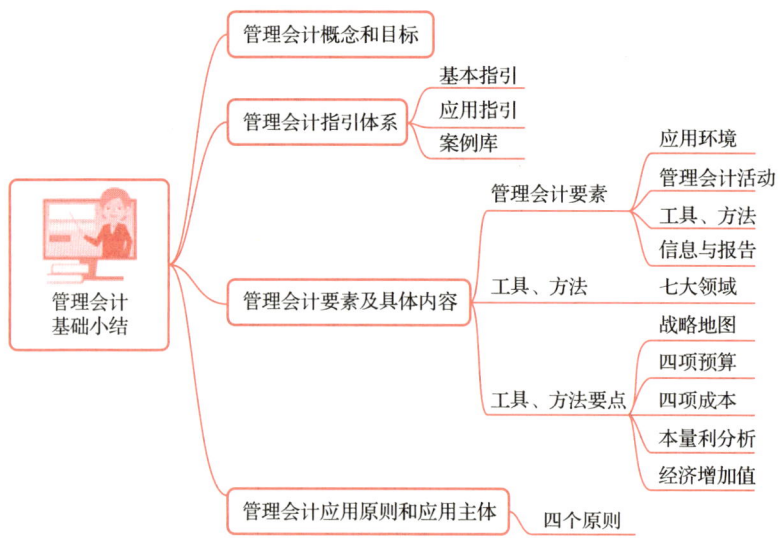

产品成本核算的要求和一般程序

一、产品成本构成

产品成本，是指企业在生产产品过程中所发生的材料费用、职工薪酬，以及不能直接计入而按一定标准分配计入的各种间接费用。根据成本核算程序，成本核算对象的确定是产品成本计算的前提。

为正确计算产品成本，必须正确划分五个方面的费用界限：

① 正确划分收益性支出和资本性支出的界限；

② 正确划分成本费用、期间费用和营业外支出的界限；

③ 正确划分本期成本费用与以后期间成本费用的界限；

④ 正确划分各种产品成本费用的界限；

⑤ 正确划分本期完工产品与期末在产品成本的界限。

上述五方面成本费用的划分应遵循受益原则——"谁受益谁负担，何时受益何时负担"，负担费用应与受益程度成正比。上述成本费用划分的过程，也是产品成本的计算过程。

二、产品成本核算的一般程序

产品成本核算的一般程序，是指对企业在生产经营过程中发生的各项生产费用和期间费用，按照成本核算的要求，逐步进行归集和分配，最后计算出各种产品的生产成本和各项期间费用的过程。其具体步骤如下：

① 根据生产特点和成本管理的要求，确定成本核算对象。

② 确定成本项目。企业计算产品生产成本，一般应当设置"直接材料""燃料及动力""直接人工""制造费用"等成本项目。

③ 设置有关成本和费用明细账。

④ 搜集确定各种产品的生产量、入库量、在产品盘存量以及材料、工时、动力消耗等，并对所有已发生的生产费用进行审核。

⑤ 归集所发生的全部生产费用，并按照确定的成本计算对象予以分配，按成本项目计算各种产品的在产品成本、产成品成本和单位成本。

⑥ 结转产品销售成本。

为了进行产品成本和期间费用核算，企业一般应设置"生产成本""制造费用""主营业务成本""税金及附加""销售费用""管理费用""财务费用"等账户；如果需要单独核算废品损失和停工损失的，还要设置"废品损失""停工损失"账户。

三、产品成本核算对象

1. 概念

指确定归集和分配生产费用的具体对象，即生产费用承担的客体。

2. 作用

确定成本核算对象，是设立成本明细分类账户、归集和分配生产费用以及正确计算成本的<mark>前提</mark>。一般<mark>不应</mark>中途变更。

3. 成本核算对象确定根据

成本核算对象根据企业生产经营特点和管理要求加以确定。一般情况下，对制造业企业而言：大批大量单步骤生产产品或管理上不要求提供有关生产步骤成本信息的，以<mark>产品品种</mark>为成本核算对象；小批单件生产产品的，以<mark>每批或每件产品</mark>为成本核算对象；多步骤连续加工产品且管理上要求提供有关生产步骤成本信息的，以<mark>每种产品及各生产步骤</mark>为成本核算对象；产品规格繁多的，可将产品结构、耗用原材料和工艺过程基本相同的各种产品，适当合并作为成本核算对象。

四、产品成本项目

企业应当按经济用途和生产要素内容相结合的原则或成本性态等设置成本项目。根据生产特点和管理要求，企业一般可以设立以下几个成本项目，如表 7-3 所示。

表 7-3　成本项目

成本项目	含　义
直接材料	构成产品实体的原材料以及有助于产品形成的主要材料和辅助材料，包括原材料、辅助材料、备品配件、外购半成品、包装物、低值易耗品等费用
燃料及动力	直接用于产品生产的外购和自制的燃料和动力
直接人工	直接从事产品生产的工人的职工薪酬
制造费用	企业为生产产品和提供劳务而发生的各项间接费用，包括车间物料消耗，车间管理人员的薪酬，车间管理用房屋和设备的折旧费、租赁费和保险费，车间管理用具摊销，车间管理用的照明费、水费、取暖费、劳动保护费、设计制图费、试验检验费、差旅费、办公费，以及季节性及修理期间停工损失等

【小提示】由于生产特点、各种生产费用支出的比重及成本管理和核算的要求不同，企业可根据具体情况增设或组合某些成本项目。

【任务小结】

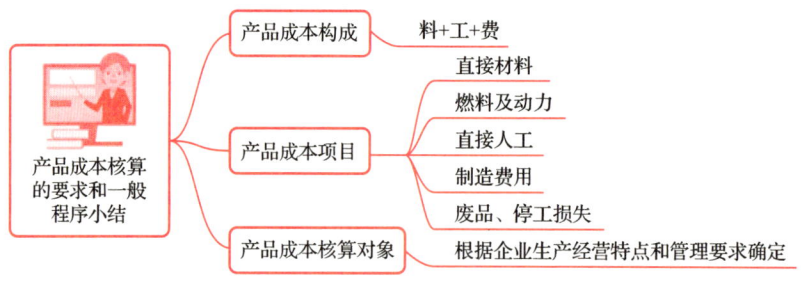

任务三　产品成本的归集和分配

一、产品成本归集和分配的基本原则

企业所发生的生产费用，能确定由某一成本核算对象负担的，应当按照所对应的产品成本项目类别，直接计入产品成本核算对象的生产成本；由几个成本核算对象共同负担的，应当选择合理的分配标准分配计入生产成本。

①受益性原则：谁受益谁负担。

②及时性原则：不应将上期和下期成本费用分配给本期。

③成本效益性原则：成本分配的收益远大于分配成本。

④基础性原则：成本分配以完整、准确的原始记录为依据。

⑤管理性原则：成本分配有助于加强成本管理。

【小提示】企业应按照权责发生制原则根据产品的生产特点和管理要求结转成本。企业不得以计划成本、标准成本、定额成本等代替实际成本。企业采用计划成本、标准成本、定额成本等类似成本进行直接材料日常核算的，期末，应当将耗用直接材料的计划成本或定额成本等类似成本调整为实际成本。

二、成本核算的账户设置

（一）生产成本的账户设置

为了核算企业为生产产品而发生的成本，企业应当设置"生产成本"账户。该账户属于成本类账户，具体账户结构如图7-1所示。

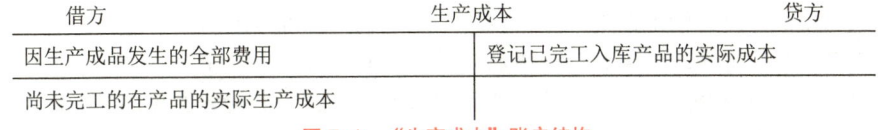

借方	生产成本	贷方
因生产成品发生的全部费用	登记已完工入库产品的实际成本	
尚未完工的在产品的实际生产成本		

图7-1　"生产成本"账户结构

【请注意】应按产品品种等成本核算对象设置基本生产成本和辅助生产成本明细账。

【小提示】辅助生产是为基本生产服务而进行的产品生产和劳务供应。该账户按辅助生产车间和提供的产品、劳务分设辅助生产成本明细账，按辅助生产的成本项目分设专栏。期末，对共同负担的生产费用按照一定的分配标准分配至各受益对象。

（二）制造费用的账户设置

制造费用是指制造业企业为生产产品（或提供劳务）而发生的，用来归集和分配企业为生产产品和提供劳务而发生的各项间接费用，包括工资及福利费、折旧费、修理费、办公费、水电费、机物料消耗、劳动保护费、季节性修理期间的停工损失，以及其他不能直接计入产品生产成本的费用。

为了核算企业应计入产品成本但没有专设成本项目的各项间接费用，企业应当设置"制造

费用"账户。该账户属于成本类账户，具体账户结构如图 7-2 所示。

借方	制造费用	贷方
归集发生的制造费用	制造费用的分配	

图 7-2　"制造费用"账户结构

【请注意】期末，将共同负担的制造费用按照一定的标准分配计入各成本核算对象，除季节性生产外，本账户期末应无余额。

三、要素费用的归集和分配

（一）材料、燃料、动力费用的归集和分配

对于能分产品领用的材料，直接计入产品成本的"直接材料"等项目；对于不能分产品领用的材料（如几种产品共同耗用的材料），分配计入各相关产品成本的"直接材料"项目。

做中学 7-1

$$材料、燃料、动力分配率 = \frac{材料、燃料、动力消耗总额}{分配标准（如产品重量、耗用的原材料、生产工时等）}$$

某种产品应负担的材料、燃料、动力费用 = 该产品分配标准 × 分配率

（二）职工薪酬的归集和分配

直接进行产品生产的生产工人的职工薪酬，直接计入产品成本的"直接人工"成本项目；不能直接计入产品成本的职工薪酬，按工时、产品产量、产值比例等方式进行合理分配，计入各有关产品成本的"直接人工"项目。

做中学 7-2

生产职工薪酬费用分配率 = 各种产品生产职工薪酬总额 ÷ 各种产品生产工时之和

某种产品应分配的生产职工薪酬 = 该种产品生产工时 × 生产职工薪酬费用分配率

如果产品定额工时比较准确的，也可以采用定额工时标准分配：

某种产品耗用的定额工时 = 该种产品投产量 × 单位产品工时定额

生产职工薪酬费用分配率 = 各种产品生产职工薪酬总额 ÷ 各种产品定额工时之和

某种产品应分配的生产职工薪酬 = 该种产品定额工时 × 生产职工薪酬费用分配率

（三）固定资产的折旧费用

由于折旧费用在产品成本中所占的比重不大，一般都将它作为间接费用处理，按它的经济用途和使用地点计入有关费用，借记"制造费用——基本车间""生产成本——辅助生产成本""管理费用""销售费用"等账户，贷记"累计折旧"账户。

（四）辅助生产费用的归集和分配

1. 直接分配法

特点：不考虑各辅助生产车间之间相互提供劳务或产品的情况，而是将各种辅助生产费用直接分配给辅助生产以外的各受益单位。

各辅助生产费用只进行对外分配，分配一次，计算简单，但分配结果不够准确。

范围：适用于辅助生产内部相互提供产品和劳务不多、不进行费用的交互分配、对辅助生产成本和企业产品成本影响不大的情况。

做中学 7-3

2. 交互分配法

特点：需要进行两次分配。首先，将辅助生产明细账上的合计数根据各辅助生产车间、部门相互提供的劳务或产品数量计算分配率，在辅助生产车间进行交互分配；然后将各辅助生产车间交互分配后的实际费用（交互分配前的费用加上交互分配转入的费用，减去交互分配转出的费用），再按提供的劳务量或产品量在辅助生产车间以外的各受益单位之间进行分配。

交互分配法提高了分配的正确性，但增加了分配的工作量。

做中学 7-4

（五）制造费用归集和分配

1. 制造费用归集

制造费用，是指企业为生产产品和提供劳务而发生的各项间接费用，包括物料消耗，车间管理人员的薪酬，车间管理所用房屋和设备的折旧费、租赁费和保险费，车间管理用具摊销，车间管理用的照明费、水费、取暖费、劳动保护费、设计制图费、试验检验费、差旅费、办公费以及季节性及修理期间停工损失等。

2. 制造费用的分配方法

企业应当根据制造费用的性质，合理选择分配方法。也就是说，企业所选择的制造费用分配方法，必须与制造费用的发生具有比较密切的相关性，并且使分配到每种产品上的制造费用金额基本合理，同时还应当适当考虑计算手续的简便。制造费用应当按照车间分别进行，不应将各车间的制造费用汇总，在企业范围内统一分配。

常用的制造费用分配方法有：生产工人工时比例法、生产工人工资比例法（适用于各种产品生产机械化程度相差不多的企业）、机器工时比例法（适用于产品生产的机械化程度较高的车间）和按年度计划分配率分配法（按照年度开始前确定的全年度适用的计划分配率分配费用的方法，适用于季节性生产企业）等。

制造费用分配

【小提示】企业的制造费用分配方法一经确认，不得随意变更。如需变更，应当在附注中予以说明。

（六）废品损失和停工损失

1. 废品损失的核算

废品损失是在生产过程中发生的和入库后发现的超定额的不可修复废品的生产成本，以及可修复废品的修复费用，扣除回收的废品残料价值和应收赔款以后的损失。

【小提示】经质量检验部门鉴定不需要返修、可以降价出售的不合格品，以及产品入库后由于保管不善等原因而损坏变质的产品和实行"三包"企业在产品出售后发现的废品均不包括在废品损失内。

做中学 7-5

2.停工损失的核算

停工损失是指生产车间或车间内某个班组在停工期间发生的各项费用，包括停工期间发生的原材料费用、人工费用和制造费用等。应由过失单位或保险公司负担的赔款，应从停工损失中扣除。

停工损失账务处理图

停工损失核算

【小提示】不单独核算停工损失的，停工期间发生的费用直接在"制造费用"或"营业外支出"等账户中反映。

要素费用的归集和分配

【任务小结】

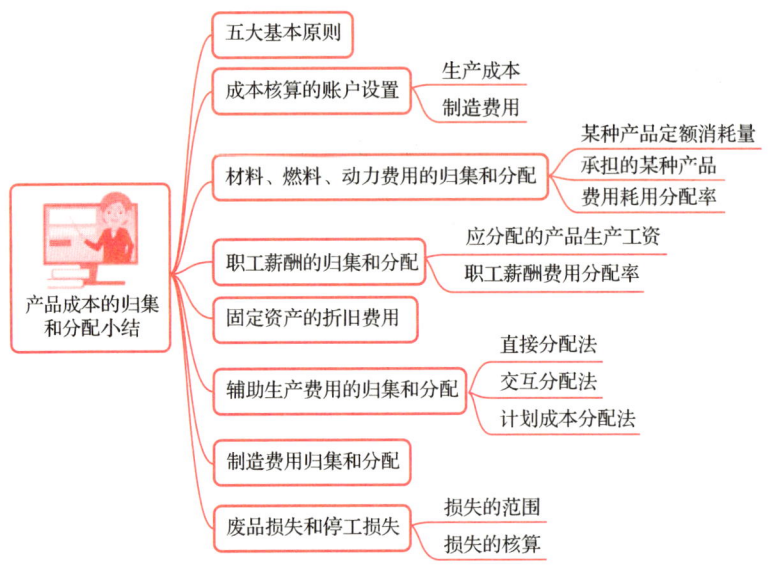

任务四 产品成本计算方法

一、产品成本计算方法概述

（一）生产特点对产品成本计算的影响

确定产品成本计算方法的主要因素有成本计算对象、成本计算期及生产费用在完工产品与在产品之间的分配。

成本计算对象的确定，是正确计算产品成本的前提，也是区别各种产品成本计算方法的主要标志。

（二）产品成本计算的主要方法

产品成本计算方法主要包括品种法、分批法、分步法。

产品成本计算的主要内容

二、产品成本计算的品种法

（一）特点

品种法是以产品品种作为成本核算对象，归集和分配生产成本。其特点如表 7-4 所示。

表 7-4　品种法特点

项　目	说　明
适用范围	① 大量大批的单步骤生产或大量大批多步骤生产但不要求分步计算成本
	② 企业：发电、供水、采掘
成本核算对象	产品品种。如果企业只生产一种产品，全部生产成本都是直接成本，不存在在各种成本核算对象之间分配成本的问题；如果生产多种产品，间接生产成本则要采用适当的方法，在各成本核算对象之间进行分配
成本计算期	一般定期（每月月末）计算产品成本
生产费用在完工产品与在产品之间分配	① 月末一般无在产品，如果有，数量也很少，一般不需要在完工产品和在产品之间分配
	② 如果月末有在产品（较多），要将生产成本在完工产品和在产品之间进行分配

（二）成本核算程序

品种法的成本核算程序如下：

① 按产品品种设立成本明细账，根据各项费用的原始凭证及相关资料编制有关记账凭证并登记有关明细账，同时编制各种费用分配表分配各项要素费用；

② 根据上述各种费用分配表和其他有关资料，登记辅助生产明细账、基本生产明细账、制造费用明细账等；

③ 根据辅助生产明细账编制辅助生产成本分配表，分配辅助生产成本；

④ 根据制造费用明细账编制制造费用分配表，在各种产品之间分配制造费用，并据以登

记基本生产成本明细账；

⑤ 根据各产品基本生产明细账编制产品成本计算单，分配完工产品成本和在产品成本；

⑥ 编制产成品的成本汇总表，结转产成品成本。

三、产品成本计算的分批法

（一）特点

分批法，是指以产品的批别作为产品成本核算对象，归集和分配生产成本，计算产品成本的一种方法。其特点如表 7-5 所示。

表 7-5　分批法特点

项　目	说　明
适用范围	① 批小单：单件小批生产
	② 企业：造船、重型机器制造、精密仪器制造、新产品试制、在建工程、设备修理
成本核算对象	产品批别
成本计算期	产品成本计算是不定期的，成本计算期与产品生产周期基本一致，与财务报告期不一致
生产费用在完工产品与在产品之间分配	在计算月末在产品成本时，一般不存在在完工产品和在产品之间分配成本的问题

（二）成本核算程序

分批法的成本核算程序如下：

① 按产品批别设置产品基本生产成本明细账、辅助生产成本明细账；

② 根据各生产费用的原始凭证或原始凭证汇总表和其他有关资料，编制各种要素费用分配表，分配各要素费用并登账；

③ 月末根据完工批别产品的完工通知单，将计入已完工的该批产品的成本明细账所归集的生产费用，按成本项目加以汇总，计算出该批完工产品的总成本和单位成本，并转账。

四、产品成本计算的分步法

（一）特点

分步法，是指以生产过程中各个加工步骤（分品种）为成本核算对象，归集和分配生产成本，计算各步骤半成品和最后产成品成本的一种方法。其特点如表 7-6 所示。

表 7-6　分步法特点

适用范围	① 大量大批的多步骤生产且管理上要求分步骤计算成本 ② 企业：冶金、机械制造、纺织
成本核算对象	各种产品的生产步骤
成本计算期	月末计算完工产品成本，成本计算期是固定的，与产品的生产周期不一致
生产费用在完工产品与在产品之间分配	需要将归集在生产成本明细账中的生产成本在完工产品和在产品之间进行分配。除了按品种计算和结转产品成本，还需要计算和结转产品的各步骤成本

（二）成本核算程序

1. 逐步结转分步法

逐步结转分步法是为了分步计算半成品成本而采用的一种分步法，也称计算半成品成本分步法。它是按照产品加工的顺序，逐步计算并结转半成品成本，直到最后加工步骤完成才计算产成品成本的一种方法。

2. 平行结转分步法

平行结转分步法也称不计算半成品成本分步法。它是指在计算各步骤成本时，不计算各步骤所产半成品的成本，也不计算各步骤所耗上一步骤的半成品成本，而只计算本步骤发生的各项其他成本，以及这些成本中应计入产成品的份额，将相同产品的各步骤成本明细账中的这些份额平行结转、汇总，即可计算出该种产品的产成品成本。

分步法核算程序如表 7-7 所示。

表 7-7　分步法核算程序

分　类	程　序	优　点	缺　点
逐步结转分步法	① 先计算第一个加工步骤的半成品成本，结转给第二个加工步骤 ② 根据第一个步骤结转来的半成品成本加上本步骤耗用的材料成本和加工成本，求得第二个加工步骤的半成品成本。依次最终推定产成品成本	① 能提供各个生产步骤的半成品成本资料 ② 为各生产步骤的在产品实物管理及资金管理提供资料 ③ 能够全面反映各生产步骤的生产耗费水平，更好地满足成本管理要求	工作量较大，尤其是综合结转法下的成本项目还原
平行结转分步法	① 成本核算对象是各种产成品及其经过的各生产步骤中的成本份额，各步骤均不计算本步骤的半成品成本，各步骤产品生产成本并不随着半成品的实物转移而结转，在产品完工时，将各步骤生产成本中应由完工品负担的份额从各步骤成本计算单中转出，平行汇总入产成品成本 ② 每一生产步骤的生产成本也要在其完工产品与在产品之间分配	① 各步骤可同时计算产品成本，平行汇总入产成品成本，不必逐步结转半成品成本 ② 能够直接提供按原始成本项目反映的产成品成本资料，不必成本还原，能简化和加速成本计算工作	① 不能提供各步骤半成品成本资料 ② 不能为各步骤在产品实物和资金管理提供资料 ③ 各步骤的产品成本不包括所耗半成品费用，因而不能全面反映各步骤生产的耗费水平（第一步除外）

品种法、分批法、分步法比较表

任务实施

男同学：100×3=300（个）　　女同学：200×2=400（个）　　合计 700 个

分配比例：560/700=0.8

男同学：300×0.8=240（个）　　女同学：400×0.8=320（个）

男同学：240×3=720（元）　　女同学：320×3=960（元）

【任务小结】

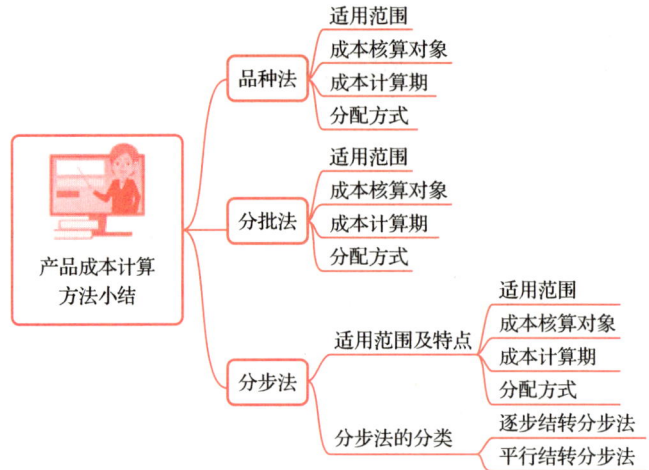

项目八

政府会计基础

↘ 职业能力与素养目标

◆ 身心健康并具有劳模精神、工匠精神和诚实守信的职业素养；

◆ 掌握政府会计标准体系、会计核算模式；

◆ 掌握政府财务报告和决算报告的内容和构成；

◆ 掌握单位资产业务、负债业务和净资产业务的核算；

◆ 掌握单位收支业务、预算结转结余及分配业务的核算；

◆ 熟悉政府会计信息质量要求、政府财务报告的编报；

◆ 初步具有相应的会计职业判断意识。

↘ 引导案例

新冠疫情防控医院运营管理"百佳案例"发布

中国总会计师协会卫生健康分会发布新冠肺炎疫情防控医院运营管理"百佳案例"，其中特优案例 15 篇、优秀案例 43 篇、入选案例 56 篇。

面对突如其来的新冠肺炎疫情，广大医务人员坚决响应国家号召，白衣执甲，逆行出征，义无反顾地奋战在防控一线。广大医院总会计师和财务工作者为更好地保障一线医务人员的疫情防控工作，坚守在岗，未雨绸缪，确保医院经济平稳运行，为疫情防控工作提供坚实的后勤保障。为总结和推广在疫情防控中医院运营管理的实践经验及取得的实效，中国总会计师协会卫生健康分会围绕助力打赢疫情防控阻击战，保障医院有序恢复诊疗秩序，强化担当，精心策划，于今年 2 月联合望海康信（北京）科技股份公司和 HIA 数据服务平台，在全国范围内开展了以"打赢疫情阻击战，提升医院运营力"为主题的新冠肺炎疫情防控医院运营管理案例征集活动。

案例征集活动开展以来，全国各地各级医院及医药行业总会计师、财务人员、审计人员等踊跃投稿，案例内容涵盖了疫情防控期间医院财务管理、预算管理、绩效考核、成本核算、信息化建设、内部审计、内部控制等卫生健康行业经济管理的方方面面。

资料来源：（2020 年 7 月 14 日，快资讯）

案例解答

【请思考】你知道政府会计报告主要涵盖哪些行业，有哪些内容吗？欢迎学习项目八

任务一　政府会计

任务导言

2013 年 11 月，中共十八届三中全会通过的《中共中央关于全面深化改革若干重大问题的决定》做出了"建立权责发生制的政府综合财务报告制度"的重要战略部署。2014 年 12 月，国务院批转了财政部《权责发生制政府综合财务报告制度改革方案》（以下简称方案），正式确立了我国权责发生制政府综合财务报告制度改革的指导思想、总体目标、基本原则、主要任务、具体内容、配套措施等内容。《方案》提出，要加快推进政府会计改革，提升政府财务管理水平，推进国家治理体系和治理现代化。

任务描述

财政授权支付方式购买办公用品，政府会计主体采用财务会计核算的同时是否应当进行预算会计核算，应如何处理？

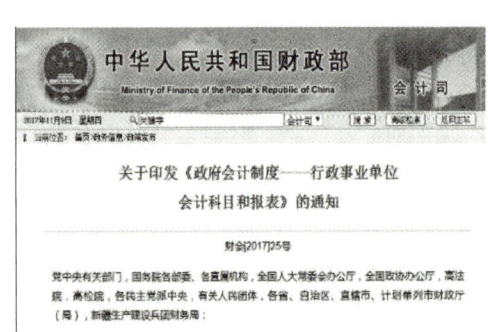

一、政府会计概述

政府会计是会计体系的重要分支，它是运用会计专门方法对政府及其组成主体（包括政府所属的行政事业单位等）的财务状况、运行情况（含运行成本，下同）、现金流量、预算执行等情况进行全面核算、监督和报告。

政府会计主体：包括各级政府、各部门、各单位。

各部门、各单位：指与本级政府财政部门直接或间接发生预算拨款关系的国家机关、军队、政党组织、社会团体、事业单位和其他单位。

二、政府会计标准体系

政府会计标准体系由政府会计基本准则、政府会计具体准则及应用指南和政府会计制度等组成。

（一）政府会计基本准则

政府会计基本准则用于规范政府会计目标、政府会计主体、政府会计信息质量要求、政府会计核算基础，以及政府会计要素定义、确认和计量原则、列报要求等原则事项。基本准则指导具体准则和制度的制定，并为政府会计实务问题提供处理原则。

（二）政府会计具体准则及应用指南

政府会计具体准则依据基本准则制定，用于规范政府会计主体发生的经济业务或事项的会计处理原则，详细规定经济业务或事项引起的会计要素变动的确认、计量和报告。应用指南是对具体准则的实际应用做出的操作性规定。

（三）政府会计制度

政府会计制度依据基本准则制定，主要规定政府会计账户及账务处理、报表体系及编制说明等。政府会计主体应当根据政府会计准则（包括基本准则和具体准则）规定的原则和政府会计制度及解释的要求，对其发生的各项经济业务或事项进行会计核算。

【小提示】军队、已纳入企业财务管理体系的单位和执行《民间非营利组织会计制度》的社会团体，其会计核算不适用政府会计准则制度。

三、政府会计核算模式

政府会计核算模式如表8-1所示。

表8-1　政府会计核算模式

模　式		预算会计	财务会计
适度分离"三双"	功能	预算会计对政府会计主体预算执行过程中发生的全部预算收入和全部预算支出进行会计核算，主要反映和监督预算收支执行情况	财务会计对政府会计主体发生的各项经济业务或事项进行会计核算，主要反映和监督政府会计主体财务状况、运行情况和现金流量等
	基础	实行收付实现制，国务院另有规定的从其规定	实行权责发生制
	报告	政府决算报告的编制主要以收付实现制为基础，以预算会计核算生成的数据为准	政府财务报告的编制主要以权责发生制为基础，以财务会计核算生成的数据为准

政府预算会计和财务会计"适度分离"，并不是要求政府会计主体分别建立预算会计和财务会计两套账对同一笔经济业务或事项进行会计核算，而是要求政府预算会计要素和财务会计要素相互协调，决算报告和财务报告相互补充，共同反映政府会计主体的预算执行信息和财务信息。

四、政府会计要素及其确认和计量

（一）政府预算会计要素

① 预算收入是指政府会计主体在预算年度内依法取得并纳入预算管理的现金流入。

一般在实际收到时予以确认，以实际收到的金额计量。（收付实现制）

② 预算支出是指政府会计主体在预算年度内依法发生并纳入预算管理的现金流出。

一般在实际支付时予以确认，以实际支付的金额计量。

③ 预算结余是指政府会计主体预算年度内预算收入扣除预算支出后的资金余额，以及历年滚存的资金余额。

预算结余包括：

1> 结余资金：年度预算执行终了，预算收入实际完成数扣除预算支出和结转资金后剩余的资金。

2> 结转资金：指预算安排项目的支出年终尚未执行完毕

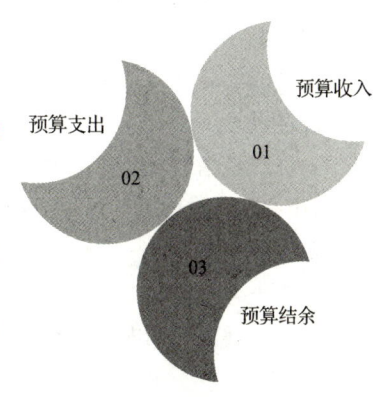

或者因故未执行，且下年需要按原用途继续使用的资金。

（二）政府财务会计要素

1. 资产

（1）概念

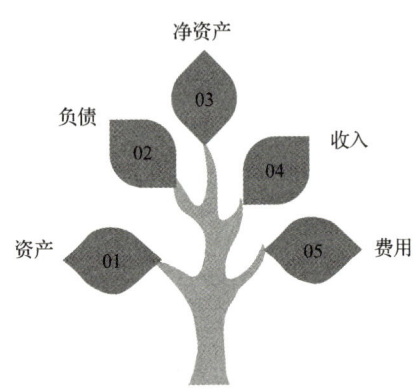

资产是指政府会计主体过去的经济业务或事项形成的，由政府会计主体控制的，预期能够产生服务潜力或带来经济利益流入的经济资源。它分为流动资产和非流动资产。流动资产包括货币资金、短期投资、应收及预付款项和存货等；非流动资产包括固定资产、在建工程、无形资产、长期投资、公共基础设施、政府储备资产、文物文化资产、保障性住房和自然资源资产等。

【小提示】服务潜力：是指政府会计主体利用资产提供公共产品和服务以履行政府职能的潜在能力。

（2）确认条件

同时满足如下条件，方可确认为资产：

① 与该经济资源相关的服务潜力很可能实现或者很可能流入政府会计主体；

② 该经济资源的成本或价值能够可靠计量。

（3）负债计量属性

政府资产的计量属性主要包括历史成本、重置成本、现值、公允价值和名义金额（人民币1元）。一般采用历史成本计量。

资产

2. 负债

（1）概念

负债是指政府会计主体过去的经济业务或事项形成的，预期会导致经济资源流出政府会计主体的现时义务。它分为流动负债和非流动负债。流动负债包括短期借款、应付及预收款项、应付职工薪酬、应交款项等；非流动负债包括长期借款、长期应付款、应付政府债券和政府依法担保形成的债务等。

（2）确认条件

同时满足如下条件，方可确认为负债：

① 履行该义务很可能导致含有服务潜力或经济利益的经济资源流出政府会计主体；

② 该义务的金额能够可靠计量。

（3）资产计量属性

负债的计量属性主要包括历史成本、现值和公允价值。一般采用历史成本计量。

3. 净资产

净资产是指政府会计主体资产扣除负债后的净额，其金额取决于资产和负债的计量。

【小提示】净资产非所有者权益。

4. 收入

（1）概念

收入是指报告期内导致政府会计主体净资产增加的、含有服务潜力或经济利益的经济资源的流入。

（2）确认条件

同时满足如下条件，方可确认收入：

① 与收入相关的含有服务潜力或经济利益的经济资源很可能流入政府会计主体；

② 含有服务潜力或经济利益的经济资源流入会导致政府会计主体资产增加或负债减少；

③ 流入金额能够可靠计量。

5. 费用

（1）概念

费用是指报告期内导致政府会计主体净资产减少的、含有服务潜力或经济利益的经济资源的流出。

（2）确认条件

同时满足如下条件，方可确认为费用：

① 与费用相关的含有服务潜力或经济利益的经济资源很可能流出政府会计主体；

② 含有服务潜力或经济利益的经济资源流出会导致政府会计主体资产减少或负债增加；

③ 流出金额能够可靠计量。

【请注意】会计要素的关系：①资产－负债＝净资产；②收入－费用＝本期盈余。

任务实施

单位购买办公用品，在财政授权支付方式下，按规定支用额度时，借记"业务活动费用""单位管理费用""库存物品"等账户，贷记"零余额账户用款额度"账户；同时，在预算会计中借记"行政支出""事业支出"等账户，贷记"资金结存——零余额账户用款额度"账户。

【任务小结】

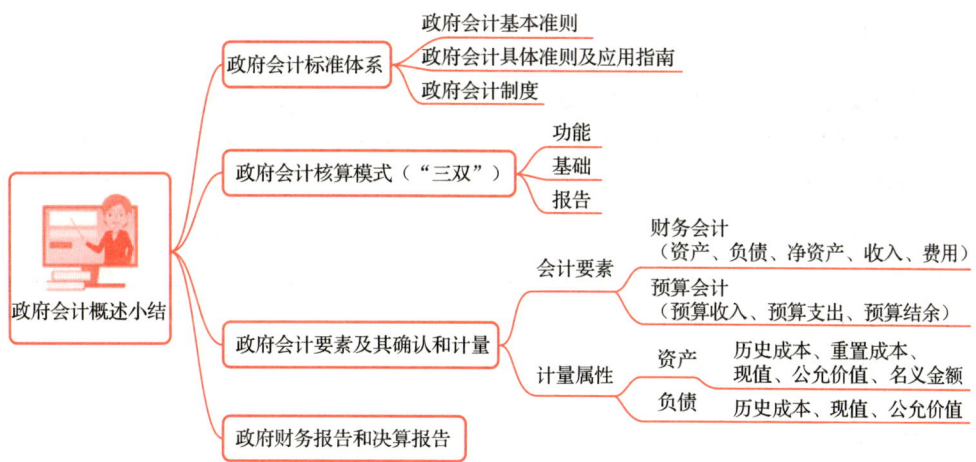

任务二 政府单位会计核算

任务描述

2×21 年 12 月，某事业单位对其收支科目进行分析，事业预算收入和上级补助预算收入本年发生额中的非专项资金收入分别为 1 000 000 元、200 000 元，事业支出和其他支出本年发生额中的非财政非专项资金支出分别为 800 000 元、100 000 元，对附属单位补助支出本年发生额为 200 000 元。经营预算收入本年发生额为 94 000 元，经营支出本年发生额为 64 000 元。年末，请做出该事业单位应编制的预算会计分录。

一、预算会计核算业务

对于纳入部门预算管理的现金收支业务，在采用财务会计核算的同时应当进行预算会计核算；对于其他业务，仅需进行财务会计核算。

现金：包括库存现金、银行存款、其他货币资金、财政应返还额度、零余额账户用款额度，以及通过财政直接支付方式支付的款项。

对于单位受托代理的现金、不属于本年度部门预算的现金，以及应上缴财政的、应转拨的、应退回的现金所涉及的收支业务，仅需要进行财务会计处理，不需要进行预算会计处理。

二、"资金结存"账户

"资金结存"账户核算纳入部门预算管理的资金的流入、流出、调整和滚存等情况。（预算结余类账户）

"资金结存"账户应设置"零余额账户用款额度""货币资金""财政应返还额度"三个明细账户。

年末预算收支结转后，"资金结存"账户借方余额与预算结转结余账户贷方余额相等。

【小提示】 单位财务会计核算中关于应交增值税的会计处理与企业会计基本相同，但是在预算会计处理中，预算收入和预算支出包含了销项税额和进项税额，实际缴纳增值税时计入预算支出。为了简化起见，本任务在账务处理介绍中一般不涉及增值税的会计处理。

做中学 8-1 2×21 年 1 月 1 日，某事业单位采用国库授权支付方式购置了一项价值为 120 000 元的固定资产，折旧年限为 10 年。假定不考虑其他因素，有关账务处理如下。

①1 月 1 日，单位收到代理银行转来的"授权支付到账通知书"时，应编制如下财务会计分录：

借：零余额账户用款额度   120 000
　　贷：财政拨款收入   120 000

同时，应编制如下预算会计分录：

借：资金结存——零余额账户用款额度   120 000
　　贷：财政拨款预算收入   120 000

②1 月 1 日，单位购买固定资产时，应编制如下财务会计分录：

借：固定资产   120 000

  贷：零余额账户用款额度   120 000

同时，应编制如下预算会计分录：

借：事业支出——财政拨款支出   120 000

  贷：资金结存——零余额账户用款额度   120 000

③1月末，单位计提固定资产折旧时，应编制如下财务会计分录：

借：业务活动费用   1 000

  贷：固定资产累计折旧   1 000

【小提示】预算会计下不做计提固定资产折旧的处理。

本例中，财务会计反映了财务状况和运行情况，而预算会计反映了预算执行情况。

任务实施

该事业单位应编制如下预算会计分录。

①结转本年非财政、非专项资金预算收入：

借：事业预算收入   1 000 000

  上级补助预算收入   200 000

  贷：其他结余   1 200 000

②结转本年非财政、非专项资金支出：

借：其他结余   1 100 000

  贷：事业支出——其他资金支出   800 000

    其他支出   100 000

    对附属单位补助支出   200 000

③结转本年经营预算收入：

借：经营预算收入   94 000

  贷：经营结余   94 000

④结转本年经营支出：

借：经营结余   64 000

  贷：经营支出   64 000

【任务小结】

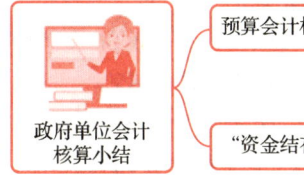

政府单位会计核算小结 —— 预算会计核算业务

政府单位会计核算小结 —— "资金结存"账户

项目九

大数据与财务 RPA 机器人

↘ 职业能力与素养目标

◆ 身心健康并具有劳模精神、工匠精神和诚实守信的职业素养；

◆ 了解大数据在财务会计中的应用；

◆ 了解财务 RPA 机器人的应用；

◆ 初步具有相应的会计职业判断意识。

↘ 引导案例

日本政府 RPA 应用报告：85% 省级行政机构已使用 RPA

根据日本厚生劳动省发布的数据显示，2019 年日本新出生婴儿仅有 86 万人，较 2018 年减少 5 万人，创 1899 年有统计以来新低；死亡人数达 138 万人，创"二战"后新高。日本的人口负增长已达到 52 万人，致使日本成为全球劳动力较匮乏的国家之一。

为了缓解人力资源的压力，提高工作效率，日本是全球应用 RPA（Robotic Process Automation，机器人流程自动化）较早和较多的国家之一。因此，日本总务省发布了各县、市的 RPA 应用情况，以详细了解 RPA 在实际应用过程中有哪些好处和挑战，为更多的组织应用 RPA 提供借鉴。

都道府县（类似中国的省）方面，2018 年（平成 30 年）RPA 的应用仅为 30%，43% 计划使用 RPA；2019 年（令和元年）RPA 的应用已达到 85%，15% 计划引入 RPA。

政令指定都市（人口 50 万人以上的城市），2018 年 RPA 的应用为 40%，40% 计划使用 RPA；2019 年 RPA 的应用达到 70%，25% 计划使用 RPA。

在应用场景方面，会计、财务成为 RPA 应用最多的业务场景，2018 年只有 37 个案例，而 2019 年已达到 197 个案例，整体应用率大涨；17 万人口的町村应用 RPA 之后，将纳税申报、税务输入、税务检查等多个业务流程实现自动化，整体工作时间节省了 47.4%。11 万人口的町村应用 RPA 之后，将国民健康保险税的输入 / 查询、保育员出勤表、日常文件处理等业务实现自动化，分别节省了 90%、69%、75% 和 37% 的工作时间。

（资料来源：2021 年 02 月 19 日 17:20，RPA 中国）

【请思考】财务 RPA 机器人是适应社会经济大环境的必然产物。对会计人员来说，既是挑战，也是机遇。近期来看，对会计人员的影响不会太大，但从长远来看，财务 RPA 机器人必然会代替大部分会计（岗位）工作，请结合案例谈谈财务 RPA 机器人的出现，给财务人员带来了什么影响。在"大智移云物链"时代，你现在的付出，都是为了让你成为更好的人。欢迎学习项目九。

案例解答

任务一　大数据

一、互联网时代发展的必然结果

世界正处于从工业经济向数字经济转型时期。数据已成为驱动经济社会发展的重要引擎。以"大数据、移动互联网、区块链、云计算、人工智能"为代表的新技术正在改变企业和行业的规律。RPA、人工智能等新技术的快速发展，迫使企业未来财务向信息化、自动化、数字化和智能化转变。

继互联网、物联网、云平台、云计算之后，又一次新的信息革命到来了——大数据（big data）时代已经来临。"大数据"是一种规模大到在获取、存储、管理、分析方面大大超出传统数据软件工具能力范围的数据集合，具体是指无法在一定时间范围内用常规软件工具进行捕捉、管理和处理的数据集合，是需要新处理模式才能具有更强的决策力、洞察力和流程优化能力的海量、高增长率和多样化的信息资产。大数据具有"4V"特点——Volume（数据体量巨大）、Variety（数据类型多样）、Velocity（数据更新快速）、Value（数据商业价值），如图 9-1 所示。到 2025 年，全球将有 60% 的数据产生自企业，或与企业的服务有直接的关系，数据将成为企业的核心资产，企业大数据正在加速形成。在未来，大数据将成为提升机构和公司竞争力的有力武器。企业与企业的竞争已经演变为数据的竞争，重视数据资源的搜集、挖掘、分享与利用，成为当务之急。以前企业高层的痛点是看不到数据，大数据的应用引起了企业领导对如何利用数据支持分析决策和可视化管理的重视。企业内部的经营数据、生产制造环节的物联网感知数据和外部的互联网数据构成了企业的大数据。这些数据能否发挥作用、创造价值，不仅取决于数据规划与整合的能力，更取决于企业的管理水平，以及信息系统是否融合了先进的管理会计思想。

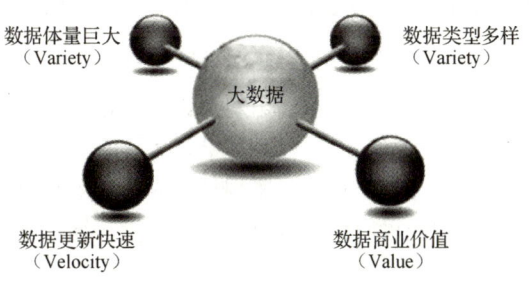

图 9-1　大数据的"4V"特点

二、大数据帮助企业进行风险管控

以往很多企业的财务风险识别和预警工作依赖于专业的企业财务管理人员进行相应的控制和管理。尽管这些财务管理人员在财务风险判断方面具有丰富的经验，但是在具体的风险预警方面，他们起的作用往往不尽如人意。一般的会计核算涉及环节多，需要从设置账户开始，到填制凭证、审核凭证、登记账簿、编制报表、成本核算，并且各个环节都需要安排不同的会计人员进行处理，会计人员的工作量大，影响工作效率。而运用财务 RPA 机器人进行会计核算后，财务 RPA 机器人能够利用既定的智能程序，对会计基础信息进行快速便捷的加工，提高了会计核算的效率，减轻了会计人员的工作负担，提高了企业的会计核算水平和会计工作效率。

三、提高企业竞争力的重要保障

财务 RPA 机器人对于会计确认、计量、记录及报告都具有专门的程序设定，可以模拟人工进行账务的处理及报表的编写，从而降低企业的人力成本，并大大提高会计核算的准确性。

（一）财务工业化和信息化

蒸汽机的出现，引发了第一次工业革命。机器取代了人力，承担了部分生产活动。电灯的出现，使人类的工业重心由轻纺转向了重工业，第二次工业革命拉开序幕。财务共享服务是财务领域的一场工业革命，它将各个重复性高、分散、易于标准化的财务业务进行流程再造，使其专业化、流程化和标准化，并进行集中统一处理。共享服务中心实现了财务的工业化生产，消除了职能人员的重复设置，提高了数据质量，提升了财务管理水平和业务运作效率，使财务管理逐渐从核算型向管理型转变。

（二）财务自动化

财务部门的工作普遍具有操作量大、差错率高、系统数据难以兼容等痛点，自动化存在较大的提升空间。麦肯锡全球研究院对自动化的研究指出，42% 的财务活动可通过成熟的技术实现自动化。为了提升企业的经济效益，财务转型正当时，让财务人员有更多的精力和时间投入到财务分析、预测、决策等更有创造性的管理工作，而将基于规则的、重复的且耗时的事务性工作以自动化的方式来完成。目前，企业可通过三种途径推动财务自动化：第一种为基于工作流引擎实现的单个系统内集成；第二种为通过 API（Application Programming Interface，应用编程接口）来实现开放系统间集成，对内可实现企业内部合同管理、会计核算等系统的信息交互，对外可实现与供应商、客户、银行、税务等合作机构的对接；第三种为 RPA 技术，通过模拟手工操作处理重复性活动的程序，自动处理规则明确的、重复且耗时的人工事务性工作，帮助财务人员降低差错率、防范数据欺诈，提高财务流程的运作效率和合规性。

（三）财务智能化

财务智能化是结合机器深度学习能力，利用信息系统来帮助管理者选择适合企业现状和发展的相应策略，实现全局资源优化。人工智能是关键技术，它将自然语言处理、机器学习、深度学习、知识图谱、人机交互、虚拟现实等一系列技术进行有效组合，使机器能够以类似人类的智能水平思考和行动。人工智能可简化财务日常工作流程，通过直接减少人力或提高员工执行任务的能力来提升工作效率。

（四）财务数字化

大数据、人工智能、移动互联网、云计算、物联网、区块链等技术的发展可辅助财务部门实现内外数据的广泛连通，并围绕决策需要处理分析数据，实现财务职能从展现过去业绩情况的"后视镜"和展示当前经营数据的"仪表盘"，向为企业预先评估未来趋势、合理制定战略决策的"导航仪"转型。使企业依靠技术和高质量的数据信息洞察商机、优化资源分配、变革业务模式。

无论是在哪个阶段，财务转型都离不开核心技术的推动，自动化、智能化与数字化技术在财务领域的推广加速了财务工作的变革创新。在此过程中，RPA 是一项不容忽视的技术，发挥了重大作用。四大会计师事务所也将国外的 RPA 带入了中国市场。RPA 能够代替人工以自动化方式完成大量简单、重复、耗时、烦琐的事务性操作，增强了数据的安全性与可靠性，提升了企业的经济效益。

好萌的财务 RPA 机器人

任务二　财务 RPA 机器人

随着技术升级、算法精进，PRA 被越来越多的人熟知。"将重复的事交给 RPA 做"已由宣传语变为了现实。

一、RPA 是什么

RPA 是指通过用户界面层，模拟并增强人与计算机的交互，执行基于一定规则的、可重复操作仟务的软件解决方案，即 RPA 是指机器人通过记忆人工桌面操作行为和规则，自动复制执行操作，完成一系列重复性任务。

二、RPA 的功能

RPA 通过对人类操作的模拟及对人类判断的模拟，能够实现数据的搜集和整理、数据的验证和分析、数据记录、协调和管理、计算和决策、沟通、生成报告等一系列功能。我们一般将其划分为数据检索与记录、图像识别与处理、平台上传与下载、数据加工与分析、信息监控与输出。

1. 数据检索与记录

数据检索与记录是 RPA 最基础的功能，其通过记录传统模式下的手工操作、设置计算机规则进行模拟，从而使机器人执行数据检索、迁移与录入的动作，如图 9-2 所示。

2. 图像识别与处理

图像识别与处理功能是指 RPA 依托 OCR（Optical Character Recognition，光学字符识别）技术对图像进行识别，提取图像有用字段信息并输出结构化数据，从而进一步对数据进行审查与分析，将其转化为对管理、决策有用的信息，如图 9-3 所示。

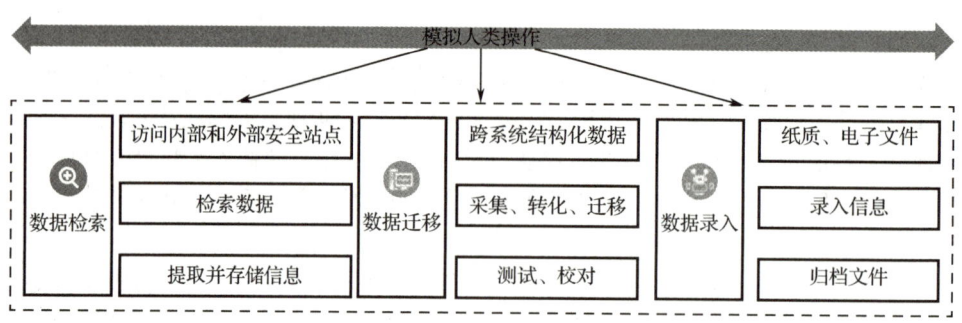

图 9-2　PRA 数据检索与记录功能示意

图 9-3　PRA 图像识别与处理示意

3. 平台上传与下载

平台上传与下载的核心在于后台对数据流的接收与输出，RPA 按照预先设计的路径，登录内部和外部系统平台，完成数据的上传与下载操作，实现数据流的自动接收与输出，如图 9-4 所示。

图 9-4　PRA 平台上传与下载功能示意

4. 数据加工与分析

数据检查是原始数据进一步加工处理的起点，对于检索和下载的数据信息，RPA 可进一步对数据进行检查、筛选、计算、整理及校验，如图 9-5 所示。例如，PRA 可从不同的财务系统和报告中提取、识别数据，并自动进行整理。

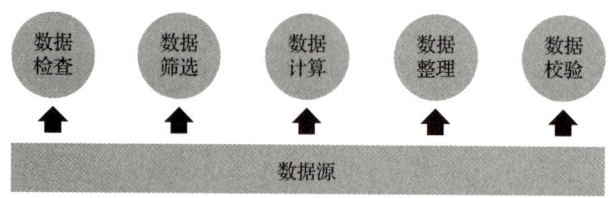

图 9-5　PRA 数据加工与分析功能示意

5. 信息监控与产出

RPA 可以模拟人类判断，推进财务工作，包括工作流分配、标准报告出具、基于明确规则决策、自动信息通知等，如图 9-6 所示。RPA 可以按照预设的工作流程进行工作流分配和交接处理，实现工作流程和批复的自动推进。

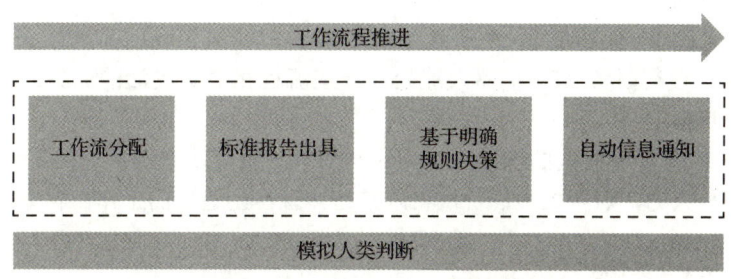

图 9-6　PRA 信息监控与产出功能示意

三、RPA 的应用领域

根据技术操作本质，PRA 可分为两种：一种是"基于手工操作的任务"，即由 PRA 在计算机上对员工操作进行记录，并将其处理为计算机可理解的对象，使计算机能够基于一定的规则处理登录内部应用、处理日常邮件、填制表格等任务；另一种是"基于规则判断的任务处理"，即由 PRA 模拟人类进行计算、识别、数据处理、分析预测等。

1. 财税

RPA 可应用于从采购到付款、销售到收款、存货到成本、总账到报表、税务管理、资金管理、档案管理、财务分析等领域的多项基础操作流程。

2. 采购

RPA 可应用于采购全过程，主要涉及采购需求管理、供应商录入和维护、供应链管理和付款流程审批等任务。可帮助企业进行需求和供应规划，综合采购、运输、库存等，辅助采购部门人员评估需求，进行采购决策。

3. 供应链

PRA 可以在供应商选择、产品转移、物流跟踪、库存监控等环节实现自动化。

能够自动生成供应商列表和评估报告，便于企业了解和选择合适的供应商。制造业、物流业等存在大量货物流动的行业均可利用 RPA 优化供应链管理。

四、财务 RPA 机器人的诞生

财务 RPA 机器人起源于 RPA 流程自动化技术的发展、成熟。2015 年前后，RPA 这个概念开始流行起来，RPA 是基于计算机编码的软件，是通过执行基于规则的任务使得手工活动自动化的一种技术。在这样一个数字时代全面来临的大背景下，随着全球信息化水平的不断提升，RPA 技术在各个行业被广泛应用，并首先在财务领域大放异彩，于是财务 RPA 机器人诞生了。

五、财务 RPA 机器人的进化

早期的财务 RPA 机器人主要是模拟人对鼠标、键盘的操作，无法处理非结构化数据等较为复杂的对象，而且一旦涉及如需要将实体数据录入计算机等复杂操作时，将会出现"断点"，无法实现全流程自动化。

近两年随着 RPA 技术的质变，也引起了财务 RPA 机器人市场的需求量变，再加上人工智能（AI）的到来，使得财务 RPA 机器人能处理一些流程相对更灵活的业务，使得其充分发挥能量的场景进一步拓宽。

目前伴随财务 RPA 机器人的深度应用，这些简单、重复、有规可循的工作被财务 RPA 机器人所取代，解放人力，财务人员的价值将越来越体现在创造性的工作内容上。

六、财务 RPA 机器人的未来

据 HFS Research 的研究数据，RPA 的全球市场规模已从 2016 年的 6.12 亿美元增至 2018 年的 17.14 亿美元，近 3 年的年增速均超过 50%。预计到 2022 年，市场规模将达到 43.08 亿美元。

虽然 RPA 技术并非财务领域专属，目前已经应用到银行、税务、客服、零售等行业，但作为 RPA 应用最广的领域之一，随着 RPA 市场的扩大，财务 RPA 机器人市场热情也将逐渐高涨，渗透到财务工作的方方面面。

【项目小结】

参 考 文 献

[1] 财政部会计资格评价中心 . 初级会计实务 [M]. 北京：中国财政经济出版社，2022.

[2] 财政部会计资格评价中心 . 中级会计实务 [M]. 北京：经济科学出版社，2022.

[3] 中国注册会计师协会 . 会计 [M]. 北京：中国财政经济出版社，2020.

[4] 谢国珍 . 财务会计 [M]. 北京：高等教育出版社，2017.

[5] 陈强 . 初级会计实务 [M]. 大连：东北财经大学出版社，2018.

[6] 路国平 . 中级财务会计 [M]. 北京：高等教育出版社，2016.

[7] 王宗江 . 初级会计实务 [M]. 北京：高等教育出版社，2017.

[8] 陈虎 . 财务机器人 [M]. 北京：中国财政经济出版社，2019.

尊敬的老师：

您好。

请您认真、完全地填写以下表格的内容（务必填写每一项），索取相关图书的教学资源。

教学资源索取表

书　名				作 者 名	
姓　名		所在学校			
职　称		职　　务		讲授课程	
联系方式	电话：		E-mail：		
地址（含邮编）					
贵校已购本教材的数量(本)					
所需教学资源					
系／院主任姓名					

系／院主任：＿＿＿＿＿＿＿＿＿＿＿（签字）

（系／院办公室公章）

20＿＿＿年＿＿＿月＿＿＿日

注意：

① 本配套教学资源仅向购买了相关教材的学校老师免费提供。

② 请任课老师认真填写以上信息，并**请系／院加盖公章**，然后传真到(010)80115555转718438上索取配套教学资源。也可将加盖公章的文件扫描后，发送到 fservice@126.com 上索取教学资源。欢迎各位老师扫码关注我们的微信号，随时与我们进行沟通和互动。

微信号

电子工业出版社.
PHEI PUBLISHING HOUSE OF ELECTRONICS INDUSTRY